Christoph Butterwegge
Horst Isola (Hrsg.)

Rechtsextremismus im vereinten Deutschland

Randerscheinung oder Gefahr für die Demokratie?

Mit einem Vorwort von Eckart Spoo

Ch.Links GmbH
Berlin

Redaktion: Christoph Butterwegge
Lektorat: Dirk Dasenbrock

Gestaltung: Peter-M. Scheibner
Titelfoto: Neonazi-Treffen in Dresden, Hauptbahnhof, 20.10.1990
Dietmar Gust, Zenit Bildagentur Berlin
Produktion: Albers & Pölking-Eiken GmbH, Bremen

3., vollständig überarbeitete und erweiterte Auflage
Bremen/Berlin 1991

CIP-Titelaufnahme der Deutschen Bibliothek
Rechtsextremismus im vereinten Deutschland ; Randerscheinung
oder Gefahr für die Demokratie?/Christoph Butterwegge ; Horst Isola
(Hrsg.).– Bremen : Steintor, 1991
ISBN 3-926028-66-1 (steintor:)
ISBN 3-86153-016-3 (Ch.Links)

Inhaltsverzeichnis

Eckart Spoo

Vorwort

Deutschland 1991: Am 20. April finden in vielen Städten Geburtstagsfeiern für Adolf Hitler statt, oft verbunden mit öffentlichen Aufmärschen von Gruppen jugendlicher Glatzköpfe. Im Spätsommer terrorisieren Neonazis tagelang ein Asylbewerber-Wohnheim in Hoyerswerda, bis die Polizei die verängstigten, zum Teil verletzten Bewohner abtransportiert. Das Ziel der Terroristen ist erreicht: Hoyerswerda ist „ausländerfrei". Ältere Bürger der sächsischen Kleinstadt, Frauen und Männer, klatschen Beifall. Ein großer Teil der Bevölkerung macht sich mitschuldig, indem er passiv zuschauend die Gewalttätigkeit der Skinheads duldet. Westdeutsche Zeitungen klagen die nicht mehr existierende DDR an, weil sie den Neonazismus hinterlassen habe. Aber auch in Westdeutschland häufen sich die Überfälle auf Ausländerheime, Ausländergruppen und einzelne Ausländer. Und in Bonn debattieren die Politiker darüber, wie sich der Zuzug von Flüchtlingen aus dem Ausland am wirksamsten „begrenzen" ließe.

Die „Deutsche Volks-Union" (DVU), die schon immer eine „Ausländerbegrenzung" propagierte, gewinnt im Herbst 1991 bei der Bürgerschaftswahl in Bremen Mandate. Das Wählerreservoir, aus dem sie und eine Woche später die „Republikaner" bei den niedersächsischen Kommunalwahlen ihre Stimme beziehen, reicht bis in die traditionelle Anhängerschaft der SPD hinein. CDU-Kommunalpolitiker fordern – in Hannover-Döhren, in Essen-Kray und anderswo – von den Behörden die Vertreibung von Zigeunern. Was ist ihr Beweggrund? Eigenes Vorurteil? Spekulation auf billigen Profit aus dem Vorurteil anderer? Soll die Jagd auf Angehörige eines fremden Volkes von realen gesellschaftlichen Mißständen und der Verantwortung dafür ablenken? Was bricht da aus dem geschichtlichen Untergrund wieder hervor?

Unter dem Nazi-Regime wurden Hunderttausende Sinti und Roma entrechtet, beraubt, versklavt, zu medizinischen Experimenten mißbraucht, in Konzentrationslagern ermordet. Wer spricht davon? Wer errichtet Denkmäler? Wer ehrt die Überlebenden? Statt dessen heißt es, die Zigeuner sollten woanders leben, aber keinesfalls in Essen-Kray oder Hannover-Döhren. Begründung: sie seien eben fremd.

Ähnliche Gruppen, wie sie gegen Zigeuner agitieren, treten auf, wenn Asylbewerber in einem Stadtbezirk oder einer Landgemeinde einquartiert werden, wenn ein Heim für Behinderte geplant wird oder wenn eine Kommunalverwaltung Obdachlose unterbringen will. Besonders in Wohngegenden von Eigenheimbesitzern erweisen sich dann manche brave Kirchensteuerzahler/innen als brutale Herrenmenschen. Wer anders ist, wer fremd ist, wer nicht gesund und nicht wohlhabend ist, soll wegselektiert werden, verlangen sie – irgendwohin, bloß weg.

Fremdenfeindliche deutsche Spießbürger finden es zugleich selbstverständlich, ihren Urlaub in fremden Ländern zu verbringen. Sie erwarten, daß die dortigen Geschäfte deutsche Markenartikel führen und daß die Einheimischen in deutscher Sprache Auskunft erteilen. Sie halten es für ihr gutes Recht, sich außerhalb

Deutschlands Landschaften, Bodenschätze und Arbeitskräfte anzueignen – Arbeitskräfte, die deutsche Markenartikel herzustellen haben.

Vor 1945 war die deutsche Wirtschaft jahrelang von „Fremdarbeitern" abhängig, die unter unsagbaren Bedingungen arbeiten mußten. Durch solche moderne Sklavenarbeit entstanden Industriezentren wie Salzgitter und Wolfsburg. Die Überlebenden erhalten bis heute keine Entschädigung; von einer nun geplanten Stiftung werden nur noch wenige am Ende ihres Lebens einen kleinen Geldbetrag erhalten, und das auch nur, wenn sie Polen sind, nicht die Weißrussen, Ukrainer und Russen.

Im Vergleich dazu sind die „Gastarbeiter" aus der Türkei, die uns heute die Mülltonnen leeren und unsere Straßen teeren, besser dran. Aber immer wieder werden in deutschen Städten Anschläge auf Häuser verübt, in denen Türken wohnen. Und die Ausländerfeindlichkeit äußert sich nicht nur in offenem Terror, sondern auch in systematischer Unterdrückung: Deutsche Herrenmenschen verlangen von Türken, daß sie, solange sie in Deutschland leben, ihre Sitten ändern, daß sie Pflichten erfüllen, aber keine Rechte beanspruchen, daß sie möglichst ohne Familie herkommen, daß sie hier im Zölibat leben und beim Aufkommen irgendwelcher Probleme, etwa wenn sie krank werden, sofort ausreisen – Untermenschen.

Das Herrenmenschentum, scheint mir, gewinnt mit dem Entstehen eines einheitlichen deutschen Staates an Gefährlichkeit. Bisherige Hemmungen schwinden.

Die Nachkriegszeit, höre ich von allen Seiten, sei vorüber, die Deutschen seien jetzt wieder souverän und bräuchten sich nicht mehr um fremde Interessen zu kümmern. Je öfter ich das höre, desto deutlicher höre ich etwas Auftrumpfendes heraus. Es klingt wie: Wir sind keine Verlierer mehr. Wir sind niemandem mehr etwas schuldig. Wir sind endlich frei von Belastungen. Immer, wenn ich den Satz höre „Wir sind wieder wer", mit dem CDU/CSU-Politiker schon in den 60er Jahren, zu Zeiten des „Wirtschaftswunders", für sich warben, frage ich mich, wer zu dem „Wir" gehört und wer nicht und ob ich selbst dazugehören möchte. Am meisten erschreckt mich das Wort „wieder".

Nun gehe „die Zeit zu Ende, in der aus bundesdeutscher Nabelschau am laufenden Band Identitätsneurosen erwuchsen", freute sich der Festredner Rudolf Wassermann, früher Präsident des Oberlandesgerichts Braunschweig, am 3. Oktober 1990, dem neuen Nationalfeiertag, im niedersächsischen Landtag. Wenn das eine Diagnose sein und besagen sollte, die nationale Psyche sei wieder genesen, dann wäre mir eher unbehaglich als freudig zumute. Mit Massenpsychologie, mit Übertragung medizinischer Kategorien auf die Politik und mit Stolz auf die – vermeintliche – eigene Gesundheit sollte man ohnehin immer sparsam sein.

Die „Wiedervereinigung" wird in der CDU-Propaganda, in der „Bild"-Zeitung und in großen Teilen der Publizistik als Triumph der Nation über den Kommunismus gewürdigt. Dabei wird die Nation definiert als eine Trutzgemeinschaft gegen alles, was links ist. Schließlich war der Antikommunismus in der Bundesrepublik, der sich die DDR anschloß, immer schon Staatsdoktrin.

In dem Triumph äußert sich nicht so sehr die Erleichterung der – nach ihrem Selbstverständnis zumeist linken – Bürgerrechtler, Humanisten und Demokraten, die in der DDR unter inhumanen Stasi-Methoden gelitten und sich ihnen couragiert entgegengestellt haben. Tonangebend ist vielmehr der Jubel über die Revanche des Kapitalismus. Die gesellschaftlich Mächtigen, die das Nazi-Regime gewollt und an Terror, Rüstung und Krieg verdient hatten, waren im Osten Deutschlands jahrzehntelang geächtet. Jetzt erlangen sie auch dort Besitz und Macht zurück.

Die Kommunisten dagegen – sie hatten den größten Beitrag zum Widerstand gegen das Nazi-Regime geleistet und die schwersten Verfolgungen erlitten – sind durch das Stasi-Regime und den Zusammenbruch des „realen Sozialismus" diskreditiert. Reaktionäre Meinungsmacher nutzen die Gelegenheit, neben dem Kommunismus gleich auch den Antifaschismus zum Schimpfwort zu machen.

Nach Widerstandskämpfern benannte Straßen und Schulen in ostdeutschen Städten werden umbenannt. Im westdeutschen Bielefeld heißt der Platz des Widerstands nun Bahnhofsplatz. So verleugnet der Staat, der seine demokratische Verfassung dem Sieg der Anti-Hitler-Koalition über das Nazi-Regime verdankt, die besten Traditionen, auf die sich die Demokratie in Deutschland beziehen kann.

Weithin wird behauptet, alle sozialistische Theorie und Praxis sei historisch erledigt. Ein beträchtliches Stück deutscher Kultur wird wieder einmal ausgegrenzt, politisch-ökonomische Aufklärung im Giftschrank versteckt. Die CDU/CSU hat schon immer in diesem Sinne aufzuräumen versucht. Wenn sich jetzt andere – aus resignativem Zynismus oder Opportunismus, beides liegt nah beieinander – am Wegräumen linker Ideen beteiligen, hat das ernste Folgen. Denn dadurch wird es jüngeren Generationen erschwert, sich gesellschaftspolitisch zu orientieren, sich mit dem realen Kapitalismus auseinanderzusetzen und sich für gesellschaftliche Veränderung im Sinne von mehr Humanität, sozialer Gerechtigkeit, Demokratisierung auch und gerade der Wirtschaft zu engagieren. Vielmehr macht sich die Meinung breit, man könne nur mit dem Ellenbogen etwas erreichen.

Gerade in der Jugend verstärkt sich der Eindruck, die politische Rechte habe recht behalten, sie habe ein für allemal bewiesen, daß sie die besseren Argumente habe, sie haben einen historischen Sieg über alles errungen, was links ist. Wenn sich dagegen kein Widerspruch mehr hervorwagt, wenn daran kaum mehr Zweifel laut wird, entsteht ein Sog, dem jeglicher Untertanengeist verfällt. Dann bleibt einzig Nationalismus statt Sozialismus, Volksgemeinschaft statt Demokratie.

Daß die Bundesrepublik (wie auch Japan) heute wirtschaftlich stärker dasteht als die Siegermächte des Zweiten Weltkrieges, kann zu der Vorstellung verführen, die deutsche Besitz- und Machtelite habe sich als besonders leistungsfähig erwiesen; Deutsche seien nun einmal besonders tüchtig; Zugehörigkeit zum deutschen Volke sei daher vorteilhaft.

Der Wunsch, an wirtschaftlicher und politischer Macht zu partizipieren, drückte sich auch in dem Gegröle „Heute gehört uns Deutschland und morgen die ganze Welt!" aus, mit dem Jugendliche im Januar 1990 vor laufenden Fernsehkameras durch Leipzig zogen.

Politiker etlicher Parteien sprechen davon, daß Deutschland wieder weltweit Verantwortung übernehmen müsse. Gemeint ist militärisches Eingreifen. Die dahinterliegenden Interessen – z. B. der Rüstungsindustrie – bleiben unerörtert.

Daß deutsche Großunternehmer und Politiker wie Franz Josef Strauß schon immer faschistische Regime unterstützten, gelangte selten ins öffentliche Bewußtsein. Eine intensive politische Diskussion darüber fand nicht statt. Auch solche Affären wie die Lieferung der Konstruktionspläne für U-Boote an das südafrikanische Rassistenregime oder die nukleare Zusammenarbeit mit Militärdiktaturen in Pakistan und Südamerika blieben ohne Konsequenzen.

Große Teile der Medien in Deutschland stellen die übrige Welt so dar, als wären die Menschen dort nicht in der Lage, Ordnung und Wohlstand zu schaffen – nur die Deutschen. Aufklärung über wirtschaftliche Hintergründe internationaler Politik, über die Ausbeutung und Verelendung der sog. Dritten Welt findet kaum Verbreitungsmöglichkeiten. Solche Aufklärung würde auch ganz und gar nicht zu einer Publizistik passen, die sich befleißigt, die Flüchtlinge aus hochverschuldeten, unter ungerechten Welthandelsbeziehungen leidenden, mit Waffen aus der Ersten Welt hochgerüsteten, militärdiktatorisch oder polizeistaatlich regierten Ländern als Sündenböcke zu verfemen, denen alle Schuld an unzureichendem Wohnraum, größer werdenden Schulklassen, fehlenden Studien- und Arbeitsplätzen, an den wirtschaftlichen und sozialen Folgen sowohl der deutschen Crash-Vereinigung als auch der weiterhin massiven Aufrüstung zugeschoben wird. Aus „Bild" und den meisten anderen Medien erfährt das Publikum, die Ausländer gefährdeten den deutschen Wohlstand. Es verhält sich umgekehrt: Deutsche Bank-, Industrie- und Handelskonzerne eignen sich die Reichtümer des Auslandes an, enteignen andere Völker und bereichern sich daran. Aber das ist kein Thema dieser Massenmedien.

Während das offizielle Deutschland die nationale Einheit feiert, verstärkt es die Abgrenzung nach außen. Die sofort eingeführte Visumpflicht für Besucher aus Polen wurde zwar inzwischen aufgehoben, aber als die Grenze geöffnet wurde, standen neonazistische Schlägertrupps bereit, um ankommende Polen zusammenzuschlagen und zurückzuscheuchen. Angst vor einem deutschen Herrenmenschentum, das sein wieder größer gewordenes Herrenhaus verriegelt, verbindet sich in Polen mit sehnsüchtiger Bewunderung für den Wohlstand im ökonomisch dominierenden Deutschland. Wird ganz Osteuropa zum Hinterhof? Die soziale Lage dort verschlechtert sich zusehends – auch deswegen, weil die einstige Wirtschaftskooperation mit der DDR abgerissen ist. Auf und unter den Trümmern des Stalinismus wachsen nationalistische, reaktionäre, stupid antiaufklärerische Bewegungen, die auf Förderung aus Deutschland bedacht sind. Das neue, nationalistische Regime Litauens hielt es sogar für richtig, alle Litauer zu amnestieren, die einst mit dem Nazi-Regime kollaboriert und sich an Kriegsverbrechen beteiligt hatten.

Während sich die Bundesrepublik dafür bewundern läßt, daß sie größer geworden ist, erfahren in den Nachbarstaaten separatistische Gruppen mehr oder weniger offene deutsche Unterstützung. Früher als andere europäische Regierungen zeigte sich die Bonner Bundesregierung bereit, Mini-Staaten anzuerkennen, die sich aus der jugoslawischen Föderation und aus der Sowjetunion herauslösten – so klein und so schwach, daß sie billige Objekte deutschen Kapitals und deutscher Politik sein werden. Sogar Frankreich, jahrzehntelang Gleichgewicht zu Westdeutschland, wurde durch die deutsche Vereinigung zum Leichtgewicht und paßt sich nun an. Im östlichen Belgien werden auf zweisprachigen Verkehrsschildern die französischen Texte übermalt. In Österreich verstärkt Jörg Haider, Vorsitzender der Freiheitlichen Partei, seine deutschnationale Agitation. In Südtirol radikalisiert sich die Volkspartei mit Los-von-Rom-Parolen. All das bestärkt diejenigen, die die Niederlage Nazi-Deutschlands im Zweiten Weltkrieg für eine Anekdote, einen kleinen, schon fast behobenen Fehler der Weltgeschichte ansehen.

Wer sich mit Rechtsextremismus in Deutschland befaßt, darf diejenigen Politiker der „Mitte" – was immer das sei – nicht außer acht lassen, die sich in Zeitschriften wie MUT, Organisationen wie der „Deutschland-Stiftung" oder Landsmannschaften, die Territorien östlich der Oder/Neiße-Grenze beanspruchen, mit den Rechtsextremisten gemein machen. Zum Umfeld des Rechtsextremismus gehören auch Staatsanwälte, Geheimdienste und andere Institutionen, die Terrorismus von rechts jahrzehntelang verleugnet und verharmlost haben und allenfalls – selbst nach dem Blutbad beim Münchener Oktoberfest 1980 – von „Einzeltätern (ohne politischen Hintergrund)" sprachen. Es ist erwiesen, daß manche neonazistischen Pläne für Anschläge unter den Augen von „Verfassungsschützern" entwickelt wurden. Und die terroristische FAP ist bislang in keinem einzigen Bundesland verboten.

Wer vom Faschismus spricht, darf vom Kapitalismus nicht schweigen, mahnte der Aufklärer Max Horkheimer. Das klingt unzeitgemäß. Wenn man überhaupt noch vom Faschismus spricht, dann schweigt man jedenfalls von dem Schoß, aus dem er (in Italien, Deutschland, Spanien usw.) kroch, obwohl, wie Bert Brecht 1945 warnte und sich später (in Griechenland, Chile, der Türkei usw.) bestätigte, der Schoß noch fruchtbar ist. Der Kapitalismus leugnet, dieser Schoß zu sein. Er verleugnet sich selbst, läßt sich als Marktwirtschaft, als „freie Marktwirtschaft" oder als „soziale Marktwirtschaft" darstellen. Der Zweck dieser Propaganda ist durchsichtig: Das Volk soll die Volkswirtschaft den Unternehmern überlassen. Es soll jede Hoffnung aufgeben, politisch-ökonomische Prozesse beeinflussen zu können. Aber die Entwicklung des Kapitalismus folgt nicht einem unabänderlichen Schicksal, sondern läßt sich beeinflussen. Wiederentstehen von Faschismus läßt sich verhindern – gerade dann, wenn man weiß, welche Funktion der Faschismus für den Kapitalismus erfüllt.

Faschismus tritt nicht immer in gleicher Gestalt auf. Aber immer bringt er Terror mit. Es müssen auch nicht immer dieselben Menschengruppen sein, die er zu Feinden erklärt, aber immer muß er Menschen zu Feinden erklären, um sich als Verteidiger, als Retter, als Garanten für Sicherheit und Ordnung anbieten und Terror rechtfertigen zu können, der sich dann nicht nur gegen die zu Feinden erklärten Menschengruppen richtet, sondern die ganze Gesellschaft überzieht: Terror, der eine Zeitlang die Verwertungsbedingungen besonders aggressiver Teile des Großkapitals verbessert, Widerstände ausschaltet und demokratische Bestrebungen, die den Kapitalismus in Frage stellen, niederhält, entmutigt, desorientiert.

Je genauer wir die politisch-ökonomischen Entstehungsbedingungen des Faschismus/Rechtsextremismus kennen, desto wirksamer können wir ihn bekämpfen. Dieses Buch wird, so hoffe ich, dabei helfen.

Was tun? Dazu zwei Stichworte: Humanisierung und Demokratisierung. Damit meine ich vor allem die mitmenschliche Hinwendung zu Schwächeren, Abgesonderten, Diskriminierten und Benachteiligten, also beispielsweise Arbeitslosen, Obdachlosen, Asylbewerbern, Homosexuellen, Kindern, Drogensüchtigen, Kranken und Behinderten. Nicht Hinwendung von oben herab, sondern eine neugierige und zugleich respektvolle Hinwendung, ein Sicheinlassen auf gemeinsame Lebensfreude, eine gegenseitige Ermunterung zu Selbstbestimmung und Selbstverantwortung. Dazu gehört, daß Menschen sich nicht dünkelhaft zueinander verhalten, einander nicht ängstigen, weniger in den Bildschirm starren, mehr persönlichen Kontakt suchen, vor allem zu den anderen, den Fremden, den Zigeunern, den Aidskranken oder auch zu dem Skinhead, der im Nachbarhaus wohnt. Er gerät sonst in Gefahr, von der FAP oder anderen neonazistischen Gruppen vereinnahmt zu werden. Wer spricht mit ihm?

Mit Demokratisierung meine ich: selbstbewußt von Bürgerrechten Gebrauch, antiautoritär den Anspruch „Wir sind das Volk!“ geltend machen. Politisch mitreden, sich nicht mundtot machen lassen. Innerparteilich, innergewerkschaftlich, in jeder Organisation und Institution Demokratie einfordern und praktizieren. Enttäuschung über Gewerkschaften oder Parteien, deren Funktionäre sich von der Mitgliedschaft abheben, kann faschistischen Gruppen Zulauf verschaffen – nicht nur im Herbst 1989 in der damaligen DDR. Amtsmißbrauch und Korruption müssen entschieden bekämpft werden. Lebendige Demokratie mit Wirkungs- und Entscheidungsmöglichkeiten für jeden einzelnen ist der beste Schutz vor Gefahren von rechts.

Ich meine den Abbau von Geheimdiensten. Sie taugen nicht dazu, eine demokratische Verfassung zu schützen, sondern bedrohen sie permanent.

Ich meine eine durchgreifende Entmilitarisierung. Wenn Freund-Feind-Denken, Waffengewalt sowie ein durch Befehl und Gehorsam bestimmtes Zwangsverhältnis zwischen Menschen überwunden werden, verliert der Faschismus Potentiale, auf die er angewiesen ist.

Eine aktuelle Aufgabe neben der Entmilitarisierung Deutschlands ist die Debatte über eine neue Verfassung. Ein deutsches Volk, das in Schulen und Hochschulen, im Kollegen- und Familienkreis, in Sälen und auf Straßen intensiv darüber diskutiert und per Urabstimmung entscheidet, unter welchen Bedingungen es künftig leben will, kann dabei einen demokratischen Lernprozeß durchmachen, an dessen Ende es sich selbst und anderen Völkern keinen Grund zur Furcht mehr liefert. Ist das eine Utopie? Sind die Chancen, die sich aus dem deutschen Vereinigungsprozeß ergaben (das Grundgesetz selbst sah ja für diesen Fall seine Ablösung durch eine neue, vom Volk in einem Akt von Selbstbestimmung beschlossene Verfassung vor), schon vertan? Die Antwort liegt nicht in Bonner oder in Berliner Amtsstuben, sondern in der demokratischen Initiative jeder/jedes Deutschen.

Ende September 1991 verabredeten sich an mehreren Orten einzelne Bundesbürgerinnen und -bürger, Menschenketten um Flüchtlingsheime zu bilden, bedrohte Ausländer durch Patenschaften zu schützen und die Straßen in Deutschland nicht den Neonazis zu überlassen. Solche Menschenketten der Mitmenschlichkeit sind vielleicht die wirksamste Antwort auf die akuten Gefahren von rechts.

Einleitung der Herausgeber

Wahlerfolge der DVU, der „Republikaner" (REP) und der NPD haben das Problem eines sich wandelnden, zusehends stärker werdenden Rechtsradikalismus/Neofaschismus gegen Ende der 80er Jahre ins Bewußtsein der bundesdeutschen Öffentlichkeit gerückt. Umstritten blieb, wie dieses Phänomen zu erklären und mit welchen Mitteln ihm zu begegnen ist.

Die sog. Neue Rechte hat nicht nur ein anderes Gesicht, sondern auch andere Ursachen als der Nationalsozialismus und der Hitler-Faschismus. Die Unterschiede müssen im einzelnen herausgearbeitet werden, will man überzeugende Alternativen zum Rechtsradikalismus finden.

Nach der Europawahl im Juni 1989, die den REPublikanern ihren vorläufig letzten großen Wahlerfolg bescherte, trat das Thema „Rechtsextremismus" wieder in den Hintergrund. Mitentscheidend dafür war die Entwicklung in der DDR, weil die Deutschlandpolitik, vorher eine Domäne der extremen Rechten, zum Hauptbetätigungsfeld für die Bundestagsparteien wurde.

Gleichwohl blieb unser Thema nach der Wiedervereinigung aktuell, das Problem akut, obwohl – oder vielleicht gerade weil – zunächst darüber kaum gesprochen wurde und Wahlniederlagen, Richtungskämpfe und innere Zerwürfnisse der REPublikaner den *falschen* Eindruck erweckten, daß der Rechtstrend für immer gebrochen sei.

Im September 1991 wurde Hoyerswerda zum Symbol für brutale Exzesse und eine Pogromstimmung gegen Ausländer/innen bzw. Flüchtlinge (sog. Asylbewerber/innen), die in verstärkter Konkurrenz auf dem Arbeits- und Wohnungsmarkt, Rassismus und übersteigertem Nationalismus wurzeln. Wenig später zog die DVU – Liste D wieder in die Bremische Bürgerschaft ein und erreichte Fraktionsstärke, in Bremerhaven sogar über zehn Prozent der Stimmen.

Das vorliegende Buch versucht, die gesellschaftlichen Ursachen, historischen Quellen und aktuellen Erscheinungsformen des Rechtsradikalismus in Deutschland mit der Absicht zu analysieren, zukünftige Entwicklungen zu prognostizieren und diese – wenn möglich – zu beeinflussen. Der Sammelband enthält Antworten einzelner Wissenschaftler, Journalisten und Politiker auf die Frage nach den Gründen für verstärkten Rechtsextremismus/Rassismus, damit verbundenen Gefahren und Möglichkeiten für eine demokratische, friedliche und soziale Alternative, die man als „solidarische" bzw. „multikulturelle Gesellschaft" oder als „moderne Vielvölkerrepublik" (Claus Leggewie) bezeichnen kann.

Einem längeren Problemaufriß zum Thema „Rechtsradikalismus und Gegenwehr", verfaßt von den Herausgebern, folgen zwei Beiträge, die sich rückblickend mit Besonderheiten des deutschen Nationalismus (Reinhard Kühnl) und dem Antisemitismus (Jörg Wollenberg) beschäftigen, sowie Siegfried Jägers mehr an einer begrifflichen Klärung (des Terminus „Rassismus") interessierte Thesen.

Wolfgang Gessenharter kritisiert das Freund-Feind-Denken der sog. Neuen Rechten, Arno Klönne untersucht ihre Lage im Hinblick auf die deutsche Einheit.

Michael Schomers, der sich 1989 bei den REPublikanern eingeschlichen und die Partei mehrere Monate lang als ihr Mitglied/Funktionär „von innen betrachtet" hat, schildert in seinem Beitrag, wie sie auf die Öffnung der Berliner Mauer reagierten. Peter Ködderitzsch ergänzt diesen Erlebnis- und Erfahrungsbericht um eine Zwischenbilanz der REP-Aktivitäten in der früheren DDR.

Wolfgang Frindte nähert sich dem DDR-Rechtsextremismus mit sozialpsychologischen Untersuchungsmethoden. Peter Krahulec sieht die Besonderheiten des DDR-Rechtsextremismus in der Politik und Geschichte des SED-Regimes begründet. Siegfried Wolf widerspricht der Auffassung, daß man den in der ehemaligen DDR besonders potenten Neonazismus mit dem Hinweis auf den Stalinismus und „verordneten Antifaschismus" des SED-Staates (für erledigt) erklären kann.

Wilhelm Heitmeyer analysiert Rechtsextremismuspotentiale im Ost- und im Westteil, Hans-Gerd Jaschke die Entwicklungsmöglichkeiten des Konservatismus im vereinten Deutschland.

Benno Hafeneger begreift den Rechtsextremismus als Herausforderung für Pädagogik, Jugendarbeit und Schule. Klaus Farin und Eberhard Seidel-Pielen kritisieren die vorherrschende Praxis auf diesem Gebiet. Interviews mit Bernd Wagner, Leiter der Abteilung Staatsschutz im ostdeutschen Landeskriminalamt, und mit Dr. Wolfgang Brück, ehemals Mitarbeiter des Leipziger Zentralinstituts für Jugendforschung, schließen sich an.

Das umfangreiche Literaturverzeichnis am Ende des Buches eröffnet interessierten Leser(inne)n die Möglichkeit, das Thema „Rechtsextremismus, Nationalismus und Rassismus" zu vertiefen. Es beschränkt sich auf Buchveröffentlichungen (der letzten Jahre), erhebt keinen Anspruch auf Vollständigkeit und gliedert sich nach den wichtigsten Problemstellungen in folgende Abschnitte: Holocaust, Vergangenheitsbewältigung und „Historikerstreit"; Ethnozentrismus, Rassismus bzw. „Ausländerfeindlichkeit" als Kernideologem des Rechtsextremismus; Antisemitismus als Spezialfall und Extremform des Rassismus; (Deutsch-)Nationalismus als Kernideologem des Rechtsextremismus; Sozialdarwinismus (Antiegalitarismus), Autoritarismus (Antiparlamentarismus), Militarismus (Antipazifismus) und Sexismus (Antifeminismus) als Kernideologeme des Rechtsextremismus; Jugend und Rechtsextremismus – jugendlicher Rechtsextremismus?; Neonazismus und Neue Rechte in der „alten" Bundesrepublik; Organisierter Rechtsextremismus unter besonderer Berücksichtigung der REP als „Brückenpartei" zwischen Nationalkonservatismus und Neofaschismus; Rechtsextremismus in der (ehemaligen) DDR; Rechtsextremismus im vereinten Deutschland – Randerscheinung oder Gefahr für die Demokratie?; Gegenstrategien: Antifaschismus – neuer Internationalismus – Multikulturalismus.

Christoph Butterwegge

Rechtsextremismus vor und nach der Wiedervereinigung
Grundlagen – Gefahren – Gegenstrategien

In manchen Städten und Gemeinden vor allem, aber nicht nur der *neuen* Bundesländer sind Afrikaner/innen, Pol(inn)en, Türk(inn)en und andere Einwanderer nach dem Pogrom von Hoyerswerda regelrecht Freiwild: Fast täglich werden Flüchtlingswohnheime angezündet und Asyl„bewerber", wie man sie – wohl wegen eigener Privilegien, die es gegen Unwürdige zu verteidigen gilt – nennt, überfallen und zusammengeschlagen. Politiker, Publizisten und Wissenschaftler sprechen in diesem Zusammenhang mit Abscheu von einer wachsenden „Ausländerfeindlichkeit". Gleichzeitig benutzen sie Wörter, die das Kritisierte auf semantischer Ebene zementieren (Beispiele: „Scheinasylanten", „Wirtschaftsflüchtlinge", „Asylantenschwemme").

Die Erscheinungsformen des Rechtsextremismus als individuelle Gesinnung (Orientierung), als politische Organisation und als gesellschaftliches Gewaltverhältnis sind so unterschiedlich, daß eindimensionale und monokausale Erklärungsansätze zu kurz greifen. Vielmehr sind die Ursachen für das Phänomen auf drei Ebenen zu verorten: Sozialökonomische Entwicklungstendenzen, soziokulturelle Auflösungserscheinungen sowie politische Krisenprozesse wirken – sich auch wechselseitig verstärkend – zusammen[1]. Die persönliche Situation einzelner Mitläufer der äußersten Rechten, Programmatik und Praxis ihrer Parteien muß man dabei genauso berücksichtigen wie staatliche Rahmenbedingungen, um Wahlerfolge, Einbrüche ins Massenbewußtsein und Rückschläge des Rechtsextremismus verstehen zu können. Wissenschaftliche Analysen dürfen zwar nicht zur Entschuldigung neofaschistischer Gewalttaten („Täterentlastung") führen[2], sollten aber Motive ergründen und Argumentationsmuster nachvollziehbar machen.

Die extreme Rechte gibt gesellschaftlichen Widersprüchen – wenn auch vielfach verzerrt – Ausdruck, ohne deshalb eine sozialrevolutionäre Jugendbewegung oder eine neue APO zu sein, wie teilweise suggeriert wird[3]. So erzeugen die Konkurrenzbeziehungen der privatkapitalistischen Leistungs- und Ellenbogengesellschaft immer wieder Ideologien, die Selektionsmechanismen legitimieren und politisch reproduzieren: Wer die Erfahrung macht, daß sich der Stärkere durchsetzt, wird leicht zu dem Schluß gelangen, dies geschehe zwangsläufig und sei – im Sinne des Sozialdarwinismus – unausweichlich[4]. Umfassende Modernisierungs-, Rationalisierungs- und Deregulierungsprozesse erzeugen Marginalisierungsprobleme. Die Verarmung/Verelendung vieler Menschen in der „Zwei-Drittel-Gesellschaft" (Peter Glotz) korrespondiert mit der Vereinzelung/Vereinsamung im Übergang zur „Risikogesellschaft" (Ulrich Beck); die Verkrustung und Verfilzung des Regierungssystems der Bundesrepublik erzeugt Ohnmachtsgefühle („Die da oben machen ja doch, was sie wollen") sowie eine Staats- und Parteienverdrossenheit, die sich in der Wahlenthaltung bzw. Wahlentscheidung für Rechtsparteien manifestieren.

Nepotismus, Karrierismus und Opportunismus verringern die Glaubwürdigkeit der etablierten Volksparteien, in denen Duckmäuser statt Querdenker dominieren und – polemisch zugespitzt – Trinkfestigkeit wichtiger als Prinzipienfestigkeit ist. Eine „deformierte" bzw. eine bloße „Zuschauerdemokratie", wie Hans Apel und Rudolf Wassermann die Bundesrepublik Deutschland nennen[5], darf sich nicht wundern, wenn das Publikum rechtsradikalen Demagogen nachläuft.

Die sog. Neue Rechte in der „alten" Bundesrepublik

Rechtsextreme Gesinnungen und (neo)faschistische Organisationen, die damit einhergingen, analytisch jedoch voneinander getrennt werden müssen, hat es in der Bundesrepublik immer gegeben. Der organisierte Rechtsextremismus entwickelte sich in drei Wellen, die hier stichwortartig gekennzeichnet seien.

Zwar wurde er nach dem Zweiten Weltkrieg und Niederschlagung des Hitler-Faschismus seiner politischen Machtbastionen beraubt, die soziale Basis für den Neofaschismus und -nazismus blieb indes weitgehend erhalten. Zu den Geburtsfehlern der Bundesrepublik gehörte die im Zeichen der Restauration und des Kalten Krieges gründlich mißlungene Entnazifizierung[6]. Die Nachkriegsrechte orientierte sich am NS-Regime und rekurrierte wieder auf die Reichsideologie, was sich auch in den Namen dieser Parteien (Sozialistische Reichs-Partei, SRP; Deutsche Reichspartei, DRP) manifestierte. Das SRP-Verbot markierte 1952 eine Zäsur insofern, als dieser Schritt mithalf, den organisierten Rechtsextremismus für mehr als ein Jahrzehnt auf Sektenniveau herabzudrücken. Je erfolgreicher das politisch-parlamentarische und sozioökonomische System der Bundesrepublik war (Westintegration, Wohlfahrtsstaat, „Wirtschaftswunder"), um so mehr wurde die extreme Rechte an den Rand gedrängt.

Erst im Gefolge der Rezession 1966/67 und Bildung einer Großen Koalition gelangen der 1964 gegründeten Nationaldemokratischen Partei Deutschlands (NPD) bei Kommunal- und Landtagswahlen wieder überraschende Wahlerfolge. Sie scheiterte jedoch 1969 an der Fünf-Prozent-Hürde und zog nicht in den Bundestag ein. Zu Beginn der 70er Jahre wurde die äußerste Rechte erneut zurückgeworfen, denn die Exportwirtschaft florierte und die CDU/CSU reintegrierte als Oppositionspartei nationalkonservative Wählerschichten.

Im Übergang zu den 80er Jahren vollzog die extreme Rechte mehrerer Länder Westeuropas, beginnend in Frankreich, einen Paradigma- und Strategiewechsel. Sie konzentrierte sich nicht mehr auf den Staat(sstreich), sondern versuchte, die öffentliche Meinung zu beeinflussen und das politische Klima grundlegend zu verändern[7].

In der BRD gruppierte sich die sog. Neue Rechte zunächst um Theoriezirkel und Zeitschriften, welche bald Bündnispartner im nationalliberalen und neokonservativen Lager fanden[8]. An die Stelle immer wieder gescheiterter Bemühungen, Hitler von NS- und Kriegsverbrechen freizusprechen, traten nunmehr Versuche der Rechtsextremisten, sich selbst und das überkommene Gedankengut von Hitler zu befreien[9]. Parteipolitisch verkörpern die im November 1983 gegründeten REPublikaner eine neue Generation der extremen Rechten, die nicht durch den Hinweis auf ihre geistige Erblast zu besiegen ist[10].

Ideologie, Organisation und Programmatik wurden modernisiert. Grundlage dafür bildete die Theorie vom „Ethnopluralismus", aus der sich die Strategie eines „Befreiungsnationalismus" ableitet[11]. Man geht von drei Großgruppen (Europide, Negroide, Mongolide) als anthropologischen Konstanten bzw. historischen Subjekten aus, die ihr Terroritorium „triebgemäß" verteidigen und dafür sorgen, daß keine Vermischung zwischen Völkern/Rassen stattfindet. Vielmehr sollen sie getrennt voneinander ihre kulturellen Besonderheiten (religiöse Riten, Sitten und Gebräuche) pflegen. Auf diese Weise feiert die „Rassenhygiene" des Nationalsozialismus fröhliche Urständ, ohne daß solche Konsequenzen explizit gezogen würden. Im Unterschied zum „Ethnozentrismus" erscheint der „Ethnopluralismus" als Konzept, das allen Völkern die freie Entfaltung ihrer Eigenart sichert und auf Gleichwertigkeit/-berechtigung basiert, obgleich von „kultureller Überfremdung" die Rede ist und Parallelen zum Apartheidssystem in Südafrika unübersehbar sind.

Innenpolitisch bedeutet „Ethnopluralismus" eine restriktive Asyl- und Einwanderungspolitik, die scheinbar im Interesse der fremden Völker selbst liegt, außenpolitisch führt er zur Forderung nach einer Neuordnung der Welt mittels eines „Befreiungsnationalismus", der ein sozialdemagogischer, reaktionärer und völlig verbogener Antiimperialismus ist. Dieser richtet sich, seit die Sowjetunion als „Supermacht" und Vielvölkerstaat nicht mehr existiert, primär gegen die USA.

Dahinter steckt die Idee der „Nation Europa" als neuer Weltmacht, wo Deutschland aufgrund seiner wirtschaftlichen Leistungsfähigkeit die Hegemonie zufallen würde. Das Ergebnis wäre durchaus mit Expansionsplänen des Hitler-Faschismus zu vergleichen, die 1945 zum Glück nicht mehr in die Wirklichkeit umgesetzt werden konnten, andernfalls sie die Welt völlig verändert hätten[12]. Die Strategie der sog. Neuen Rechten bezieht die Schaffung des Europäischen Wirtschaftsraumes (Binnenmarktes) 1993 mit ein und macht ihn zum Handlungsrahmen und zum Kern ihrer Konzeption der ökonomischen, politischen und militärischen Integration. „Die radikale und extreme Rechte präsentiert einen Euro-Chauvinismus und Kuturrassismus; sie versucht, Regionalismen, völkische Nationalismen und einen rassistischen Eurozentrismus zu integrieren."[13]

Rechtsextremismus in der (ehemaligen) DDR: Erblast des SED-Regimes und/oder Folge der Wiedervereinigung?

Eine „Stunde Null" gab es für den Rechtsextremismus nach der Niederlage Hitler-Deutschlands 1945 nicht. Seine Wurzeln wurden weder in den westlichen Besatzungszonen noch in der späteren DDR für immer beseitigt – Verfassungsbestimmungen zum Trotz. Die Entnazifizierung scheiterte, grenzte teilweise an eine Rehabilitierung der Verantwortlichen und bot Anknüpfungspunkte für eine gegen die Demokratie (als von außen, d. h. von den Besatzungsmächte, aufgezwungen) gerichtete Ideologie[14]. Von der NS-Propaganda erzeugte bzw. verstärkte Ressentiments gegenüber Sowjetrußland, Übergriffe der Besatzungstruppen und aufgrund der Not im eigenen Land verständliche, aber ohne Rücksicht auf die miserable Versorgungslage der Zonenbewohner durchgeführte Demontagen trugen dazu bei, daß die Maßnahmen der Militärregierung bei einem Großteil der Bevölkerung innere Abwehr auslösten, was ihre Wirksamkeit spürbar verringerte, obwohl diese keineswegs hinter der Entwicklung im Verantwortungsbereich der Westmächte zurückblieb. „In der Grundkonzeption war die sowjetische Form der Entnazifizierung in der Verbindung von schnellen und einschneidenden Struktureingriffen mit umfassender, aber gezielter personeller Säuberung und frühzeitiger Reintegration der Mitläufer ohne Zweifel das konsequenteste und effektivste System aller Besatzungszonen."[15]

In der SBZ wurden zwar die monopolkapitalistischen Grundstrukturen des Großdeutschen Reiches unter Berufung auf das Potsdamer Abkommen zerschlagen, Nationalsozialisten aus öffentlichen Ämtern entfernt und Kriegsverbrecher bestraft, im Zeichen des Stalinismus aber keine demokratischen Strukturreformen verwirklicht, die auf eine „Entnazifizierung der Köpfe" hätten abzielen müssen[16]. Was nützten die Verstaatlichung der wichtigsten Industriezweige, die Bodenreform sowie die Enteignung vieler Nazi-Aktivisten, wenn damit keine Demokratisierung der Wirtschaft und des Staates einherging?

Auch in der DDR wurde die deutsche NS-Vergangenheit nicht wirklich aufgearbeitet und bewältigt, sondern – wie in der BRD – verdrängt, indem man sich nachträglich mit der UdSSR verbrüderte und dadurch gewissermaßen zum Mitsieger des Zweiten Weltkrieges erklärte[17]. Das Lippenbekenntnis zum Realsozialismus ersparte Funktionären der Blockparteien die Auseinandersetzung mit der eigenen Vergangenheit als „Volksgenossen" im Nationalsozialismus[18]. Zudem wurde die personelle Säuberung der Polizei, Justiz und Verwaltung mit einer geistig-moralischen Selbstreinigung verwechselt.

Die antifaschistische Erziehung war zwar ein Grundpfeiler der DDR-Volksbildung, wurde jedoch zur lästigen Pflichtübung[19]. Schüler, denen Antifaschismus bis zum Überdruß „eingebläut" werden sollte, vermißten die Möglichkeit, sich in kritischer Annäherung eine Meinung zu bilden. Antifaschismus kam mit erhobenem Zeigefinger, mit moralinsaurem Unterton und in dogmatischer Selbstgefälligkeit daher. Durch politische Agitation, Indoktrination und Propaganda wurden die Erkenntnisse der Partei- und Staatsführung vermittelt, persönliche Erfahrungen, was Demokratie ist, jedoch nicht gemacht. Jugendliche litten unter der Verlogenheit einer Gesellschaft, die ihnen Autonomie, Selbstbestimmung und Partizipation vorenthielt[20].

Den theoretischen Ausgangspunkt für einen völlig verfehlten, weil dekretierten Antifaschismus im SED-Staat bildete die ökonomistisch verkürzte Faschismusdefinition der Komintern. Georgi Dimitroffs berühmte Formel, wonach der Faschismus die „offen terroristische Diktatur der reaktionärsten, am meisten chauvinistischen, am meisten imperialistischen Elemente des Finanzkapitals" war[21], galt zwar nur für den Faschismus an der Macht und sollte die Funktion des Regimes kennzeichnen, reduzierte das Problem jedoch auf die Unterstützung der NSDAP durch Großunternehmer, Bankiers und Junker, blendete mit der Massenbasis des Nationalsozialismus sein Erfolgsgeheimnis allerdings aus. Widerstand wurde zwar nicht völlig auf die KPD-Aktivitäten verengt, die Führungsrolle des Proletariats bzw. der SED als seiner marxistisch-leninistischen Partei jedoch daraus abgeleitet und der Arbeiterwiderstand hervorgehoben[22], wenngleich die Breite der Front gegen den Nationalsozialismus im Dritten Reich ein Argument für das Bündnis mit bürgerlich-demokratischen Kräften nach 1945 war. Antifaschismus wurde unter Führung der SED auf den Widerstand einer Partei gegen die NS-Diktatur reduziert, heroisiert und zum feierlichen Ritual hochstilisiert: „Treffen mit ehemaligen Widerstandskämpfern, Klassenausflüge ins KZ und Besuche von Mahn- und Gedenkstätten als Vorbereitung auf die Jugendweihe, verordnete Kundgebungen von den Jungen Pionieren bis zur SED."[23]

Die DDR war eine monokulturelle Gesellschaft mit relativ wenigen ausländischen Bewohnern (ca. 1 Prozent der Gesamtbevölkerung) und extrem geringen Berührungsflächen zwischen Einheimischen und Fremden. Sie schottete ihre Bürger/innen nicht nur durch Reiseverbote und restriktive Visabestimmungen nach außen ab, sondern isolierte, ja ghettoisierte Ausländer in Wohnheimen mit Lagercharakter. „Fremde Kulturen wurden, wenn überhaupt, nur per Medien wahrgenommen, eine aktive Auseinandersetzung mit ihnen konnte nicht erfolgen."[24] Die von offizieller Seite propagierte Solidarität beschränkte sich auf Jubelveranstaltungen für nationale Befreiungsbewegungen der sog. Dritten Welt und die „sozialistischen Bruderländer" sowie zeitlich befristete Einsätze von Angolanern, Mosambikanern und Vietnamesen in Arbeitsbrigaden. „Der politisch immer wieder gebetsmühlenartig betonte 'Internationalismus der Völkerfreundschaften' stand im Widerspruch zur Hermetik der Gesellschaft, die weder eine Auseinandersetzung mit den 'Fremden' innerhalb der Gesellschaft noch (wegen der bekannten Reisebeschränkungen) im Ausland ermöglichte."[25] Nach der „Wende" wurde ein Großteil der Ausländer/innen – häufig auf Druck ihrer deutschen Arbeitskollegen – zurückgeschickt[26].

Nationalismus wurde durch die Propagierung eines „Sozialismus in den Farben der DDR" selbst rekultiviert[27]. Rechtsextremismus und Neonazismus durfte es nach offizieller Lesart im „ersten Arbeiter- und Bauernstaat auf deutschem Boden" dagegen nicht geben. Wenn solche Tendenzen bekannt wurden, half man sich mit der Hypothese, es handle sich um einen geistigen Bodensatz des NS-Regimes, um jugendliches Rowdytum oder um einen „Westimport", also Versuche ideologischer Diversion durch den ausländischen Klassenfeind. Wissenschaftliche Ursachenforschung war verpönt, einschlägige Forschungsergebnisse (beispielsweise des Zentralinstituts für Jugendforschung in Leipzig) wurden nicht publiziert, sondern bewußt ignoriert. Selbst als sich in den 80er Jahren die Anzeichen für eine jugendliche Subkultur mit fließenden Übergängen zum Rechtsextremismus und Neofaschismus häuften, scheute man die öffentliche Auseinandersetzung mit dem Problem[28]. Die Übergriffe von Skinheads, Hooligans und sog. Faschos gegenüber Ausländern, Linksautonomen, „Grufties" und Punks beantwortete das SED-Regime, wenn überhaupt, administrativ und repressiv. Vielfach strengten Volkspolizei, Staatssicherheit und Justiz Prozesse an, ohne die Exzesse eindämmen zu können.

Die von einer demokratischen Basisbewegung herbeigeführte „Wende" in der DDR (Herbst 1989) hat durch Freisetzung im Schoße des Stasi-Sozialismus herangereifter, aber mit Polizeigewalt niedergehaltener Kräfte der extremen Rechten paradoxerweise genauso zur Stärkung einer reaktionären Grundströmung beigetragen wie die „Wende" in der alten Bundesrepublik (Herbst 1982). Hier wie dort war der Aufschwung (neu)rechter Ideologien, Parteien und Organisationen – z.B. der REPublikaner – das Ergebnis einer doppelten Hegemoniekrise: Eike Hennig spricht bezüglich der BRD in diesem Zusammenhang von einer „Parallelität der Delegitimierung von Regierung und Opposition" und verweist auf die sinkende Wahlbeteiligung im Vorfeld der gar nicht überraschenden REP-Erfolge[29]. Sowohl der herrschende Block und seine liberal-konservative Regierungskoalition als auch eine – insbesondere für Jugendliche – nicht mehr attraktive Opposition, die weder im Bundestag noch außerparlamentarisch (Krise der Neuen Sozialen Bewegungen gegen Ende der 80er/Anfang der 90er Jahre) eine wirkliche Alternative zur bürgerlichen Mehrheitsformation darstellte, hatten an Glaubwürdigkeit verloren.

In der DDR führte die Massenflucht über Ungarn und die Prager Botschaft zum Offenbarungseid einer Staats- und Parteiführung, die ihre Privilegien nur noch durch Repressalien behauptete. Umgekehrt war die Bürgerbewegung zwar in der Lage, den Sturz des SED-Regimes zu bewirken, aber nicht stark genug, um Mehrheiten für einen „eigenen", demokratisch-sozialistischen Staat zu mobilisieren. Sie erkannte die nationale Frage nicht als Kardinalproblem der DDR-Politik im November 1989, ging vielmehr von einer Souveränität aus, die längst verloren gegangen war[30].

Der Ruf nach Vereinigung beider deutscher Staaten wurde Ende 1989/Anfang 1990 immer lauter, zumal Illusionen über die damit verbundenen Schwierigkeiten und Anpassungsprobleme vorherrschten. Die gesellschaftliche Umbruchsituation der DDR bot neonazistischen Gruppen günstige Wirkungs- bzw. Wachstumsmöglichkeiten, weil ein Machtvakuum und rechtsfreie Räume existierten, aber auch, weil solche Organisationen darauf hinweisen konnten, daß ihnen als Sieger der Geschichte die Zukunft gehören würde[31]. Einheimische und aus der Bundesrepublik zugereiste Rechtsextremisten setzten sich an die Spitze der Montagsdemonstrationen und Kundgebungen, wo nationalistische, militant-antikommunistische und faschistische Parolen eine immer wichtigere Rolle spielten[32]. Nach Öffnung der Mauer im November 1989, Bildung der Währungs-, Wirtschafts- und Sozialunion im Juli 1990 und der Wiedervereinigung im Oktober 1990 radikalisierte sich die Szene, ergoß sich eine Welle der Gewalt über die neuen Bundesländer und häuften sich die Überfälle auf Ausländer/innen bzw. ihre Unterkünfte[33].

Hoyerswerda wurde möglich, weil die Polizei, Verwaltung und Justiz der Rechtsentwicklung mehr oder weniger tatenlos zusahen, ohne den rassistischen bzw. neonazistischen Auswüchsen entgegenzutreten. Die von der politischen Entwicklung überrollte und teilweise materiell wie psychisch überforderten Ordnungskräfte hielten sich auffällig zurück, obwohl es galt, rechtzeitig und mit richtigen Methoden einzugreifen. Daß die praktischen Erfahrungen im Umgang mit Bandenkriminalität und Terroranschlägen fehlten, reicht zur Erklärung nicht aus und verblaßt gegenüber der Resonanz und Akzeptanz dieser Gewaltakte in weiten Teilen der Bevölkerung. In Einzelfällen kann man bei den zögernd und oft zu spät handelnden Staatsorganen bestimmt auch politische Sympathien für die Täter unterstellen[34].

Rechtsextremismus und Neofaschismus sind weder eine späte Rache des SED-Regimes noch eine „*Rand*erscheinung der Umbruchsituation" (Kurt Biedenkopf), sondern Resultat des Zusammenstoßes zweier Gesellschaften in einem Staat, der darauf nicht vorbereitet war. Bei Angriffen auf Dunkelhäutige, Homosexuelle, Langhaarige und Linke entlädt sich neben der Verbitterung über im bürokratisch-administrativen Realsozialismus erlittenes Unrecht auch der Frust über die Perspektivlosigkeit im marktradikalen Brutalkapitalismus der wirtschaftlichen Hegemonialmacht Westeuropas.

Der brutale Verdrängungswettbewerb auf dem Arbeits-, Wohnungs- und Immobilienmarkt verändert die DDR-Gesellschaft von Grund auf. Tradierte Verhaltensmuster erweisen sich gewissermaßen über Nacht als ungeeignet, den Alltag zu meistern. Der Sprung aus einem langweiligen, spießigen und biedermeierlichen Staatssozialismus in einen schnellebigen und skrupellosen Privatkapitalismus (mit Massenarbeitslosigkeit, Wohnungsnot und Mietwucher) gelingt bei weitem nicht allen „Ossis". Ein Großteil ist von der Dynamik einer „ursprünglichen Akkumulation" überfordert und außerstande, (sofort) mit den „Wessis" Schritt zu halten.

Die Befreiung aus den Zwängen sozialer Kontrolle und politischer Überwachung dürfte mit einem kollektiven Identitätsverlust und Krisenerfahrungen einhergehen, die DDR-Bürgern fremd waren, weil sie „von der Wiege bis zur Bahre" behütet wurden. Hierarchisch-autoritäre bzw. repressive Strukturen in den unterschiedlichsten Gesellschaftsbereichen (Familie, politisches und Bildungssystem) haben deformierte Charaktere hervorgebracht[35], die sich straff geführten Rechtsparteien nähern, sobald ihre Hoffnungen auf ein „gutes Leben" von der liberalen Markt- und Profitwirtschaft enttäuscht werden.

Der marxistisch-leninistischen „Überpolitisierung" im SED-Staat folgt eine Entpolitisierung, dem Kollektivismus ein von geistig-kultureller Verödung begleiteter Individualismus: Videotheken, Sex-Shops, Massagesalons, Spielhallen und Sonnenstudios schießen wie Pilze aus dem Boden, während Bibliotheken, Kulturvereine, Theater, Kindergärten und Jugendklubs für immer schließen. Jugendliche suchen nicht nur Arbeits- und Lehrstellen, sondern auch nach einem Lebenssinn. In der früheren DDR gibt es eine gesellschaftliche Sinnkrise: Rechtsextremisten und Neofaschisten machen sich zunutze, daß gegenwärtig eine „Umwertung aller Werte" stattfindet, und ziehen Vorteile aus der Rat- bzw. Orientierungslosigkeit jener Menschen, die dem Systemwechsel psychisch nicht gewachsen, sondern erstmals nach vier Jahrzehnten von sozialem Abstieg bedroht sind.

Wer über die Gefahr des Rechtsextremismus im vereinten Deutschland spricht, sollte weder vom Stalinismus, administrativen DDR-Sozialismus und „verordneten Antifaschismus" des SED-Regimes (Ralph Giordano) noch vom „neuen Manchesterkapitalismus" (Günter Grass) und „DM-Nationalismus" (Jürgen Habermas) schweigen. Die Durchkapitalisierung der ehemaligen DDR ging nicht mit umfassender

Demokratisierung, Entmilitarisierung und „Zivilisierung" aller Lebensbereiche, sondern mit dem Verlust vieler Errungenschaften der Oktober/November-Revolution 1989 (Führungsrolle der Basisbewegungen, Bürgerkomitees und Runder Tische) einher. Der überstürzte „Anschluß" läßt keine Entwicklung alternativer Lebensformen und Mitbestimmungsmodelle zu, sondern bedeutet Unterwerfung und setzt den Verzicht auf die eigene Geschichte voraus, was dazu beiträgt, daß Sicherheit häufig in einer fragwürdigen „nationalen Identität" gesucht wird.

Wohin wird sich die Bevölkerung der ehemaligen DDR wenden, falls ihr verständlicher Wunsch nach einem kontinuierlich wachsenden Wohlstand nicht bald in Erfüllung geht? Die politische Linke ist demoralisiert, Sozialismus in jeder, auch demokratischer Form durch Stalinismus und Stasi-Absolutismus für lange Zeit diskreditiert. Bleiben eigentlich nur der Rückzug ins Private, nostalgisch verklärte Blicke zurück und der Weg nach ganz rechts...

Rassismus als Kernideologem des Rechtsextremismus

Der Rassismus entscheidet heute über den Erfolg bzw. das Scheitern des Rechtsextremismus. Denn zweifellos handelt es sich hierbei um die „wohl wichtigste Einflußschleuse für rechtsextreme Ideologie ins Alltagsbewußtsein", wie Margret und Siegfried Jäger meinen[36]. Beide sprechen von einem „Kernideologem" des Rechtsextremismus, das für diesen konstitutiv ist, zumal sich seine Wahlerfolge ursächlich auf die Massenbasis solcher Parolen wie „Ausländer raus!" oder „Deutschland bleibt deutsch!" zurückführen lassen. Weitere Kernideologeme des Rechtsextremismus sind: Nationalismus, Sozialdarwinismus, Militarismus und Sexismus.

Der Terminus „Rassismus" ist genauso heftig umstritten wie die Frage, ob es überhaupt „Menschenrassen" gibt. Das Grundgesetz der Bundesrepublik fordert in Art. 3 Abs. 3, niemand dürfe wegen „seiner Rasse" benachteiligt oder bevorzugt werden. Diese Formulierung erhebt die „Rasse" nicht zur Realität, verleiht also dem Begriff keinen Verfassungsrang, sondern verweist auf die schrecklichen Erfahrungen mit der NS-Diktatur, hebt auf den Bewußtseinsstand im nachfaschistischen Deutschland ab und spiegelt den damaligen Erkenntnisstand wider. Mittlerweile haben die Naturwissenschaften durch genanalytische Untersuchungsmethoden längst den Beweis erbracht, daß es keine Gruppen von Menschen gibt, die sinnvollerweise nach gemeinsamen Merkmalen als „Rasse" zu klassifizieren wären: „Die 'rassische' Differenzierung der Menschen reicht tatsächlich nicht unter die Haut. Jegliche Verwendung von Rassekategorien muß ihre Rechtfertigung aus anderen Quellen als der Biologie beziehen."[37] Somatische, physische bzw. phänotypische Unterschiede (z.B. Hautfarbe, Haarbeschaffenheit, Nasenform) korrelieren nicht mit bestimmten Charaktereigenschaften, geistigen Fähigkeiten und sozialen Verhaltensweisen.

Die „Rasse" ist gleichwohl ein Mythos, der bis heute gepflegt wird und Geschichtsmächtigkeit besitzt. Egal, zu welchen Forschungsergebnissen die Biologie/Anthropologie gelangt, eignet sich der Rassenbegriff für die „Alltagsphilosophie", um eine Hierarchie der Menschheit zu entwickeln, sich selbst auf- und andere abzuwerten. Der Rassismus existiert unabhängig von den „Rassen", die keine reale Grundlage darstellen, sondern eine Hypothese und Projektionsbasis für seine inhumane Ideologie bilden.

Der Begriff „Rassismus" unterliegt – zeitlich und räumlich – Wandlungen, auf die im folgenden näher eingegangen wird. Aufgrund der NS-Greuel extrem negativ besetzt, wird er hierzulande sorgfältig gemieden, selbst wenn neofaschistische Kräfte den Holocaust leugnen oder rechtfertigen und daran unmittelbar anknüpfen. Gemeinsam mit der Tabuisierung trägt die Inflationierung des Rassismusbegriffs in der angelsächsischen Fachdiskussion erheblich zu seiner Mehrdeutigkeit und Mißverständlichkeit bei. So wird darunter eine Ideologie verstanden, die ethnische Kollektive in eine Rangskala bringt, aber zum Teil auch die Benachteiligung/Unterdrückung biologisch und/oder kulturell verschiedener Individuen (z. B. von Frauen). Der Terminus bezieht sich sowohl auf den Inhalt als auch auf die Funktion (der Aufrechterhaltung von Privilegien unterschiedlichster Art). Robert Miles spricht in diesem Zusammenhang von einer „Überdehnung" des Rassismusbegriffs[38].

Heterophobie/Fremdenhaß resultiert aus konkreten Problemen, legitimiert sich über abstrakte Ideale, artikuliert sich in symbolischer Gewalt und kollidiert mit zivilem Verhalten[39]. Zwar läßt sich Rassendiskriminierung in aller Regel auf soziale bzw. wirtschaftliche Ursachen, Krisenprozesse und Konkurrenzbeziehungen zurückführen, aber mitnichten darauf reduzieren. Deterministische, ökonomistisch verkürzte Erklärungsansätze werden der Komplexität des Phänomens, das in unterschiedlichen Produktionsweisen existiert, nicht gerecht. Robert Miles weist zu Recht darauf hin, daß Rassismus kein „Produkt" des Kapitalismus ist, sondern sich bereits in früheren Gesellschaftsformationen herausbildete: „Es handelt sich, mit anderen Worten, um eine Ideologie, deren Existenzbedingungen zumindest teilweise von den Interessen der Bourgeoisie unabhängig sind, einer für die kapitalistische Produktionsweise und mithin für eine bestimmte Geschichtsepoche spezifischen Klasse."[40] Aus diesem Grund gibt es eigentlich nicht nur *einen* Rassismus, sondern unterschiedliche Erscheinungsformen, die der historischen Analyse unterworfen werden müssen, wie Stuart Hall betont, der von mehreren „Rassismen" spricht[41].

Die Entstehungsgeschichte des Rassismus macht aber deutlich, daß seine verschiedenen Spielarten einen gemeinsamen Hintergrund haben. „Rassismus als Hilfsinstrument zur Unterdrückung fremder Völker und deren Einbindung in die kapitalistische Produktionsweise entstand im Zuge des europäischen Kolonialismus des 16. bis 18. Jahrhunderts."[42] Max Horkheimer abwandelnd, könnte man sagen: Wer vom Kolonialismus nicht reden will, sollte auch vom Rassismus schweigen! Dieser war eine Reaktion auf das Gleichheitspostulat der Französischen Revolution wie auf das Streben europäischer Industriestaaten nach Überseeprovinzen, die als Rohstoffbasis, Absatzmärkte und Anlagesphären, aber auch als Rekrutierungsfeld für zusätzliche Arbeitskräfte und Sklaven dienten. Hier hat der Rassismus seine Wurzel, obwohl er nicht darauf beschränkt blieb, die Raubzüge machtgieriger Kolonialherren zu rechtfertigen, und im realen Sozialismus fortlebte.

Um den Rassismus erfolgreich bekämpfen zu können, muß man wissen, worauf er beruht. „Der erste Schritt zum Sieg über diese Geißel der Menschheit ist der, zu verstehen, welche Ursachen ihr zugrunde lagen, welche Sehnsüchte und Hoffnungen sie in der Vergangenheit erweckte.“[43] Mir scheint, daß Rassismus sich hauptsächlich aus zwei Quellen speist und nach zwei Seiten wirkt: Der euroamerikanische Rassismus entsteht im Gefolge eines Großmachtstrebens „von oben“, das nach außen gerichtet ist und sich die Welt untertan macht, wobei meist gewaltsam oktroyierte Herrschafts- und Produktionsverhältnisse durch die ethnische Abwertung (eines Teils) der Beherrschten stabilisiert werden. Die verschärfte Konkurrenz auf dem Weltmarkt zwang das in Nationalstaaten organisierte Kapital zur forcierten Industrialisierung, zur Intensivierung der Ausbeutung und zur Expansion: Rassismus bildete eine geistige Klammer und, durch Nationalismus und Sozialdarwinismus vermittelt[44], eine Legitimationsgrundlage für den Kolonialismus. „Denn nur als 'Rassismus' konnte sich der Imperialismus aus einem einfachen Eroberungsunternehmen in ein System universeller Herrschaft verwandeln, zur Grundlage einer 'Zivilisation' werden: d. h. in dem Maße, wie die imperialistische Nation als das besondere Instrument einer höheren Mission oder eines höheren Schicksals gedacht und dargestellt wurde, dem die anderen Völker die Anerkennung gar nicht verweigern können.“[45]

Rassismus fungiert nicht nur als Expansions- und Legitimationsideologie, als Mittel der Herrschaftssicherung und Manipulation, sondern auch als Instrument zur Konsensproduktion, als Konzeption nationaler Identifikation und sozialer Integration durch Ausgrenzung anderer. Man benötigt die Abwertung bestimmter Mitmenschen aufgrund ihrer Abstammung zur Abwehr möglicher Rivalen innerhalb einer ausgebeuteten, zum Verkauf ihrer Arbeitskraft gezwungenen und der Konkurrenz (gegenüber Lohndrückern und Streikbrechern) unterworfenen Population. Der „Alltags-“ bzw. „Arbeiterrassismus“ hat Hochkonjunktur, wenn sich Krisensymptome häufen, militärische Niederlagen oder Systemkrisen drohen und subalterne Schichten existentiell gefährdet sind, also durch Herabsetzung von Fremdgruppen den auf ihnen lastenden Druck „nach unten“ weitergeben.

Die Rassenschranken überlagern Klassenschranken, verschleiern und reproduzieren sie gleichzeitig. Es findet eine „Verschiebung und Verdrängung anderer sozialer Antagonismen in den Rassengegensatz“ statt: „Mit der Verschiebung der Gegensätze geht ein aktives Vergessen einher, eine dynamische Ersetzung, die psychische Gewalt fordert.“[46] Der Rassismus ist eine Ideologie ethnischer Überlegenheit, die in Situationen sozialer Schwäche zur Unterwerfung gegenüber Stärkeren verführt. Er dient in aller Regel als politisch-ideologischer Kitt: „In den kapitalistischen Gesellschaften Europas und Nordamerikas muß die Wirksamkeit des Rassismus dort verortet werden, wo sich zwischen den Kämpfen und konfligierenden Interessen von Bourgeoisie, Kleinbürgertum und Arbeiterklasse (und ihren diversen Fraktionen) Risse auftun.“[47]

In den Übergangsgesellschaften Osteuropas dient der Rassismus (bzw. der Antisemitismus als Sonderfall und historische Extremform desselben) zur eigenen Identitätsfindung. Wo traditionelle Milieus und Lebensformen über Nacht aufgebrochen werden, wie etwa in der zerfallenden Sowjetunion, verspricht brutaler Antisemitismus die Bewahrung alter Privilegien[48]. Gleichzeitig wächst die Gefahr, daß der Rassismus neue Gräben schafft und die soziale Schichtung nach ethnischen Kriterien erfolgt. In Deutschland bildet sich zur Zeit eine gesellschaftliche Hierarchie heraus, die entlang nationaler Differenzierungslinien („ethnische Klassen") verläuft[49].

Der *Neo*rassismus ist keine ideologische Erblast des Kolonialismus, sondern ein Phänomen des modernen Imperialismus und seiner subtileren Ausbeutungs-, Herrschafts- und Repressionsmethoden, die sich z. B. in ungerechten Terms of Trade sowie Kreditauflagen des IWF und der Weltbank manifestieren. Im Zeitalter der Entkolonisierung, die den Migrationsstrom zwischen ehemaligen Kolonien und ihren „Mutterländern" umkehrt, verkörpert er die Machtverhältnisse der bestehenden Weltwirtschaftsordnung[50]. „Wohlstandschauvinismus" gegenüber Zuwanderern aus der sog. Dritten Welt wird zur Grundlage einer Verabsolutierung der nationalen Homogenität. „Die Abwehr von Flüchtlingen als 'Wirtschaftsasylanten' drückt nicht nur ein inhumanes Werturteil aus, sondern auch die unverhohlene Angst, relative Besitzstände zu verlieren, wenn international die vorhandenen Güter verteilt würden."[51] Für die reiche Bundesrepublik ist Neorassismus daher ein „interklassistisches" Phänomen, das nicht auf eine Gesellschaftsschicht beschränkt bleibt, und seine Bekämpfung ein gesamtgesellschaftliches Problem.

Allerdings erscheint der Neorassismus weniger expansionistisch-missionarisch als sein Vorläufer, ist eher reaktiv und mehr defensiv-konsolidierend ausgerichtet[52]. „Der Drang, seine eigene kulturelle Identität verteidigen zu wollen, charakterisiert den Neo-Rassismus 'ohne Rassen', der auf den schwelenden Nord-Süd-Konflikt und die darin inkorporierten Kräfteverhältnisse reagiert."[53] Neorassismus ist eine Ideologie, die sich im Alltagsbewußtsein (z. B. als „Ausländerfeindlichkeit") widerspiegelt und sich in Ausgrenzungsversuchen niederschlägt, also ein Deutungsmuster/Handlungsmodell, das ethnische Gruppen – meistenteils Minderheiten – stigmatisiert bzw. diskriminiert, ihnen soziale Errungenschaften, ökonomische Ressourcen und politische Grundrechte (Freizügigkeit, Versammlungsfreiheit, Wahlrecht usw.) vorenthält.

Zwischen „Ausländerfeindlichkeit" und einer Ausländerpolitik, die man als „institutionalisierten Rassismus" bezeichnen kann, besteht eine enge Wechselwirkung: Beispielsweise war es kein Zufall, daß Wahlerfolgen rechtsextremer Parteien (REPublikaner, DVU) gegen Ende der 80er Jahre ein völkisch-nationalistischer Entwurf für ein neues Ausländergesetz folgte, den Bundesinnenminister Friedrich Zimmermann zu verantworten hatte[55]. Die im April 1990 vom Bundestag verabschiedete Neuregelung ist widersprüchlich, weil sie sowohl die Einbürgerung als auch die Ausweisung erleichtert. Partiellen Verbesserungen für die Situation der Ausländer/innen stehen gravierende Mängel, viele Verschlechterungen und neue Benachteiligungen gegenüber[55].

Auf die Dauer wird es keine juristische Lösung des „Ausländerproblems", das eigentlich ein Inländerproblem ist[56], geben. Denn das Weltflüchtlingsproblem spitzt sich nach dem Zusammenbruch des Realsozialismus und dem Zerfall der

Sowjetunion – entgegen optimistischen Prognosen am Schluß der Ost/West-Konfrontation – vermutlich weiter zu[57], wodurch sich dem Neorassismus ein guter Nährboden bieten dürfte. Da Westeuropa und insbesondere die Bundesrepublik zum Ziel dieser Wanderungsprozesse wird, ist für viele Jahre mit hohen Immigrantenzahlen zu rechnen.

Die hochentwickelten Industriestaaten schotten sich jedoch immer mehr gegen Einwanderer, Arbeitsmigranten und Asylsuchende aus der sog. Dritten Welt ab. Die Situation erscheint paradox: Während die Grenzen in Europa immer durchlässiger werden, errichtet man wieder neue Mauern. (West-)Europa wird zur „Wohlstandsfestung" ausgebaut, wobei das Schengener Abkommen mit verschärften Kontrollen der Außengrenzen, strengen Visabestimmungen für sog. Drittausländer, einer „Harmonisierung" der Asyl- und Einwanderungsbestimmungen, einem supranationalen Fahndungs- und Sicherheitsverbund, Informations- und Datenaustausch sowie einer Vorverlagerung polizeilicher Überwachung in die Privatsphäre der Bürger eine Schlüsselrolle spielt[58].

Neuer deutscher Nationalstaat – neuer Deutschnationalismus, Großmachtchauvinismus und Revanchismus?

Die deutsche Einheit hat auf den Rechtsextremismus in der Bundesrepublik zunächst nicht befreiend und beflügelnd, sondern dämpfend gewirkt. Thomas Assheuer und Hans Sarkowicz sprechen im Zusammenhang mit diesem Rückschlag für den Rechtsextremismus von einer Art „Erfüllungs-Depression", die der äußersten Rechten aus folgendem Grund schwer zu schaffen mache: „Plötzlich und unerwartet ging verloren, woran sich das nationale Ressentiment jahrzehntelang wortreich entzünden konnte."[59] Franz Urban Pappis Prophezeiung, die deutsche Einheit werde dem ressentimentgeladenen Nationalismus in Deutschland den Boden entziehen[60], hat sich jedoch nicht bewahrheitet. Nach einer kurzen Karenzzeit könnte sich der Revanchismus gleichfalls vom Schock der im Zeichen des Liberalkonservatismus herbeigeführten Vereinigung von West- und „Mitteldeutschland" erholen und, durch einen Großmachtchauvinismus mit deutschen Weltherrschaftsträumen unterstützt, erneut Pläne zur Kolonisation Osteuropas entwickeln.

„Deutschland, einig Vaterland" – für viele Bürger/innen vor allem der ehemaligen DDR ein langgehegter Wunschtraum – ist für andere ein Trauma, das sie mit nationaler Überheblichkeit („Deutschland, Deutschland über alles"), Großmachtplänen und Gebietsansprüchen („Heute gehört uns Deutschland, morgen die ganze Welt!") verbinden. Tatsächlich ergeben sich durch die Vereinigung neben Chancen zur Überwindung der Staats- bzw. Systemgrenzen und für eine gesamteuropäische Friedensordnung auch Gefahren: Deutschnationalismus, großdeutscher Chauvinismus und Revanchismus erhalten neue Nahrung. Deutschlands EG-Dominanz, seine ökonomische Potenz und führende Rolle im Welthandel fördern Bestrebungen, sich als mitteleuropäisches Machtzentrum zu profilieren und dadurch auch (militär)politisch mehr Einfluß auf andere Länder zu nehmen. „Die jetzt entstehende ökonomische Hegemonie Deutschlands birgt (...) die Gefahr, daß in Krisenzeiten der nationalistische Größenwahn wieder aufleben kann. Denn die wirtschaftlichen Strukturen sind im großen und ganzen die gleichen geblieben wie zur Zeit des Zweiten Weltkriegs, und die Erben der Herren der Großindustrie und Hochfinanz, die die Nazis unterstützten, sitzen auch heute an den entscheidenden Schalthebeln und machen, wie beispielhaft der Flick-Skandal gezeigt hat, ihren Einfluß im politischen Bereich geltend."[61]

Im vereinten Deutschland dürften sich die sozialen Gegensätze verschärfen, regionale Ungleichgewichte (Ost/West-Gefälle) und Ungleichzeitigkeiten der Entwicklung zunehmen. Neben der „Zwei-Drittel-Gesellschaft" kann sich so eine „Drei-Viertel-Gesellschaft" bzw. „Vier-Fünftel-Gesellschaft" herausbilden. So wie es neben „Modernisierungsgewinnern" auch „Modernisierungsopfer" gibt, auf deren Hang zum Rechtsextremismus Arno Klönne hingewiesen hat[62], so dürfte es neben vielen „Anschlußgewinner(inne)n" auch „Anschlußverlierer/innen" geben. Soziale Polarisierung führt in Deutschland erfahrungsgemäß nicht zur Revolutionierung der Massen, sondern zur Radikalisierung nach rechts.

Gewaltausbrüche wie in Hoyerswerda sind nur zu begreifen auf dem Hintergrund einer solchen Marginalisierung und Brutalisierung der Verkehrsformen. Das politisch-gesellschaftliche Klima wird spürbar eisiger, der Umgang mit Nachbarn rauher und die Aggressivität des Kalten Krieges nach innen gekehrt: Intoleranz, Militanz und Gewaltakzeptanz nehmen zu; physische Repression gilt teilweise wieder als legitimes Mittel der Politik. Hausbesetzungen sozial deklassierter Jugendlicher, Krawalle und Hooliganismus könnten die Vorboten sehr viel massiverer Protestaktionen sein, diese zusammen mit einer ständig steigenden Kriminalität Forderungen nach der Wiederherstellung von „Ruhe und Ordnung" durch Polizeieinsätze provozieren und rechtsextreme bzw. neofaschistische Gruppen davon profitieren.

Wenn die DDR „sizilianisiert", zum „Armenhaus" der Bundesrepublik oder zu einem Billiglohnland wird, erscheinen den westdeutschen Arbeitnehmern ihre dortigen Kolleg(inn)en unwillkürlich als Konkurrent(inn)en. Was liegt für Unternehmer näher, als sie gegeneinander auszuspielen, zumal die Abwanderung in Ost/West-Richtung fortdauern dürfte? Die Nivellierung der Löhne und Gehälter nach unten erhöht den Leistungsdruck in Betrieben und Büros, dem Millionen Menschen ohnehin nicht oder nur um den Preis ihrer physischen bzw. psychischen Gesundheit gewachsen sind.

Rechtsextremisten konzentrieren sich nicht mehr auf Randgruppen, sondern organisieren und mobilisieren eine „interklassistische" Klientel, die vom sozialen Absturz betroffen oder vom sozialen Abstieg bedroht ist. Das Wolfsgesetz der „Ellenbogengesellschaft" löst Status- und Versagensängste aus, die eine notwendige, wiewohl keine hinreichende Bedingung für eine Rechtsentwicklung bilden. Wo nackte Existenzangst herrscht und Rücksichtslosigkeit persönlichen Erfolg verspricht, feiert der Sozialdarwinismus fröhliche Urständ. Elitetheorien und Ideologien, die das „Recht des Stärkeren" betonen, werden sich daher ausbreiten, und als Feindbilder für die zu erwartende Jagd auf Sündenböcke bieten sich einmal mehr bestimmte Minderheiten (z.B. Ausländer/innen) an.

Die Ausgaben für Infrastrukturmaßnahmen auf dem Gebiet der ehemaligen DDR werden die öffentlichen Haushalte erheblich belasten und den Handlungsspielraum für innere Reformen bzw. Fortschritte auf sozialpolitischem Gebiet (z.B. die allgemeine Grundsicherung) verengen. Zudem kann man die Rücknahme bzw. Senkung einzelner Sozialleistungen mit dem Sanierungsbedarf der fünf neuen Bundesländer rechtfertigen. Die Reprivatisierung der Produktionsmittel und sozialer Risiken wird vermutlich im Mittelpunkt einer breitangelegten Deregulierungs-, Rationalisierungs- und Flexibilisierungsoffensive stehen. Damit entfällt die Möglichkeit, materielle Barrieren gegen Rassismus und Neofaschismus zu errichten.

Der Rechtsradikalismus hat im vereinten Deutschland gute Chancen, sich zu entfalten, weil die gesellschaftlichen Ursachen weiterhin wirksam sind, denen er seinen Aufschwung verdankt, rechtsextreme Denkmuster in die politische Kultur Eingang gefunden haben und Probleme absehbar sind, die ihn begünstigen: Folgekosten der Einheit, Krisentendenzen und eine verschärfte Arbeitsplatzkonkurrenz im Europäischen Wirtschaftsraum[63]. Läßt der konjunkturelle Aufschwung im Osten Deutschlands länger auf sich warten als die Rezession im Westen, steht das politische System der Bundesrepublik vor seiner schwersten Bewährungsprobe.

Eine historische Parallele drängt sich auf: Aufgrund der „von oben" durchgesetzten Gründung des Deutschen Kaiserreiches 1871 verschwand eine Vielzahl von halbfeudalen Miniaturstaaten, und zugleich entstand ein großer Binnenmarkt, ganz wie gegenwärtig in Westeuropa[64]. Der unmittelbar einsetzende, als „Gründerfieber" bezeichnete Aufschwung dauerte gar nicht lange, sondern war nur ein konjunkturelles Strohfeuer, das bald wieder erlosch. Dem „Gründerkrach" (1873) folgte die „Große Depression", eine bis 1896 dauernde Rezessionsperiode mit Massenarbeitslosigkeit, Not und Elend für Proletarier und ein Kleinbürgertum, das sich in die Großmachtphantasien des Kaiserreiches flüchtete. Hier hat der Erste Weltkrieg seine geistigen Wurzeln, und auch die Erfolge des Nationalsozialismus wären ohne diese Entwicklung nicht möglich gewesen[65].

Rechtsradikale Gruppierungen bekommen durch die Wiedervereinigung politischen Rückenwind. Ein „Viertes Reich" rückt für jene Kräfte, die DDR und BRD nicht für Gesamtdeutschland halten, sondern von der Rückgewinnung der Ostgebiete und einem Großdeutschland (mit den Grenzen von 1937/41) träumen, in greifbare Nähe. Die Tatsache, daß russische Soldaten bis 1994 auf dem früheren DDR-Gebiet und NATO-Verbände in den westlichen Bundesländern stationiert bleiben, wird „befreiungsnationalistischen" Parolen der sog. Neuen Rechten, die Deutschlands Souveränität beschränkt wähnt, Nahrung geben und neutralistisch-militaristische Tendenzen fördern.

Umrisse eines sozialstaatlichen, zivilgesellschaftlichen und republikanischen Gegenmodells

Nach der Auflösung des Ost/West-Gegensatzes und Vereinigung beider deutscher Staaten kann ein Rückfall in den Vorkriegsnationalismus erfolgen, weil der „Irrweg des Nationalstaates", wie Peter Glotz die dominante Entwicklung der letzten Jahrhunderte nennt[66], trotz einer Globalisierung bzw. Internationalisierung (Europäisierung) des Kapitals durchaus wieder attraktiv erscheint. Daran ändert auch der Umstand nichts, daß die Fundamente des Nationalismus zerfallen und daß dieser in einer Welt supranationaler Konzerne, Handelsbeziehungen und Institutionen zum Anachronismus wird. Eric J. Hobsbawm weist jedoch darauf hin, „daß der Nationalismus trotz seines unbestreitbar großen Einflusses an historischer Bedeutung eingebüßt hat. Er ist nicht mehr wie früher ein weltumspannendes politisches Programm, was er im 19. und in den ersten Jahrzehnten des 20. Jahrhunderts zweifellos gewesen ist."[67]

Im vereinten Deutschland prallen zwei Gesellschaften mit einem unterschiedlichen Lebensrhythmus aufeinander, die nur langsam synchronisiert werden dürften. Aus dieser „Ungleichzeitigkeit" (Ernst Bloch) der Entwicklung erwachsen soziale Widersprüche, regionale und Strukturbrüche, die Rechtsextremismus tendenziell begünstigen.

Auch der Rassismus/Ethnozentrismus greift immer weiter um sich, zumal die wirtschaftliche und Systemkrise in Osteuropa und der Sowjetunion erwarten läßt, daß sich Millionen Menschen auf den Weg nach Deutschland machen, und Farbige aus Überseebesitzungen der ehemaligen Kolonialmächte Westeuropas ab Januar 1993 im Rahmen des Binnenmarktes als gleichberechtigte Konkurrenten auftreten werden.

Statt der vorherrschenden Ignoranz diesem Problem gegenüber bedarf es einer größeren Akzeptanz gegenüber Unterschieden zwischen „Rassen", Völkern und Kulturen. Ausländerfeindlichkeit bekämpft man nicht, indem man Ausländer bekämpft und das Asylrecht weiter beschneidet, sondern indem man ihre gesellschaftlichen Ursachen, (die Angst vor) Arbeitslosigkeit, Armut und Abstieg beseitigt. Weitverbreitete Ängste vor einer „Überfremdung" müssen allerdings insoweit ernster genommen werden, als man (etwa bei der Zuweisung von Asylsuchenden in Städte, Stadtteile und Gemeinden) gewachsene Sozialstrukturen, Nachbarschaftsbeziehungen und Bindungen zwischen den Menschen berücksichtigt.

Ausländer/innen müssen mehr Rechte bekommen, gewissermaßen „eingebürgert" werden und mitbestimmen können. Maßnahmen der rechtlichen Absicherung, sozialen Gleichstellung und politischen Partizipation würden eine wirkliche Integration, die nicht mit Assimilation verwechselt werden darf, ermöglichen[68]. Politische Integrationsangebote, wie etwa Beiräte oder das Kommunalwahlrecht für Ausländer[69], sind notwendig, aber nur Zwischenschritte und kaum hinreichend, um rassistischen Ideologien den Nährboden zu entziehen. „Selbst wo das Denken bis hin zu einem Wahlrecht in den Kommunen und zu einem Niederlassungsrecht vorgedrungen ist, handelt es sich immer nur um graduelle Reparaturen am Ausländer-Sein, ohne daß dieses jemals überschritten würde."[70]

Die Geschichte der DDR lehrt, daß man keinen „antifaschistischen Schutzwall" errichten kann, sowenig sich der Sozialismus hinter Mauern und Stacheldraht verwirklichen läßt. Um den Rechtsextremismus/Rassismus zurückzudrängen, bedarf es einer überzeugenden Alternativkonzeption, die auf mehreren Ebenen ansetzt und mit drei Stichworten gekennzeichnet werden soll: gesamtdeutscher Sozialstaat, direkte bzw. Wirtschaftsdemokratie (Zivilgesellschaft) und multikulturelle Gesellschaft („moderne Vielvölkerrepublik"). Dabei gilt es, die soziale mit der nationalen Frage, die demokratische mit der sozialen Frage und die nationale mit der demokratischen Frage zu verknüpfen.

Auf dem Weg zu einem gesamtdeutschen Sozialstaat: Wiedervereinigung und Wohlstand schließen sich nicht aus

Nach Eingliederung der DDR in die Bundesrepublik wird sich deren soziale und regionale Ausdifferenzierung, bedingt durch das zusätzliche Ost/West-Gefälle, verstärken. Ein Grundwiderspruch der kapitalistischen, sozialstaatlich verfaßten Industriegesellschaft besteht darin, „Armut im Wohlstand", d. h. eine extrem ungleiche Verteilung ökonomischer Ressourcen, gesellschaftlicher Lebenslagen und kultureller Entfaltungsmöglichkeiten, zu produzieren[71]. Nur wenn die nationale mit der sozialen Frage in Verbindung gebracht wird, kann sich die Kluft zwischen „Ossis" und „Wessis" schließen, ohne daß neue Bruchstellen entstehen. Statt einer „Nationalisierung der sozialen Frage", die bis heute nachwirkt[72], bedarf es einer Sozialisierung der nationalen Frage, um das Problemfeld „Wiedervereinigung" von links her zu besetzen.

Dreh- und Angelpunkt einer Strategie zur Eindämmung rechtsextremer Positionsgewinne ist die Beseitigung/Vermeidung von Massenelend im Zuge des Vereinigungsprozesses, wenngleich der Neofaschismus nicht dadurch wieder aus der Welt verschwindet, daß man Arbeitsplätze schafft und Wohnungen baut. Eine soziale Grundsicherung ist jedoch nicht nur aufgrund materieller Verelendung vor allem in den neuen Bundesländern, sondern auch wegen ihrer Schlüsselbedeutung für die Freiheit, Selbstbestimmung und Entscheidungsfähigkeit der Bürger/innen nötiger denn je. Keine/r darf unter die Räder kommen, wenn das vereinte Deutschland ein Vorbild für seine europäischen Nachbarn sein will[73].

Die demokratische mit der sozialen Frage zu verknüpfen heißt, die Erkenntnis zu fördern, daß soziale Sicherheit die Grundbedingung für demokratische Mitwirkung ist, daß man elementare Bürgerrechte (Wahlrecht, Meinungs- und Versammlungsfreiheit) nur wahrnehmen und von Demokratie nur dann die Rede sein kann, wenn eine materielle Mindestausstattung aller Staatsbürger deren politische Handlungsfähigkeit sicherstellt. „Öffentliche Fürsorge oder Sozialhilfe ist demnach keine Frage der Nächsten- oder Menschenliebe, auch keine Frage der Bestandssicherung für die kapitalistische oder eine bestimmte politische Ordnung, sondern Ausdruck ziviler Solidarität, die darauf abzielt, alle Bürger zu ermächtigen, ihre Meinungen und Interessen selbsttätig zu artikulieren und für diese tatkräftig in der Öffentlichkeit einzutreten."[74]

Anders ausgedrückt und politisch zugespitzt: Ein Gemeinwesen wie die Bundesrepublik Deutschland, das zwar Exportüberschüsse, aber keine bedarfsorientierte Grundsicherung seiner Bewohner hat, ist weder ein Sozialstaat noch eine Demokratie im eigentlichen Wortsinn. Wer demokratische Partizipation nicht künstlich begrenzen, auf eine wohlhabende Majorität beschränken will, muß sich für ein Bürgergehalt, ein garantiertes Mindesteinkommen bzw. eine allgemeine Grundsicherung einsetzen, wodurch sich gleichzeitig die Risiken der materiellen Konkurrenz und die politischen Erfolgschancen des Rechtsextremismus verringern würden[75].

Es gibt keinen Widerspruch zwischen den Grundwerten Freiheit und Gleichheit (soziale Sicherheit), nur durch gesellschaftliche Interessengegensätze bedingte Konfliktsituationen. (Staatsbürgerliche) Freiheit und Sozialstaatlichkeit sind keine Gegensätze, sondern bilden eine dialektische Einheit. Da eine fortschrittliche Sozialpolitik gleichzeitig „Staatsbürgerqualifikation" beinhaltet[76], trägt sie durch Stärkung der Demokratie zur Schwächung des Rechtsextremismus bei.

Mehr direkte Demokratie wagen? – Zum Verhältnis von Repräsentation und Partizipation in den 90er Jahren

Das Problem der Demokratie: also wie sie in Zukunft aussehen soll, ist eine Kardinalfrage der Gegenwart. Die Krise des politischen Systems beschränkt sich nicht auf Osteuropa, wo seit geraumer Zeit grundlegende Umwälzungen erfolgen, sondern betrifft auch Westeuropa, wo eine Diskussion über das Verhältnis zwischen plebiszitärer und repräsentativer Demokratie, über die Zukunft des Parlamentarismus und Möglichkeiten seiner Erneuerung stattfindet[77]. Klassische Staatsphilosophien werden verstärkt rezipiert – Montesquieus Gewaltenteilungslehre im Osten, Rousseaus Demokratietheorie im Westen.

Das wirksamste Mittel, um dem Rechtsextremismus zu begegnen, ist die Demokratie, begriffen nicht als formales Regelwerk für staatliche Institutionen und Verteidigung des Bestehenden, des politischen und gesellschaftlichen Status quo, sondern als Einlösung des Versprochenen (Grundgesetzauftrag) und Verwirklichung des im Wortsinn seit langem Notwendigen (*Volks*herrschaft). Basisdemokratie fängt im Betrieb an und hört im Wahlakt nicht auf. Daher muß erneut über Mitbestimmung und Möglichkeiten der Selbstverwaltung nachgedacht werden, nicht nur hinsichtlich einer Wiederbelebung der Genossenschaftsbewegung[78].

Das Staatsbewußtsein der Bürger/innen hat sich seit Gründung der Bundesrepublik erheblich gewandelt. Einer Periode der unkritischen Identifikation (1949 bis 1966/67) folgten Phasen der bloßen Akzeptanz (1968 bis 1974/75) und zunehmender Distanz[79]. Im Übergang zum dritten Jahrtausend wird sich das Verhältnis von parlamentarischer Repräsentation und Bürgerpartizipation ändern. Elemente und Mechanismen direkter Demokratie haben heute eine größere Bedeutung als früher, weil der ökonomische Reproduktionsprozeß Bedürfnisse nach Mitentscheidung erzeugt, die im Überbau befriedigt werden müssen[80]. Einem neuen, durch den Einsatz moderner Informations- und Kommunikationstechnologien gekennzeichneten Akkumulationstyp entspricht ein neuer Partizipationstyp: Wer aufgrund seiner qualifizierten Ausbildung Computer bedient und Roboter steuert, will auch darüber mitbestimmen, was produziert und wie regiert wird. Die Bewältigung der wissenschaftlich-technischen Revolution erfordert tiefgreifende Veränderungen im Bereich der politisch-parlamentarischen Repräsentation.

Das Plebiszit kann ein Instrument zur weiteren Emanzipation der Staatsbürger/

innen und zur Bekämpfung ihrer Wahlmüdigkeit, die rechtsradikalen Parteien zugute kommt, sein. Deshalb sollte man (trotz der damit verbundenen Risiken) mehr direkte Demokratie wagen, um zu verhindern, daß es in Zukunft weniger Demokratie als bisher gibt.

Die Kritik vor allem vieler junger Menschen an der *repräsentativen* Demokratie richtet sich weder gegen Demokratie schlechthin noch gegen Parlamentarismus und Pluralismus, wie konservative Staatstheoretiker argwöhnen[81]. Hierbei handelt es sich wohl um ein „interessiertes Mißverständnis", welches ganz bewußt ignoriert, daß der parlamentarisch-demokratische Parteienstaat nicht zerstört und durch Basisdemokratie bzw. Anarchie ersetzt, vielmehr sinnvoll ergänzt, funktionsfähiger und krisensicherer gemacht werden soll. Kein ernstzunehmender Kritiker versteigt sich zu der Losung, die Bewegung sei alles, das Parlament nichts.

Das Gebot der Stunde lautet: Mehr direkte und Wirtschaftsdemokraie wagen! Die Demokratisierung aller Lebensbereiche – das ist für Siegfried Jäger die beste Antwort auf Positionsgewinne des Rechtsextremismus[82]. Bei der deutschen Vereinigung wurde das Volk nicht gefragt – typisch für die politische (Un-)Kultur des Landes. Um so besser wäre es, die Handlungs- und Entscheidungsautonomie der Subjekte (wieder)herzustellen. Das fängt im betrieblichen und Unternehmensbereich an und geht über die Gesamtwirtschaft, wo strenge Hierarchien und starre „Kommandostrukturen", aber kaum Freiräume zur Gestaltung der Arbeits- und Lebensbedingungen durch die Lohnabhängigen und ihre Gewerkschaften existieren (immer noch unerfüllt: die Forderung nach Wirtschafts- und Sozialräten aus der Weimarer Reichsverfassung), sowie den Wohnbereich, kommunale und regionale Entscheidungsträger bis zur zentralstaatlichen und supranationalen Ebene, der immer mehr Kompetenzen übertragen werden.

Partizipation und Mitbestimmung müssen auf allen Ebenen ausgebaut, plebiszitäre Elemente: Volksinitiative, -begehren und -entscheid eingeführt werden, denn diese bieten – ebenso wie Runde Tische – Möglichkeiten, mehr Bürger/innen für Politik zu interessieren, so daß sie auch eine Waffe im Kampf gegen den Rechtsradikalismus sein können.

Die demokratische mit der nationalen Frage zu verknüpfen heißt, im Sinne der Väter (und wenigen Mütter) des Grundgesetzes darauf hinzuwirken, daß das vereinte Deutschland eine – nicht mehr nur provisorische – Verfassung bekommt, die per Volksabstimmung in Kraft gesetzt wird. Das Grundgesetz könnte die Basis abgeben, müßte aber insoweit fortgeschrieben werden, als – im Zuge des Kalten Krieges eingeführte – restriktive Passagen, wie etwa die allgemeine Wehrpflicht oder die Notstandsparagraphen, mit dem Ende des Kalten Krieges obsolet geworden sind. Die Verfassung sollte mehr plebiszitäre Elemente enthalten, durch die das Mitbestimmungs- bzw. Entscheidungsrecht der Staatsbürger/innen gestärkt würde, und sich am Verfassungsentwurf des Runden Tisches orientieren, dem ein ganz neues Verfassungsverständnis zugrunde liegt, das Ulrich K. Preuß als „moralisch reflexiven Konstitutionalismus" bezeichnet[83].

Die Verfassungsdebatte ist ein Prüfstein, ob das deutsche Volk außer im Wahlritual überhaupt noch als Souverän akzeptiert wird. Von der revolutionären Parole

„*Wir* sind das Volk!“ über die populäre Losung „Wir sind *ein* Volk!“ bis zu der reaktionären Überzeugung „Wir sind ein *besonders tüchtiges, begnadetes und den anderen überlegenes* Volk“ war es nur ein Schritt. Im vereinten Deutschland geht es auch darum, ob sich die demokratisch-republikanische oder eine chauvinistische Interpretation des Begriffs „Volk“ durchsetzt.

Multikulturalismus, neuer Internationalismus und Kosmopolitismus

Man wird nicht als Rassist geboren, sondern dazu im Laufe der Zeit gemacht: „Erziehung zur Verachtung des Fremden beginnt in der Wiege und ist unbewußt während des ganzen Lebens gegenwärtig.“[84] Das fängt mit dem Lied „Zehn kleine Negerlein“ im Kindergarten an, erfolgt über Comics und Trivialliteratur[85], über Juden- und Türkenwitze, Gewaltvideos und die Cliquenbildung in der Schule ebenso wie durch Statistiken über eine angeblich signifikant höhere Ausländerkriminalität, Horrorberichte über stehlende Sinti und Roma, kurdische Dealer und polnische Schieber, Schmuggler oder Schwarzarbeiter. Rassismus entsteht keineswegs „naturwüchsig“, sondern wird staatlicherseits unterstützt, über Sozialisationsagenturen und Medien vermittelt, durch deren Rezeption er tief ins Massenbewußtsein eindringt.

„Interkulturelles Lernen“ kann dazu beitragen, Vorurteile abzubauen, Klischees zu widerlegen und Ressentiments zu beseitigen[86]. Antirassismus ist jedoch eine Aufgabe, mit der Psychologie und (Sozial-)Pädagogik überfordert sind, wenn die Politik versagt und keine neuen Rahmenbedingungen schafft. Denn es reicht nicht aus, Mentalitäten durch Erziehung zu verändern, sondern muß darum gehen, die tradierten, in Rechtsnormen gegossenen Machtstrukturen und kulturellen Verhaltensmuster zu ändern, damit ein humanerer Umgang mit ethnischen Differenzen möglich wird[87].

Wenn Rassismus primär das Ergebnis sozioökonomischer Konflikte in und zwischen Gesellschaften ist[88], kann er bloß durch Überwindung der ihnen zugrunde liegenden Interessengegensätze und/oder Aufklärung über diese Zusammenhänge zurückgedrängt werden. Mit Appellen zu mehr Toleranz ist es nicht getan, weil der Aversion gegenüber Fremden reale Konkurrenzverhältnisse zugrunde liegen. Die materiellen Grundlagen für „Ausländerfeindlichkeit“ müssen zerstört, die Voraussetzungen für eine sozial gerechte, ökologisch verträgliche Wirtschafts- und Gesellschaftsordnung geschaffen werden.

Die „multikulturelle Gesellschaft“ ist bisher mehr ein – durchaus mißverständliches – Schlagwort als ein erprobtes Modell. Der Begriff wird einerseits benutzt, um die gesellschaftliche Realität zu beschreiben, andererseits im Sinne einer Zielbestimmung verwandt[89]. Seine analytisch-deskriptive Aussagekraft ist beschränkt, seine normativ-visionäre Resonanz über Parteigrenzen hinweg dagegen beachtlich. „Multikulturell“ meint nicht, daß keine Probleme zwischen den verschiedenen Ethnien auftreten, sowenig Demokratie politische Harmonie und Konfliktfreiheit bedeutet. Wenn man darunter nicht nur die (friedliche) Koexistenz unterschiedlicher Volksgruppen, vielmehr eine neue Form ihres Zusammenlebens versteht, muß Rechtsgleichheit herrschen. „Streit, Mord und Totschlag zwischen Volksgruppen gibt es nur bei rechtlicher Diskriminierung, wenn Sparta fröhliche Urständ feiert, wenn verhindert wird, daß in einem Staat multikulturell gelebt werden kann, und wenn Zwei-Klassen-Systeme mit unterschiedlichen Rechten für die Menschen errichtet werden."[90]

Ein merkwürdiger Widerspruch westlicher Demokratien besteht in formaler Rechtsgleichheit der Staatsbürger und sozialer Klassenunterschiede der Wirtschaftssubjekte. In der Ausländerpolitik ist es genau umgekehrt: „Gastarbeiter" sind im Berufsleben mit deutschen Kollegen gleichgestellt (wenngleich sie nicht immer gleichen Lohn für gleichwertige Arbeit erhalten), was sich in Betriebs- und Personalratssitzen für Ausländer/innen manifestiert, aber auf der politischen Ebene benachteiligt.

Das kommunale Wahlrecht für Ausländer/innen würde deren Integration (nicht Assimilation) durch die politische Partizipation auf Ortsebene fördern, die Demokratie stärken und den Rassismus längerfristig zurückdrängen[91]. Es reicht jedoch keinesfalls aus, um Diskriminierungen der verschiedensten Art zu beseitigen. Nötig wären Regelungen zur kollektiven Einbürgerung, die „Entnationalisierung der Staatsangehörigkeit" und die Möglichkeit doppelter Staatsbürgerschaften[92]. Weitere Etappen auf dem Weg zur Ausländeremanzipation sind ein Niederlassungsrecht sowie Einwanderungs- und Antidiskriminierungsgesetze[93].

Die verschiedenen Gruppen, denen heute mehr als früher Haß und Mißgunst entgegenschlagen, „Gastarbeiter", Asylsuchende, Aus- und Übersiedler, dürfen nicht auseinanderdividiert und gegeneinander ausgespielt werden. Die Spaltung in mehrere Statusgruppen führt fast zwangsläufig zur Schwächung aller, die sich der Ausgrenzung einzelner Betroffener widersetzen[94]. Dem Ruf nach einer Änderung des Asylrechts (Art. 16 Abs. 2 Satz 2 GG) entgeht man nicht durch einen Hinweis auf die „Privilegierung" von Aussiedlern aus Osteuropa, die – obwohl nur selten der deutschen Sprache mächtig – als Deutsche im Sinne des Grundgesetzes behandelt werden (Art. 116 GG). Ein Junktim zwischen der Änderung dieser beiden Verfassungsnormen herzustellen heißt, falsche Fronten aufzubauen und den Widerstand gegen Einwanderung überhaupt zu stärken.

„Asylant" erinnert an „Simulant" oder „Sympathisant" und ist ein Schimpfwort, das Ende der 70er/Anfang der 80er Jahre (wahrscheinlich im Bereich der Ausländerbürokratie) entstand[95]. Wer die „Asylanten" zu Sündenböcken macht, lenkt von der eigenen Verantwortung für gesellschaftliche Mißstände ab und erweitert gleichzeitig den Handlungsspielraum für Maßnahmen gegen die Mehrheit der einheimischen Bevölkerung, wie etwa Sozialabbau oder polizeiliche Überwachung[96]. Daher muß die Entrechtung der politischen Flüchtlinge nicht nur um der Betroffenen selbst willen, sondern auch zwecks Sicherung der sozialen und demokratischen Grundrechte bekämpft werden.

Jede Einschränkung des Asylrechts wäre ein Schlag für die politische Kultur der Bundesrepublik. Die Aufnahme politisch Verfolgter ist der Kristallisationskern internationaler Solidarität, Deutschland aufgrund seiner Geschichte hier besonders gefordert. Durch einen Gesetzesvorbehalt würde der Art. 16 ausgehöhlt, das individuelle Grundrecht auf Asyl politischer Opportunität geopfert und der Entscheidung staatlicher Stellen untergeordnet. Eine Beschleunigung des Asylverfahrens darf nicht durch Verkürzung der Rechtsmittel für die Betroffenen, sondern muß durch Einstellung von Verwaltungsrichtern und mehr Personal in den zuständigen Behörden erreicht werden.

Die Behandlung politischer Flüchtlinge und von Arbeitsmigranten ist ein Maßstab für die Entwicklung der zivilen Gesellschaft und die Perspektiven eines Landes. Multikulturalität kann ein Schritt auf dem Weg zur gesellschaftlichen Emanzipation sein: Die multikulturelle Gesellschaft verbessert Arbeits- und Lebensbedingungen der Einwanderer sowie die Entfaltungsmöglichkeiten der Einheimischen, während Rassismus die Bevölkerungsmehrheit, auch Deutsche, an der Befriedigung sozialer, kultureller und ökonomischer Interessen hindert[97]. Geboten erscheint die Entwicklung eines Internationalismus/Kosmopolitismus neuen Typs, d.h. eines Weltbürgerbewußtseins, das sich der Herausforderung durch die globalen Probleme (Kriegsgefahr, Naturkatastrophen, Seuchen, Hunger, Analphabetismus usw.) stellt und die Lösung in einer gemeinsamen Anstrengung aller Menschen, gleich welcher Nation oder „Rasse“, sucht.

Was tun gegen den organisierten Rechtsextremismus im vereinten Deutschland?

Der gesamtdeutsche Rechtsextremismus ist mehr als die Summe seiner Teile, die ideologische Breiten- und Tiefenwirkung, mit der er die in zwei ungleiche Hälften zerfallende Nation (gespaltene Konjunktur, Ungleichzeitigkeit der ökonomischen und soziokulturellen Entwicklung) durchdringt, nicht zu unterschätzen. Gegenstrategien sind – wenn überhaupt – nur embryonal entwickelt. Der traditionelle Antifaschismus greift nicht mehr, und noch ist kein Ersatz an seine Stelle getreten, was um so dringlicher wäre, als die Weichen im vereinten Deutschland für Jahrzehnte gestellt werden.

Je präziser das Wesen des Rechtsextremismus analysiert und je differenzierter seine Wirkung beurteilt wird, um so komplizierter erscheint die Strategie, mit der ihm Einhalt geboten werden kann. Da der Rechtsextremismus einen „harten Kern“, aber auch weiche Stellen und fließende Übergänge zum Nationalkonservatismus hat, bedarf es einer „schiefen Schlachtordnung“, für die vor allem zwei Unterscheidungen wichtig sind: zwischen Organisationen/Gruppen und Gesinnungen einerseits sowie zwischen dem „intellektualisierten“ Rechtsextremismus und dem Neofaschismus/-nazismus andererseits[98]. Die Hauptaufgabe besteht darin, den (noch) relativ kleinen Kreis der gewaltbereiten Fanatiker zu isolieren, ohne daß sich größere Teile der Sympathisanten mit ihm solidarisieren.

Parteien wie die REPublikaner kommen und gehen, rechtsradikale Orientierungsmuster und -milieus[99], als deren Organisations- und Werbeagenturen sie fungieren, bleiben jedoch bestehen. Deshalb kann man sich im Kampf gegen den Rechtsextremismus nicht auf solche Gruppierungen konzentrieren, darf ihre Bedeutung für die Verstärkung rechtsextremer Einstellungen aber auch nicht ignorieren.

Was ich vorschlage, kann man als *mehrdimensionale Doppel*strategie bezeichnen. Der Rechtsextremismus sollte administrativ und argumentativ, auf der Verstandes- und Gefühlsebene (rational und emotional), politisch und ideologisch, mit parlamentarischen und außerparlamentarischen Mitteln, zentral und lokal, im Subjekt- und im Objektbereich bekämpft werden.

Rechtsextremistische Strömungen innerhalb der Gesellschaft kann man nicht gewaltsam unterdrücken. Mit ordnungspolitischen Maßnahmen (Vermehrung der Polizei, Ausbau des Verfassungs- und Staatsschutzes) ist dem Problem sowenig beizukommen wie mit sozialpädagogischen; das Verbot neofaschistischer Parteien ist nicht nur schwierig, sondern auch langwierig, und die Auflösung rechtsextremistischer Organisationen nur in Einzel- oder solchen Ausnahmefällen geboten, wo kriminelle Vereinigungen (FAP, NF) Gewalt anwenden, zumal sie die Gefahr eines Märtyrerbonus beinhaltet.

Statt auf den Staat zu hoffen und von ihm zu erwarten, daß die Parteien der äußersten Rechten verboten werden, muß man selbst etwas tun und denen mehr bieten, die sich von neofaschistischen Parteien angesprochen fühlen. Möglichkeiten gibt es genug: Die Palette reicht von Informations- und Diskussionsveranstaltungen über erprobte Integrationsprogramme bis zu experimentellen Formen der Jugend- und Sozialarbeit[100]. Die Auseinandersetzung mit dem Rechtsextremismus hat vorrangig durch Einzelpersonen und Organisationen der „zivilen Gesellschaft" (Gramsci), nicht durch staatliche Institutionen, und sie hat möglichst diskursiv zu erfolgen.

Die Aufklärung der Bevölkerung, insbesondere der Jugend, über Völkermorde, Massaker und NS-Verbrechen gegen die Menschlichkeit ist weder überflüssig noch ausreichend. Für junge Menschen stellt der Holocaust keine historische Zäsur dar wie für Zeitgenossen. Sie identifizieren die sog. Neue Rechte aus verständlichen Gründen nicht mit dem NS-Regime. Nie war es so notwendig, sich intensiv mit dem Nationalsozialismus zu befassen, wie heute, wo Erich Honecker und Saddam Hussein mit Adolf Hitler gleichgesetzt werden und die Totalitarismustheorie, das dominante, aber mitnichten überzeugende Paradigma der Extremismusforschung[101], durch das Fiasko des autoritär-bürokratischen Realsozialismus neue Nahrung erhält.

Die Aktionsformen sollten sich deutlich von jenen der Neonazis unterscheiden und gewaltfrei sein, denn Gewaltanwendung erzeugt Angst und diese wiederum ein politisches Klima, das (neben Arbeitslosigkeit und Armut) den Rechtsradikalismus fördert. Desintegration („Nazis raus!"), Repression („Schlagt die Faschisten, wo ihr sie trefft!") und die Projektion der Vergangenheit in die Zukunft („Lieber raus auf die Straße als heim ins Reich") sind ungeeignet, die positive Vision einer Welt ohne Waffen und Naturzerstörung, der Völkerverständigung und internationalen Solidarität, der Meinungspluralität und ethnischen Heterogenität zu verbreiten.

Mehr Zivilcourage ist eine Grundvoraussetzung für die Schaffung einer „Zivilgesellschaft" der Zukunft. Die Zurückdrängung des Rechtsextremismus verlangt keine Helden, die sich bewaffneten Banden entgegenwerfen, aber selbstbewußte Bürger/innen, die praktische Solidarität üben, wo Gewalt, Unrecht und Ausbeutung andere Menschen erniedrigt. Es muß ein Meinungsklima entstehen, in dem nicht Stammtischbrüder den Ton angeben, sondern rassistische und sexistische Übergriffe sofort Gegenkräfte auf den Plan rufen[102].

Einerseits müssen Sympathiebekundungen und Solidaritätsaktionen (wie etwa S.O.S. Rassismus: „Mach meinen Kumpel nicht an!") zugunsten diskriminierter Ausländer/innen erfolgen[103], andererseits ihre deutschen Mitbürger/innen von Konkurrenzängsten befreit und befähigt werden, sich selbst zu verwirklichen, ohne Immigranten bzw. ihre Nachkommen auszugrenzen. „Eine Überwindung der jetzigen Situation ist nur möglich, wenn ein Wandel im Wir-Bewußtsein der BRD eintritt. Dieser wird nicht durch Veränderungen bei den Eingewanderten, sondern bei den Deutschen erreicht."[104] Zielgruppen sind sowohl die Opfer des Rassismus/Ethnozentrismus als auch die potentiellen Täter: Der Weg in eine „multi-" bzw. „interkulturelle", d.h. nichtrassistische Gesellschaft ist nur gemeinsam zu beschreiten[105].

Horst Isola

Die demokratische Linke und der Rechtsextremismus

Bei der Bremer Bürgerschaftswahl am 29. September 1991 hat die DVU – Liste D einen überraschenden Erfolg verzeichnen können. Sie zieht mit sechs Abgeordneten in das Landesparlament des kleinsten Bundeslandes ein.

Ohnehin dürfen wir uns von der öffentlichen Erscheinungsform des Rechtsradikalismus und seinen jeweiligen Wahlergebnissen nicht darüber täuschen lassen, daß rechtsextremistisches Gedankengut sich auch unabhängig davon entwickelt. Stimmanteile bei Wahlen und Mitgliederzahlen des organisierten Rechtsextremismus sind lediglich Anhaltspunkte. Entscheidender sind aber die politischen und gesellschaftlichen Rahmenbedingungen, welche die Ausbreitung völkischen und ausländerfeindlichen Gedankenguts begünstigen.

Die eigentliche Gefahr besteht weniger darin, daß sich Jugendliche rechtsextremen Organisationen anschließen. Bislang haben diese Gruppierungen eher geringe Rekrutierungserfolge zu verzeichnen, wohl deswegen, weil die Mehrheit der jungen Menschen es ablehnt, sich einer rigiden Gruppendisziplin zu unterwerfen.

Dennoch – und das weisen auch die Wahlergebnisse aus – gewinnen bei jungen Menschen Ideologien an Anziehungskraft, die ihren subjektiven Bedürfnissen scheinbar entgegenkommen: dem Bedürfnis nach eindeutigen Handlungsanweisungen, Gemeinschaft und emotionaler Geborgenheit.

Latent gefährdet sind vor allem Jugendliche, denen jegliche persönliche und berufliche Perspektive fehlt. Wir wissen, daß beispielsweise 80 Prozent der Jungwähler, die bei den Berliner Wahlen im Januar 1989 REP gewählt haben, aus sozial benachteiligten Elternhäusern kommen, in vernachlässigten Wohnungen leben und sich schlicht um ihre Lebensqualität betrogen fühlen.

Wenn die Unzufriedenheit mit der Politik der sog. etablierten Parteien zunimmt, weil immer mehr Bürger/innen ihnen die Lösung relevanter Themen nicht mehr zutrauen, wenn die Politik darüber hinaus nicht in der Lage ist, zu verhindern, daß Drogenmißbrauch, Kriminalität, Spielsucht und Anfälligkeit für Jugendreligionen gedeihen und daß familiäre und sonstige Bindungen sich auflösen, dann darf man sich nicht wundern, daß eine gewisse Anzahl junger Menschen nach Identifikationsmustern sucht, um Ohnmachtsgefühle und Zukunftsängste zu kompensieren.

Dann kann plötzlich für diese Menschen – übrigens nicht nur für junge, sondern auch für ältere – die Ideologie typisch deutscher Werte wie Fleiß, Sauberkeit, Pünktlichkeit und Ehrlichkeit die Bedeutung eines realen Lösungskonzepts für ihre persönlichen desolaten Lebensverhältnisse erlangen. Schlimmer noch: sie glauben für sich subjektiv einen Ausweg darin zu erblicken, wenn sie Menschen anderer Nationalität und anderer Rasse diese Eigenschaften absprechen und somit erniedrigen, weil dies zugleich zur Steigerung ihres eigenen Selbstwertgefühls beiträgt.

Junge Menschen, die sich in der Orientierungsphase befinden und noch auf der Suche nach ihrer Identität sind, sind in dieser Hinsicht beeinflußbar – nicht zuletzt auch deswegen, weil sie häufig mit der geschichtlichen Vergangenheit nichts anzufangen wissen. Dies mag auch einer der Gründe sein, weshalb Schüler, so ein bundesdeutscher Kultusminister, „besonders anfällig" seien „für neonazistische Heilslehren". Regelrechte Alarmmeldungen gab es aus Bundesländern wie Berlin (West), Nordrhein-Westfalen und Hessen, aber auch aus anderen Teilen der Republik. Eine Umfrage der nordrhein-westfälischen Landesschülervertretung ergab, daß an acht Prozent der Schulen Neonazis offen in Klassenräumen und auf Schulhöfen agitieren. Zwei Drittel aller Schulen seien verschandelt durch Nazisymbole und rassistische Sprüche an Wänden, Tafeln und Klotüren. Dabei gebe es keinen Unterschied zwischen Hauptschulen und Gymnasien.

Die Jugendministerkonferenz hat 1989 ihre Besorgnis über das Anwachsen extremistischer Strömungen geäußert und die Arbeitsgemeinschaften der Obersten Landesjugendbehörden beauftragt, über Gegenmaßnahmen der Jugendhilfe und der Jugendpolitik zu berichten.

Besonders schnell breitet sich die neofaschistische Ideologie unter Kindern und Jugendlichen mit Hilfe von mühelos kopierbaren Computerspielen aus. Anti-Türken-Spiele, bei denen Türken „ab nach Auschwitz" gehen oder Spiele wie „Kohl-Diktator", bei dem nach einem Attentat auf den Bundeskanzler alle „bolschewistischen Organisationen wie GRÜNE und SPD" zu liquidieren sind, erfreuen sich unter Schülern zunehmender Beliebtheit. So hat eine Umfrage des Stadtschülerrats Fulda ergeben, daß 77 Prozent aller heranwachsenden Computerbesitzer elektronische Spiele mit rechtsradikalem und rassistischem Inhalt kennen und viele von ihnen diese auch „aus Spaß" benutzen. Neun Prozent gaben an: „Die Spiele entsprechen meiner Meinung." Interessant an dieser Umfrage ist jedoch noch etwas anderes: die Schüler hatten diese Umfrage nämlich auf eigene Faust durchgeführt, nachdem die Schulverwaltung zuvor die Existenz von Computerprogrammen mit gewaltverherrlichenden und ausländerfeindlichen Inhalten schlicht geleugnet hatte. Nach den Feststellungen der Behörde wären derartige Spiele lediglich an vier von 2 000 Schulen in Hessen aufgetaucht. Mit dieser Auskunft wollten sich die Schüler nicht abfinden und führten daraufhin ihre eigene Untersuchung durch.

Viele Lehrer wollen von dem Problem nichts wissen, wohl auch deswegen, weil sie sich bei dessen Lösung schlicht überfordert fühlen. Und in der Tat stellt sich die Frage: Kann ein politisches Problem wie der Rechtsextremismus überhaupt mit pädagogischen Mitteln bewältigt werden? Welche Möglichkeiten hat beispielsweise selbst der oder die engagierteste antifaschistische Lehrkraft, die Folgen einer Politik, die rechtsextreme Entwicklungen begünstigt, auszubügeln?

Und wenn es stimmt, daß Rechtsextremismus auch etwas mit einer sich immer mehr entsolidarisierenden, egoistischen „Ellbogengesellschaft" zu tun hat, daß gnadenloser Konkurrenzkampf und Dominanzstreben, die öffentlich als Tugenden gefeiert werden, ein womöglich sozialdarwinistisches Menschenbild fördern, dann wird offenkundig, daß die Gefahr von rechts nicht mit Konzepten bekämpft werden kann, die sich im wesentlichen auf Verbote und Ausgrenzungsstrategien beschränken.

So ist die Ausrufung Nazi-freier Zonen in Schulen eher kontraproduktiv, weil sie jeden pädagogischen Ansatz verbaut. Die Forderung nach einer „antifaschistischen" Erziehung allein reicht nicht aus, junge Menschen zu Demokraten zu erziehen, wenn nicht zugleich die entsprechenden Inhalte vermittelt werden. Der Ansatz „Egal, was ihr denkt – Hauptsache nicht rechts" ist ebenso fatal wie Lippenbekenntnisse zur Demokratie. Die unpolitische Anpassung vieler Menschen an die bestehenden Macht- und Herrschaftsverhältnisse ist gefährlicher als der provokatorische Hitlergruß eines 14jährigen Jungen.

Jugendpolitik muß sich weniger mit den Problemen befassen, die rechtsradikale Jugendliche verursachen, als vielmehr mit den Problemen, die sie selber haben.

Die These, daß Verbote die rechte Gefahr nicht bannen können, bedeutet keineswegs, daß das rechtliche Instrumentarium des Grundgesetzes überhaupt nicht zur Anwendung kommen darf. In der politischen Auseinandersetzung muß klargemacht werden, daß neofaschistische Parteien nach unserem Grundrechtsverständnis keine Existenzberechtigung haben. Sowohl das Grundgesetz als auch das für unsere Rechtsordnung verbindliche Völkerrecht haben eine eindeutige antifaschistische Grundentscheidung getroffen. Die in Artikel 1 GG geschützte Menschenwürde, das ausdrückliche Diskriminierungsverbot von Menschen anderer Rasse, Herkunft und Heimat (Art. 3 GG), das Verbot von Vereinigungen, deren Zwecke und Tätigkeit gegen den Gedanken der Völkerverständigung gerichtet sind (Art. 9 GG) sowie das Verbot, das friedliche Zusammenleben der Völker zu stören (Art. 26 GG) und die Abschaffung der Todesstrafe (Art. 102 GG) sind eine antifaschistische Antwort auf 12 Jahre nationalsozialistischer Terrorherrschaft.

Hinzu kommen die im Grundgesetz vorgesehenen Möglichkeiten, durch das Bundesverfassungsgericht die Verwirkung von Grundrechten, sofern sie zum Kampf gegen die freiheitlich-demokratische Grundordnung mißbraucht werden, aussprechen bzw. neofaschistische Parteien verbieten zu lassen (Art. 18, 21 GG). Auf den Einsatz dieser zum Schutz unserer Demokratie geschaffenen Instrumente kann und darf nicht von vornherein verzichtet werden. Rechtliche Mittel ersetzen zwar nicht die gebotene politische und ideologische Auseinandersetzung mit dem Rechtsextremismus und sind überdies abhängig von den Erfolgsaussichten. Dennoch muß der Kampf auch gegen den organisierten Neofaschismus unmittelbar geführt werden, weil diese Organisationen für die Produktion und Verbreitung (neo)faschistischen Gedankenguts – z. B. die per Postwurfsendung an 26 Millionen Haushalte verbreitete Ausländerhetze der DVU – eine herausragende Rolle spielen.

Im übrigen ist es nicht ins Belieben der Bundesrepublik gestellt, mit dem Mittel des Verbots gegen den Neofaschismus vorzugehen oder nicht. Das verstärkte Auftreten des Rechtsextremismus in unserem Land stellt auch ein internationales Problem dar. So hat 1968 die UNO-Vollversammlung in einer Resolution zum Ausdruck gebracht, daß das „Wiedererstehen nazistischer Organisationen in der BRD nicht als innere Angelegenheit der BRD" allein zu betrachten sei. Die Bundesregierung erklärte daraufhin 1970 gegenüber den Vereinten Nationen, daß sie „seit vielen Jahren (...) wirksame Maßnahmen zum Verbot und zur gerichtlichen Verfolgung nazistischer und rassistischer Organisationen und Gruppen" getroffen habe

(Erklärung der Bundesrepublik Deutschland in Verfolgung der Entschließung 2545/XXIV der Vereinten Nationen vom 31. Juli 1970).

Dennoch bleibt festzuhalten: Verbote können keine Politik ersetzen, die glaubwürdig darstellt, wie die existentiellen Probleme der Gegenwart und Zukunft gelöst werden sollen. Derartige Politikkonzepte sind indes notwendig, um den im Zusammenhang mit der deutschen Vereinigung bedrohlich anwachsenden nationalistischen Strömungen begegnen zu können. Die rechtsextreme Agitation zielt auf eine Ausgrenzung aller Nichtdeutschen bei gleichzeitiger Überhöhung der „deutschen Identität". Aggressive Ausländerfeindlichkeit und Rassismus brechen sich Bahn, vor allem auf dem Gebiet der ehemaligen DDR.

Mit der Verschärfung der ökonomischen und sozialen Probleme, verursacht insbesondere durch den überstürzten Anschluß der DDR, werden die nationalistischen Töne schriller werden. Die Unionsparteien unterstützen diese Entwicklung, um auf diese Weise Forderungen nach sozialer Gerechtigkeit und mehr Demokratie entgehen zu können.

Wenn die demokratische Linke die Wiederentstehung eines nationalistischen Deutschland verhindern will, das sowohl nach innen als auch nach außen eines Tages eine Gefahr für Demokratie und das friedliche Zusammenleben der Völker werden könnte, muß sie jetzt die innen- und außenpolitischen Zielsetzungen des neuen Staates klar definieren.

Die Diskussion hierüber muß mit der Bevölkerung geführt werden, um eine breite Zustimmung der Bürgerinnen und Bürger für die tragenden Grundsätze des vereinigten Deutschland zu erreichen. Die Vereinigung darf nicht von oben – wie 1870/71 – verordnet werden, sondern bedarf der demokratischen Legitimation durch eine von Volk in freier Abstimmung beschlossene Verfassung. Die vor uns liegende Verfassungsdiskussion, welche die Konservativen fürchten wie der Teufel das Weihwasser, ist eine Chance für die demokratische Linke, über das Grundgesetz hinaus demokratische Staatszielbestimmungen festzuschreiben, mit denen sich die Bevölkerung identifiziert und die sie erforderlichenfalls gegen rechtextreme Bestrebungen auch verteidigt.

Eine moderne Verfassung, die den Ansprüchen der kommenden Jahrzehnte an einen demokratischen, sozialen und ökologischen Rechtsstaat genügt, ist zugleich ein Bollwerk gegen das neuerliche Abdriften eines deutschen Staates nach rechts.

Eine solche Verfassung brauchte auch keinen fragwürdigen Schutz durch Sicherheitsorgane wie den Verfassungsschutz. Der freie, aufgeklärte und politisch aktive Bürger, der ohne Angst vor Überwachung, Registrierung und Gesinnungsschnüffelei seine politischen Rechte wahrnehmen kann und dem mehr Teilhabe als bisher an der Politik, insbesondere an den Entscheidungen seines Gemeinwesens, eingeräumt wird, ist der beste Schutz für die Demokratie.

Wenn es gelingt, in der Familie, Schule und Gesellschaft, vor allem in den Betrieben, Demokratie unmittelbar erfahrbar zu machen, ist das Gespenst des Faschismus endgültig besiegt.

Reinhard Kühnl

Besonderheiten des deutschen Nationalismus*

Nation und Nationalbewußtsein

Ideologien wie der Nationalismus führen kein von der übrigen Gesellschaft abgehobenes Dasein, sondern sind zu begreifen als Momente des gesellschaftlichen Prozesses im ganzen, als Versuch gesellschaftlicher Gruppen und Klassen, die Wirklichkeit zu erfassen, Erfahrungen zu verarbeiten, Interessen und Ziele zu formulieren. Zu fragen ist also nicht nur nach der ideologischen Struktur des Nationalismus selbst, sondern auch nach den gesellschaftlichen Bedingungen, die ihn in seiner je spezifischen Form hervorbringen und verändern, sowie nach den politischen Wirkungen, die er jeweils erzeugt.

Seit dem 15./16. Jahrhundert hatten sich in Europa Voraussetzungen der modernen bürgerlichen Nation herausgebildet. In dem Maße, wie sich Produktion und Arbeitsteilung entwickelten, die Städte mit ihren Handwerkern und Kaufleuten an Bedeutung gewannen, die Austauschbeziehungen zwischen den Regionen zunahmen und so die lokale Selbstgenügsamkeit und Beschränktheit des Mittelalters überwunden wurden, wuchsen auch die Gefühle überregionaler Zusammengehörigkeit, entstanden Ansätze eines neuen, größere Räume umfassenden Identitätsbewußtseins. Sie wurden stärker, als der Absolutismus größere Territorien staatlich vereinigte. Qualitativ gesteigert und inhaltlich präziser geformt wurden sie, als das Bürgertum mit seiner Revolution die konsequente politische Zusammenfassung des Wirtschafts- bzw. Handelsraumes vollzog und die feudale Zersplitterung und absolutistische Willkür definitiv überwand.

Da sich die bürgerliche Umwälzung vor allem in der für Europa maßgeblichen Form, der Großen Französischen Revolution, nicht nur durch Vertragsbeziehungen zwischen rechtlich freien und gleichen Individuen legitimierte, sondern auch bereits durch die Idee der Volkssouveränität, und sich zudem nur mittels der tatsächlichen Mobilisierung der Volksmassen dafür durchsetzen konnte, waren Nation und Nationalbewußtsein bürgerlich-revolutionär und demokratisch geprägt.

Das Nationalbewußtsein, das seit 1789 in Europa an Boden gewann, hat seine materielle Basis in den veränderten gesellschaftlichen Verhältnissen und seinen bestimmten Ort innerhalb der sozialen Interessenkonstellation und der politischen Auseinandersetzungen. Auch der später von der Rechten reklamierte Begriff des Nationalcharakters läßt sich so von allen Mystifikationen befreien: Die je spezifischen Naturbedingungen, ökonomischen und kulturellen Beziehungen und geschichtlichen Erfahrungen bildeten unterschiedliche Mentalitäten und Lebensweisen in den verschiedenen Nationalstaaten aus, die man als historisch gewordenen „Nationalcharakter" bezeichnen könnte. Und diese Eigentümlichkeiten gingen wiederum in das jeweilige „Nationalbewußtsein" ein.

Der politische Gehalt dessen, was sich als Nationalbewußtsein entwickelte, wurde wesentlich von jener Klasse bestimmt, die herrschte, der Bourgeoisie. Kraft ihrer ökonomischen, politischen und ideologischen Machtmittel war sie imstande, ihre Interessen als die der Nation zu definieren. Da die Haupttriebkraft des Entwicklungsprozesses die Kapitalverwertung miteinander konkurrierender Wirtschaftssubjekte war, standen sich die im nationalen Maßstab organisierten bürgerlichen Klassen alsbald als Konkurrenten gegenüber. Dieser Konkurrenzkampf um Exportmärkte, Rohstoffgebiete und Anlagesphären für die Einzelkapitale verschärfte sich in der zweiten Hälfte des 19. Jahrhunderts. Mit dem Übergang zum Imperialismus bestimmte der Wettlauf um die Verteilung und Beherrschung der Welt in wachsendem Maße die ökonomischen, politischen und militärischen Beziehungen zwischen den europäischen Staaten.

Der ideelle Reflex dieser Entwicklung stellt sich dar als qualitative Veränderung des bürgerlichen Nationalismus, der nun nicht mehr primär die politische Integration der Nation unter den Vorzeichen der bürgerlichen Freiheiten und der Volkssouveränität meinte, sondern einerseits geprägt war von der Notwendigkeit, die arbeitenden Massen und ihre Organisationen (Gewerkschaften, Genossenschaften, Parteien) im Lande selbst unter Kontrolle zu halten, und andererseits vom Machtkampf gegen die übrigen Nationalstaaten. Dieser Nationalismus lieferte nicht nur Argumente für die angebliche Überlegenheit und Machtansprüche der eigenen Nation, bedeutete vielmehr auch die Unterordnung aller gesellschaftlichen Beziehungen im Innern unter die Notwendigkeiten des internationalen Konkurrenzkampfes.

Auch die weitere ideologische Radikalisierung des Nationalismus war nicht nur bestimmt von der inneren Logik der Idee, sondern auch ganz wesentlich von der Logik sozialökonomischer Interessen und politischer Herrschaftssicherung. In dem Bestreben, die Nation als einheitliches Ganzes im Massenbewußtsein zu verankern und so gegen innere Zerrissenheit, den „Klassenkampf", zu immunisieren und zugleich gegen die äußeren Konkurrenten alle Kräfte der Nation zusammenzufassen, wurde die Nation als natürliche Gemeinschaft dargestellt, durch gemeinsame Abstammung und den daraus erwachsenden Volkscharakter gegen andere Nationen abgegrenzt. Da die Homogenität der nationalen Gemeinschaft in der sozialen Wirklichkeit offensichtlich nicht vorzufinden war, konnte sie nur noch durch Berufung auf die Natur konstituiert werden.

Mit dieser These von der gemeinsamen ethnischen Basis als dem maßgeblichen Zusammenhalt der Nation war der Weg zum Rassismus, der die Erkenntnisse der aufstrebenden Naturwissenschaft (Biologie) für sich zurechtbog, beschritten. Die Verbindung mit dem Sozialdarwinismus lag nahe, denn diese Lehre, welche die Maxime der Konkurrenzgesellschaft „Der Stärkere setzt sich durch" zu einer Theorie über das naturgegebene Wesen alles Lebendigen emporstilisiert hatte, schien tagtäglich durch die Erfahrung bestätigt zu werden.

Deutscher Nationalstaat und Nationalismus

Der Nationalismus nahm in allen entwickelten Ländern Europas gegen Ende des

19./Anfang des 20. Jahrhunderts einen mächtigen Aufschwung, und er war überall Bestandteil einer Politik, die mehr und mehr imperialistische Züge annahm. Kann man dennoch sagen, daß der *deutsche* Nationalismus etwas Besonderes war und besondere Aufmerksamkeit verdient?

Ein Blick auf die Resultate legt dringend nahe, nach solchen Spezifika zu fragen. Drei Besonderheiten seien hervorgehoben:

1. Der deutsche Imperialismus erweist sich seit der Jahrhundertwende als ganz besonders aggressiv. Er steuerte zielbewußt auf einen großen Krieg zu und führte diesen Krieg 1914 ff. mit weitreichenden Eroberungszielen, die auf eine Unterwerfung großer Teile Europas hinausliefen. Seit Mitte der 20er Jahre bereitete er einen neuen Waffengang vor und führte diesen ab 1939 mit dem Ziel, möglichst den ganzen Kontinent vom Atlantik bis zum Ural der Vorherrschaft des Deutschen Reiches zu unterwerfen und von dieser Basis aus um die Weltherrschaft zu kämpfen. Für beide Kriege spielte der Nationalismus eine Schlüsselrolle: sowohl bei der ideologischen Legitimation der Machtansprüche des Reiches als auch bei der Mobilisierung der Bevölkerung.

2. Die Sicherung des faschistischen Herrschaftssystems nach innen und die Führung des Eroberungskrieges nach außen erfolgten mit Methoden, wie sie der zivilisierten Welt bisher unbekannt waren: Terror und Folter, Massen- und Völkermord wurden systematisch geplant und betrieben, so daß der singuläre Charakter dieser Verbrechen schwerlich bestritten werden kann[1].

Die ideologische Legitimation dieser Verbrechen, durch die sich Herrschende und Repräsentanten der staatlichen Vollzugsorgane ein gutes Gewissen verschafften, beschränkte sich zwar nicht auf den Nationalismus, hatte ihn jedoch als wesentliche Komponente und, wie alle Versionen des Sozialdarwinismus und Rassismus, als Grundlage und Voraussetzung.

3. Der Nationalismus hat in Deutschland eine Potenz erreicht wie in keinem anderen größeren Land. Dies gilt quantitativ in Hinblick auf die Wirkungsbreite wie auch qualitativ in bezug auf die Intensität nationalistischer Überzeugungen.

Ursachen und Folgen des deutschen Nationalismus

In Deutschland waren die bürgerlichen Kräfte – wegen der besonderen geschichtlichen Entwicklung seit dem 16. Jahrhundert – nicht zu einer Revolution imstande. Das hier entstehende nationale Identitätsbewußtsein ging nicht aus Traditionen der Aufklärung und einer bürgerlich-demokratischen Umwälzung hervor, sondern entstand hauptsächlich als ideologische Komponente einer konservativ-reaktionären Gegenbewegung, die alles bekämpfte, was sich mit der Aufklärung, der Französischen Revolution, dem Liberalismus und dem Parlamentarismus in Verbindung bringen ließ. Die scharfe Abgrenzung vom „Westen", insbesondere von Frankreich, gehörte von Anfang an zum eigenen Selbstverständnis. Die Fundierung der natio-

---

* *Überarbeitete und gekürzte Fassung eines Beitrages für die „Materialien zur politischen Bildung", Februar 1990*

nalen Identität wurde in einer mythisch verklärten Vergangenheit, in Kaiser und Reich, in Kirche und Religion des Mittelalters, in Ritter- und Burgenromantik gesucht.

Realitätsverkennung und -verleugnung verbanden sich mit durchaus effektiven Methoden der Massenlenkung zu jenem „ekelhaften Gemisch von gotischem Wahn und modernem Lug" (Heinrich Heine), das die Restaurationsperiode nach 1815 kennzeichnete. Dieses „deutsche Wesen" galt mehr und mehr als besonders wertvoll, herausgehoben aus den Nationalcharakteren der übrigen Völker. Die politische Rückständigkeit Deutschlands wurde umgedeutet in eine besondere Gnade, Begabung und Sendung.

Der deutsche Nationalismus verschmolz nach der Reichsgründung 1871 mit den Wertvorstellungen jener Kräfte, welche die nationale Einheit zustande gebracht hatten: mit dem Ehrenkodex der preußischen Offizierskaste bzw. seinem Militarismus und mit dem Moralkodex der Bürokratie, der dem monarchischen Absolutismus entstammte.

Aus dieser Mischung entstand die Spezifik des preußisch-deutschen Nationalismus, der das Reich seither prägte: Schulen und Fabriken gestaltet nach dem Vorbild der Kaserne, die Deutschen ein Volk der Krieger und die deutsche Politik geformt „aus Blut und Eisen" (Bismarck).

Wenn Heinrich von Treitschke im Jahre 1884 schrieb, das Deutsche Reich, der „junge Riese", solle nun seine starken Arme brauchen, wenn Max Weber die Nation zu einer „deutschen Weltmachtpolitik" aufrief, wenn Reichskanzler von Bülow für Deutschland einen „Platz an der Sonne" forderte, wenn der führende Liberale Friedrich Naumann Staaten mit Raubtieren verglich und in seiner überaus einflußreichen Schrift „Demokratie und Kaisertum" (1900) forderte, daß „wir um die deutsche Existenz auf der Erdkugel kämpfen",[2] so ist leicht erkennbar, wohin diese ideologische Mobilisierung führen mußte, wenn sie sich mit konkreten Expansionsinteressen und dem militärischen Potential einer Großmacht verband.

Die Ankündigung, daß „am deutschen Wesen die Welt genesen" solle, erhielt nun einen unmittelbar materiellen, sehr handgreiflichen und für die Nachbarvölker bedrohlichen Inhalt. Nicht etwa Gefühle nationaler Minderwertigkeit kamen hier zum Ausdruck, sondern Weltmachtpläne eines aufsteigenden, kraftstrotzenden und zur Weltgeltung strebenden Imperialismus.

Die Besonderheit Deutschlands lag darin, daß dieser hochentwickelte kapitalistische Industriestaat, der sich später als die anderen europäischen Großmächte herausgebildet und daher die Verteilung von Kolonien „verpaßt" hatte, äußerste ökonomische und militärische Effizienz und Modernität mit einer politischen und ideologischen Struktur verband, die an vorbürgerlichen, vordemokratischen, sogar vorhumanistischen Normen orientiert war.

Die Maßlosigkeit des deutschen Imperialismus hat als weltanschaulich-philosophischen Hintergrund den Kult des Irrationalen, der sich unter den Bedingungen des zur Expansion drängenden imperialistischen Staates als Verherrlichung des „Willens zur Macht" (Friedrich Nietzsche), der Tat und des Tatmenschen darstellte. Zwei große Kriege wurden geführt, in denen Deutschland tatsächlich einer „Welt von Feinden" gegenüberstand. Die entsprechende Parole hatte schon das Kaiserreich ausgegeben: „Wir Deutsche fürchten Gott und sonst nichts auf der Welt."

Die Niederlage 1918 und die erzwungene Rückbesinnung auf das Realitätsprinzip vermochten dieses Weltbild nicht aufzulösen. Schon 1926 entwickelte die Reichswehrführung (in der „Abrüstungsabteilung"!) einen Kriegsplan, der zuerst die Erringung der Hegemonie in Europa und im zweiten Schritt nicht mehr und nicht weniger als den Kampf um die Weltherrschaft mit den angelsächsischen Mächten vorsah[4].

So kam es zu jenem Bündnis zwischen der faschistischen Massenbewegung und den traditionellen Eliten, das die Errichtung der Diktatur und den Weg in den nächsten Krieg bestimmte. Hitler beschwor erneut die mystisch-visionären Sehnsüchte vom „gemeinsam geschaffenen, wiedererkämpften, bitter erworbenen Deutschen Reich der Größe und der Ehre und der Kraft und der Herrlichkeit und der Gerechtigkeit."[5]

Die Kontroverse über den „deutschen Sonderweg" und darüber, ob die Verbrechen des deutschen Faschismus etwas Besonderes darstellen oder in einem historischen Sinn als Normalität gelten können, ist noch nicht abgeschlossen[6]. Im sog. Historikerstreit der Jahre 1985 ff. brach sie wieder mit großer Schärfe auf[7]. Nicht zufällig ging damit eine Debatte über den weiteren politischen Weg der Bundesrepublik einher, die Möglichkeit und Wünschbarkeit einer neuen politischen Machtentfaltung in Europa und im internationalen Konkurrenzkampf betreffend. Dabei wurde ein Konzept „nationaler Identität" propagiert, das in fataler Weise an Eigentümlichkeiten des deutschen Nationalismus der Vergangenheit erinnert und auch heute in Europa absolut singulär ist: Man beschränkt sich nämlich nicht auf die bestehenden Staatsgrenzen – nicht einmal auf das durch die Eingliederung der DDR in die Bundesrepublik entstandene Gesamtdeutschland –, sondern glaubt, nunmehr die Oder/Neiße-Grenze mit Polen in Frage stellen zu müssen, und erklärt sich zuständig für die deutschen Volksgruppen in allen osteuropäischen Ländern einschließlich der Sowjetunion.

Die eigenen „nationalen Interessen" – oder was man dafür hält – werden wieder ohne Rücksicht auf die Nachbarstaaten verfolgt. In Ost und West wurde die Gefährlichkeit solcher Strömungen erkannt und verlangt, daß ein vereinigtes Deutschland überhaupt keine Gebietsansprüche mehr erheben dürfe und die Grenzfragen definitiv geklärt seien. Die politische Integration Europas soll verhindern, daß nationalstaatliche Großmachtansprüche wirksam werden.

Angesichts der im Vergleich zu den Nachbarstaaten gewaltigen ökonomischen (und militärischen) Potenzen Gesamtdeutschlands und angesichts der Erfahrungen mit einem solchen Machtblock im Herzen Europas sind solche Befürchtungen mehr als verständlich. Maßgebliche politische Kräfte der Bundesrepublik scheinen darauf jedoch wenig Rücksicht nehmen zu wollen. Die Risiken – von der Zunahme politischer Spannungen in Europa über die Gefahr einer Isolierung Deutschlands nach außen bis zur damit verbundenen Reaktivierung des Nationalismus und Chauvinismus im Innern – liegen auf der Hand.

Jörg Wollenberg

Antisemitismus und Judenvernichtung

Von der Verdrängung über die „zweite Schuld" zur „Normalisierung"

„Wir alle, das möchte ich nochmals betonen, haben nichts als unsere Schuldigkeit getan, selbst wenn es uns oft schwerfiel, auch wenn wir daran verzweifeln wollten. Heute, da unsere Nation sich wieder zu einer führenden Stellung emporgearbeitet hat, sollten wir uns mit anderen Dingen befassen als mit Vorwürfen, die längst als verjährt angesehen werden müßten."

Mit diesen Zeilen beendet Peter Weiß seine Dramatisierung des Auschwitz-Prozesses von 1965. Im gleichen Jahr hatten die Parlamentsvertreter in einer langen Debatte im Bundestag beschlossen, daß eine Verjährung von nationalsozialistischen Gewaltverbrechen im Jahre 1969 eintreten sollte. Konsequenterweise spricht so in der „Ermittlung" ein Angeklagter das Schlußwort. Das Stück bezieht sich auf die bis dahin umfangreichste Schwurgerichtsverhandlung der deutschen Justizgeschichte, die nach 182 Verhandlungstagen am 19. August 1965 das Urteil im Frankfurter Auschwitz-Prozeß fällte. Die „Ermittlung", von einem Prozeß und seiner Rekonstruktion der vergangenen Wirklichkeit im Vernichtungslager Auschwitz handelnd, wird künstlerisch in Form eines Oratoriums gestaltet. Eine Totenklage dient als Versuch, Erinnerung und Trauer in eine ästhetische Form zu binden und sich mit einem Aufklärungspathos den Opfern zu nähern.

Für diese Opfer war das KZ in der Tat ein anderer Ort als für jene SS-Bewacher und Kapos, deren Wiedereingliederung in die westdeutsche Gesellschaft nach 1949 kaum Probleme aufwarf. Denn in der Regel hat sich die „Tätergemeinde spurlos in die Nachkriegsgesellschaft verflüchtigt, ist dort nicht weiter auffällig geworden und stirbt gegenwärtig friedlich aus. Den Aufbau von Demokratie und Rechtsstaat hat der NS-Täter nicht behindert. Das größte geschichtsbekannte Verbrechen wurde mit dem größten Resozialisierungswerk abgeschlossen," resümiert der engagierte Publizist und Rundfunkautor Jörg Friedrich 1984 in seinem Buch „Die Kalte Amnestie". Im gleichen Jahr begann Eberhard Fechner, einen Dokumentarfilm über den Düsseldorfer Majdanek-Prozeß zu drehen, ein in der bundesrepublikanischen Geschichte bis dahin einmaliger Versuch, sich mittels dokumentarischer Methoden über Jahre hinweg mit der NS-Vergangenheit auseinanderzusetzen.

Weiß, Fechner, Friedrich und später Ralph Giordano gehören zu den wenigen Autoren, die immer wieder daran erinnern, wie man bei uns „vergessen" hat, die Nazi-Verbrechen zu sühnen, sich der Opfer zu erinnern und die Gegenwart von Auschwitz zu betonen. Diese „zweite Schuld" (Giordano) ist einer der beschämendsten Akte, der die Bundesrepublik und das NS-System immer noch miteinander verbindet und deshalb jeden Gedanken an Aussöhnung auch im neuen, vereinten Deutschland als absurd erscheinen läßt.

Auch die wenigen von deutschen Schwurgerichten verurteilten NS-Täter und Schreibtischmörder waren nicht zur Anerkennung ihrer Verbrechen zu bewegen, zumal die Gerichtsverhandlungen auch nur der *kriminellen* Schuld nachgingen. Von einer *politischen* oder *moralischen* Schuld wurde überhaupt nicht gesprochen. Der von Hegel geforderte sittliche Zusammenhang der Welt, der sich in der Bestrafung eines Täters durch die Anerkennung seiner Tat als Untat wiederherstellt, ist durch Bemühungen, die Massenvernichtungen von Auschwitz und Majdanek als Menetekel unserer Zivilisation zu verdrängen, aufgehoben.

Dabei wertete noch das Plädoyer des Oberstaatsanwaltes in der „Strafsache gegen Mulka und andere“ vor dem Frankfurter Schwurgericht die Anwesenheit der Angeklagten in Auschwitz als Mittäterschaft oder Beihilfe zum Massenmord. Die Treue der Angeklagten gegenüber der SS und ihre Beteiligung am „Fließband der Todesmaschinerie“ sei ihrem eigenen Willen nicht entschieden entgegengerichtet gewesen.

„Die Rede von der Aussöhnung, ja auch nur von der Aufarbeitung jüngster deutscher Geschichte findet ihr Ende in diesen Monologen, in denen die Opfer den Tätern ihre Taten beweisen müssen“ (G. Koch). Opfer, für die mit Alfred Andersch „das Vergangene nie tot ist, es ist nicht einmal vergangen“. Die Täter dagegen konnten auf viele Helfer zählen. „Im Gnadenfieber der fünfziger Jahre“ (M.W. Kempner) erreichten sie Strafminderung oder gar Entschädigung.

Eine Mehrheit der Bevölkerung verstand die Wiedereingliederung der Naziverbrecher in die Gesellschaft als „Normalisierungsprozeß“, der im Interesse des inneren und äußeren Friedens auf eine neue nationale Identität zielte, wobei jede Vergangenheitsbewältigung stören mußte. Weil die „Periode der deutschen Selbstkasteiung“ (L. Herrmann) endlich beendet werden sollte, sprach der CDU-Politiker Alfred Dregger am 50. Jahrestag der „Machtergreifung“ davon, die Deutschen müßten „aus dem Schatten Hitlers heraustreten“, sie müßten „wieder normal werden“. Der im Dezember 1983 konstituierte „Deutschlandrat“ forderte mit seinen deutschnational gestimmten Wissenschaftlern und Politikern wie Helmut Diwald, Armin Mohler, Franz Schönhuber, Wolfgang Seiffert und Bernhard Willms in der Gründungserklärung: „Wir wollen wieder eine normale Nation sein. Dazu gehört auch die Entkriminalisierung unserer Geschichte.“

Nationale Identität der Deutschen nach Auschwitz? Der jetzt in Essen lehrende jüdische Historiker Dan Diner meint: „Es ist zu vermuten, daß die Realisierungsabsicht dieser Sehnsucht sich an der absoluten Schranke Auschwitz stoßen wird, mit dem Ergebnis, daß Auschwitz nicht nur in seiner Bedeutung als massenhafter Judenmord, sondern auch als Zivilisationsbruch beiseite geschoben oder durch Historisierung abgetan werden wird.“ (Micha Brumlik u.a., Jüdisches Leben in Deutschland seit 1945, Frankfurt am Main 1988, S. 256).

Die Relativierungen werden mit dem Ende der europäischen Nachkriegsordnung als Folge des Zusammenbruchs des Staatssozialismus zunehmen. So beschäftigte Mitte Juli 1990 eine neue Auschwitz-Diskussion die Zeithistoriker und die Gazetten. Waren es nur (noch) 1,5 Millionen Menschen, die in Auschwitz ermordet wurden, nicht mehr vier Millionen? Werden das Grauen und die Empörung über die dort begangenen Verbrechen damit geringer? Das Wissen um die Vernichtungslager ist doch nichts Neutrales. Aber noch immer sind solche Zahlen Wasser auf die Mühlen von Antisemitismus und Neofaschismus. Mißverständliche, nicht exakt bewiesene Zahlen werden benutzt für neue Lügen über Auschwitz. Aber auch seriöse Historiker tragen zur Verwirrung im Streit um die „Endlösung der Judenfrage" bei.

Von der „Rationalisierung des Wahnsinns"

In dieser Ende der 70er Jahre begonnenen neuen Debatte über die Judenvernichtung stehen einander nach wie vor vor allem zwei Auffassungen gegenüber: Auf der einen Seite herrscht jene Auffassung, die das gesellschaftlich Prozeßhafte, erst allmähliche Entstehen der Verfolgungsmaßnahmen im Dritten Reich hervorhebt. Die andere Position zielt auf die Person Hitlers und den bei ihm schon früh festgelegten Plan zur „Endlösung" ab. Der Historiker Arno J. Mayer hat die „Rationalisierung des Wahnsinns" in seinem Buch über den „Krieg als Kreuzzug" so interpretiert, daß die bis dahin unerschütterliche Selbstsicherheit und Hybris der NS-Fundamentalisten und ihrer Komplizen nach dem erfolglosen Anrennen gegen Moskau im November/Dezember 1941 ins Wanken geriet und die Nazis ihre Wut erst dann an den Juden abreagierten: „Der Entschluß, die Juden auszurotten, markierte, sogesehen, das sich abzeichnende Debakel der nationalsozialistischen Kriegsmaschine und nicht ihren bevorstehenden Triumph" (S. 358). Mayer führt eine Kontroverse fort, die vor allem Martin Broszat und Hans Mommsen mit der These ausgelöst haben, daß am Beginn der Judenvernichtung weder ein Plan noch ein Befehl gestanden habe, sondern daß sich zahlreiche isolierte Mordtaten allmählich zu einem Gesamtvorgang verdichtet hätten, den die NS-Führung schließlich als Endlösung sanktioniert habe.

Die Radikalisierung der nationalsozialistischen Judenpolitik als Folge der inneren Dynamik der rivalisierenden Herrschaftsträger des Dritten Reiches und als Rückwirkung der außen- und militärpolitischen Entwicklung? Gerhard Botz hat jüngst mit Recht darauf hingewiesen, daß solche Positionen die Bedeutung der antisemitischen Mobilisierung beträchtlicher Bevölkerungsteile für nationalsozialistische Verfolgungsmaßnahmen unterbewerten. Das Ausmaß, in dem die Judenverfolgung bzw. -vernichtung unmittelbare wirtschaftliche und soziale Interessen breiter Schichten und Klassen ganz konkret befriedigte, darf nicht unterschätzt werden, weil die Judenverfolgung auch als Surrogat der vom Nationalsozialismus verkündeten Mittelstands- und Sozialpolitik zu verstehen ist (vgl. Botz u.a., Eine zerstörte Kultur. Jüdisches Leben und Antisemitismus in Wien seit dem 19. Jahrhundert, Buchloe 1990, S. 285 f.).

Die Verknüpfung der antisemitischen Verfolgungsmaßnahmen mit materiellen Interessen war eines der kräftigsten Motive, das es gerade den Industriellen erleichterte, die Vernichtung der europäischen Judenheit mit ökonomischen Neuordnungsplänen für ein Nachkriegsdeutschland zu verknüpfen. Kurzum, der Plan einer tatsächlichen Endlösung der Judenfrage ist älter, auch wenn der Übergang zum fabrikmäßigen Massenmord in den Vernichtungslagern von Auschwitz, Treblinka und Majdanek erst einsetzte, als der Rußlandfeldzug sich festgelaufen hatte.

Die mit dem Überfall auf Polen sofort einsetzenden Übergriffe deutscher Einheiten und Pogrome einheimischer Bevölkerungsgruppen waren von Anfang an wohl vorbereitet. Hitler persönlich machte in seinem „Aufruf an das deutsche Volk" den Anfang: „Es ist jene jüdisch-plutokratische und demokratische Herrenschicht, die in allen Völkern der Welt nur gehorsame Sklaven will, die unser neues Reich haßt", verkündete er am 3. September 1939, an jenem Tag, als durch die Kriegserklärung Englands und Frankreichs der Deutsch-Polnische Krieg zum europäischen Krieg ausgeweitet wurde. Und die Weisungen zur Verwirklichung der bevölkerungspolitischen Neuordnungspläne vom 28. September 1939, die Hitler in seiner Reichstagsrede vom 6. Oktober 1939 mit der Aufforderung zur „Sanierung" zwecks einer „neuen Ordnung der ethnographischen Verhältnisse" wieder aufnahm, gehören zu den zahlreichen Dokumenten eines bewußt früh formulierten Vernichtungsprogramms, zu dessen Vorbereitung prominente Führer der Reichswehr wie der General Hans von Seeckt bereits in der Weimarer Republik beitrugen.

Die schon im 19. Jahrhundert von Kathederfürsten wie Heinrich von Treitschke geschürten neuen Formen des modernen Antisemitismus kulminierten in der ideologischen Vorbereitung einer Politik, die mit der Okkupation und Ermordung von Zivilisten, Zwangsarbeitern und Ausgegrenzten bewußt auf die Vernichtung der europäischen Juden zusteuerte.

Das erste Experimentierfeld zur Vernichtung der europäischen Juden war Polen, und seinen „Höhepunkt" erlebte dieser systematisch vorbereitete, von zahlreichen Dienstwilligen nachvollzogene Massenvernichtungsprozeß in den Lagern von Auschwitz und Birkenau. Die zahlreichen Helfershelfer, welche die Endlösung der Judenfrage, die Beseitigung der „unnützen Esser", den Tod von drei Millionen Kriegsgefangenen und den Justizmord an 30.000 Deutschen ins Werk gesetzt haben, diese Tätergemeinde rechtfertigte sich – sofern es ihr nicht gelang, mit der Mehrheit spurlos in die Nachkriegsgesellschaft zu flüchten – mit dem Hinweis auf Befehle und schicksalhafte Verwicklungen. So sollten die vom Reichsführer der SS, Heinrich Himmler, 1943 an die SS gerichteten Worte ihre Gültigkeit bis in unsere Tage behalten: „Von euch werden die meisten wissen, was es heißt, wenn 100 Leichen beisammen liegen, und (...) dabei, abgesehen von Ausnahmen menschlicher Schwäche, anständig geblieben zu sein. Dies ist ein niemals geschriebens Ruhmesblatt unserer Geschichte."

Hier klingt schon an, was von Jürgen Habermas und Hans-Ulrich Wehler mit der „Entsorgung der deutschen Vergangenheit" thematisiert worden ist. Im sog. Historikerstreit wird seit Mitte der 80er Jahre von konservativen Wissenschaftlern und Politikern versucht, die Erinnerung an Auschwitz in Deutschland zu einer fernen Vergangenheit zu erklären, um sich so von dieser Erblast loszusagen. Die zahlreichen Gedenktage mit den Debatten über die deutsche Geschichte werden seit 1983 dazu benutzt, den von Deutschen initiierten Angriffs-, Raub- und Vernichtungskrieg zu relativieren, Opfer und Täter zu vertauschen und Grenzfragen für offen zu erklären. Über die „Politik der verbrannten Erde", die Blockade von Städten wie Leningrad, das Massensterben in den Arbeitslagern sowie die Okkupationspolitik mit den „Germanisierungs"programmen und einer „Aussonderung" der Bevölkerung wird kaum oder unzureichend informiert. Deshalb gehen viele Bundesbürger noch heute von der falschen Vorstellung aus, die über 26 Millionen Toten auf polnischer und russischer Seite seien Opfer „normaler" Kriegshandlungen gewesen.

Ist der Archipel GULag ursprünglicher als Auschwitz?

Was die Polen und Russen als kollektives Trauma eines ungeheuren, von den Deutschen begonnenen Vernichtungsfeldzug erlitten haben, wurde von den Nachkriegsdeutschen vergessen oder verdrängt. Neuere Ansätze zur Aufarbeitung dieser weißen Flecken in der westdeutschen Geschichtsschreibung, vor allem jene Kontinuitätsthesen, die Hitlers Kriegsprogramme im Osten als radikalisierte Fortschreibung der Kriegsziele des Deutschen Kaiserreiches beschreiben, werden gerade in der jüngsten Zeit immer wieder „umgebogen". Es findet eine „Art Schadensabwicklung" (J. Habermas) durch Aufrechnungen statt. „War nicht der 'Archipel GULag' ursprünglicher als Auschwitz?" fragte zum Beispiel Ernst Nolte und eskalierte damit den „Historikerstreit". Der Nazi-Holocaust war demnach nicht singulär, der Überfall auf Polen und die UdSSR relativ defensiv, die einmalige geographische Mittellage Deutschlands dagegen an fast allem schuld. Der „Europäische Bürgerkrieg" interpretiert die „braune Revolution" von 1933 als Antwort auf die „Rote Revolution" von 1917.

Solche Umbiegungen haben in den aktuellen Deutungskämpfen um Faschismus und Antifaschismus – nicht nur im Gefolge der Historikerdebatte – an Relevanz gewonnen. Durch den Zusammenbruch der europäischen Nachkriegsordnung gewinnt die Aufarbeitung der Verfehlungen und Entartungsformen des Stalinismus eine solche Dominanz, daß dem strukturell deformierten Sozialismus fast alle Möglichkeiten einer demokratisch-sozialistischen Umorientierung genommen werden. Nach der von der UdSSR verspätet anerkannten Existenz des geheimen Zusatzprotokolls zum Hitler-Stalin-Pakt vom 23. August 1939 ist dieser lange als „Wendepunkt zum Frieden" gerechtfertigte Nichtangriffspakt nicht nur für die davon betroffenen Polen als Vorbereitung des Krieges zur Zerstörung der zwischen Deutschland und der UdSSR gelegenen Staatenwelt zu interpretieren. Hier liegen mit die Wurzeln zur späteren Teilung Europas, die auf die Abschaffung des „Systems von Versailles" zielte: „Die Regierungen schreiben Nichtangriffspakte. Kleiner Mann, schreibe Dein Testament!" notierte Bert Brecht angesichts der zahlreichen „Nichtsangriffspakte" in den 30er Jahren, welche die Länder Ostmitteleuropas betrafen.

In der Doppeldeutigkeit der heutigen historischen Situation ist bei der notwendigen Neugestaltung einer europäischen Friedensordnung gerade vor vorgegebenen, sich demokratisch legitimierenden Ermächtigungspolitikern zu warnen, die in ihrem Vereinigungspatriotismus aus Freude auf das neue Deutschland historische Belastungen verdrängen, soziale Errungenschaften plattwalzen und alte Grenzstreitigkeiten indirekt reaktivieren. Angesichts solcher Formen der „Entsorgung" gilt es, an der von Deutschen zu verantwortenden Vernichtung der europäischen Juden mit einer „Erinnerung ohne Vorbehalt" als Pflichtaufgabe festzuhalten.

Ohne eine ideologiekritische und gesellschaftlich orientierte Geschichtsbetrachtung muß jeder Versuch einer Erneuerung und Differenzierung scheitern, der die Rückbesinnung auf das größte geschichtsbekannte Verbrechen mit dem Namen Auschwitz ausklammert. Eine apologetische Schadensabwicklung schafft keine Entsorgung der Vergangenheit, solange verdrängt wird, weiße Flecken unaufgearbeitet bleiben und der Zivilisationsbruch, den Auschwitz darstellt, nicht aufgehoben wird. Das Prinzip Aufklärung läßt sich nur dann beglaubigen, wenn Forschen und Denken nach Auschwitz jene Herausforderung berücksichtigt, die Theodor W. Adorno zum kategorischen Imperativ erhoben hat: das „Denken und Handeln so einzurichten, daß Auschwitz nicht sich wiederhole, nichts Ähnliches geschehe" (Negative Dialektik, Frankfurt am Main 1966, S. 356).

Ein historisch neuartiger „Antisemitismus ohne Antisemiten"?

Und die Juden? Können sie schweigend akzeptieren, daß die Erinnerungen an Auschwitz in Deutschland verloren gehen? Wie sich wehren gegen diese Verdrängungen? Wie sich auseinandersetzen mit den wieder zunehmenden Hakenkreuzschmierereien auf jüdischen Friedhöfen? Wie den neuen Formen des Antisemitismus ohne Juden, dem „Antisemitismus ohne Antisemiten" begegnen?

Die Statistik zählt heute weniger als 30.000 Juden als Bürger der Bundesrepublik Deutschland – einer unter 2000. Im Kaiserreich und in der Weimarer Republik war jeder hundertste Deutsche ein Jude. Heute ist Deutschland ein Land ohne Juden. Und dennoch gibt es wieder Grund anzunehmen, daß neue Formen des Antisemitismus entstehen. Bleibt so den wenigen Juden in Deutschland nur die Rolle, die Erinnerung an Auschwitz aufrechtzuerhalten? Max Horkheimer hat schon Mitte der 60er Jahre in seinen „Notizen" an die notwendige Wächterfunktion erinnert: „Wir jüdischen Intellektuellen, die dem Märtyrertod unter Hitler entronnen sind, haben nur eine einzige Aufgabe. Mitzuwirken, daß das Entsetzliche nicht wiederkehrt und nicht vergessen wird. Die Einheit mit denen, die unter unsagbaren Qualen gestorben sind. Unser Denken, unsere Arbeit gehört ihnen. Der Zufall, daß wir entronnen sind, soll die Einheit mit ihnen nicht fraglich, sondern gewisser machen. Was immer wir erfahren, hat unter dem Aspekt des Grauens zu stehen, das uns wie ihnen gegolten hat. Ihr Tod ist die Wahrheit unseres Lebens. Ihre Verzweiflung und ihre Sehnsucht auszudrücken, sind wir da."

Diese Wächterfunktion ist freilich in den letzten Jahren durch die Brüchigkeit jenes Postulats eingeschränkt worden, das unsere Nachkriegsgeschichte einst prägte: „Wer von Israel spricht, darf von der Massenvernichtung der europäischen Juden nicht schweigen." (D. Claussen) Die Vernichtung der europäischen Juden im Zusammenhang des gescheiterten deutschen Griffs zur Weltmacht hat den Staat Israel überhaupt erst ermöglicht. Dieser Staat ist seit seiner Gründung gefährdet. Aber die einst selbstverständliche Solidarität mit Israel und die Ablehnung aller Formen des

Antisemitismus beginnen in den letzten Jahren aufzuweichen. Von einer Normalität der Beziehungen zwischen Deutschen und Juden kann keine Rede sein, vielleicht auch deshalb, weil „Philosemitismus" eine wirkliche Auseinandersetzung mit der in der Bundesrepublik lebenden jüdischen Gemeinschaft verhindert hat. Dazu kommen neben von rechts bestimmten Formen des alten Antisemitismus im Gefolge neonazistischer Strömungen und Parteien neue Ansätze eines „ehrbaren Antisemitismus" in den Reihen der politischen Linken, die in der Regel nur dann wahrgenommen werden, wenn sie in das Schema des Antizionismus passen. Begins Palästinenserpolitik war für viele der Ausgangspunkt einer Wende. Die widersprüchlichen geschichtlichen und gesellschaftlichen Verhältnisse des Nahen Ostens erzeugten nach dem Jom-Kippur-Krieg im Jahre 1973 nur noch eine Solidarität aus schlechtem Gewissen gegenüber der zionistischen Selbsterhaltungspolitik der Israeli, die als Mittel der Selbstverteidigung auf Aggression und Terror glaubte nicht verzichten zu können.

Aber in unserem Zusammenhang interessieren nicht nur die dahinter stehenden Ängste. Wir müssen auch jene Befürchtungen beachten, die wegen der lauten Töne einer neuen nationalistischen Übersteigerung angesichts der Vereinigung der beiden deutschen Staaten Unbehagen und Besorgnis vor allem bei Juden verursachen. So erinnert der Anschluß der DDR an die Bundesrepublik z.B. den Historiker Walter Grab fatal an das Jahr 1938, „nicht nur, weil damals die jubelnde Mehrheit der Österreicher ebenso überzeugt war, daß der Anschluß an das Deutsche Reich ihre wirtschaftlichen Probleme lösen werde, wie es heute die Mehrheit der DDR-Bevölkerung bei einem Anschluß an die Bundesrepublik glaubt, sondern vor allem deshalb, weil damals die Herren der deutschen Hochfinanz und Großindustrie, die Hitler unterstützten, auch heute an den Schalthebeln der wirtschaftlichen Macht sitzen und ihren politischen Einfluß durchsetzen. Die ge'Flick'te Bundesrepublik, die nach der Errichtung der EG im Jahre 1992 auch Westeuropa wirtschaftlich beherrschen wird, kann nun durch die Hintertür der Ökonomie jene Ziele erreichen, die die Nazis durch die Vordertür der heute unmodernen militärischen Aggression vergeblich anstrebten: die Vorherrschaft in ganz Osteuropa. In Kürze wird nicht nur die DDR, sondern ein Riesen-Markt von 400 Millionen hungrigen Kunden den deutschen Kriegsverlierern und Friedensgewinnlern zu Füßen liegen. Sollte die jetzige Hochkonjunktur in eine Krise umschlagen, so ist nicht abzusehen, welche politischen Folgen dieser deutsch-nationale Kraftzuwachs haben wird. Eines aber ist sicher: In diesem Jahrhundert war das von der bundesdeutschen Regierung (und auch von manchen Sozialdemokraten) hoch gepriesene 'nationale Selbstbestimmungsrecht des deutschen Volkes' bereits zweimal, 1914 und 1933/39, eine Katastrophe für die anderen Völker." (Brief Grabs an den Verfasser, Juni 1990)

Soll am deutschen Wesen erneut (und wie oft noch) die Welt genesen? Ein neuer Nationalismus, gepaart mit antisemitischen Zügen, weckt Befürchtungen, die darüber zum Nachdenken zwingen, ob die neue Art eines Antisemitismus nach dem Nazi-Holocaust als „Antisemitismus ohne Antisemiten" zu interpretieren ist.

Alle Untersuchungen zeigen seit den 50er Jahren bis hin zur Silbermann-Studie aus dem Jahre 1974 die Latenz eines antisemitischen Vorurteils in der deutschen

Bevölkerung. Mit anderen Worten: Trotz des Zusammenbruchs der Nazi-Herrschaft gab es in der Bundesrepublik von Anfang an ein erhebliches antisemitisches Potential, das auch nach mehr als 40 Jahren Demokratie kaum schwächer ausgeprägt ist als bei Kriegsende. Alphons Silbermann geht in seiner Untersuchung im Rahmen einer Repräsentativumfrage von 2.084 Bundesbürgern nichtjüdischen Glaubens davon aus, daß 20 Prozent der Bevölkerung starke antisemitische Züge aufweisen. Bei der Hälfte der Bevölkerung ließen sich Reste antisemitischer Einstellungen nachweisen.

Konnte die Kölner Synagogen-Schmiererei (Weihnachten 1959) die Öffentlichkeit noch aufrütteln, so haben die jüngsten, in ganz Europa wieder zunehmenden Schändungen und Zerstörungen jüdischer Kirchen und Friedhöfe in beiden Teilen Deutschlands kaum zu manifesten Abwehrreaktionen geführt. Im Gegenteil, wie schon 1979 die Ausstrahlung der amerikanischen Fernsehreihe „Holocaust" zu antisemitischen Rechtsverletzungen führte, so steigt in den letzten Jahren die statistisch erfaßte Zahl von Anschlägen rechtsextremer Kreise gegen Juden und ihre Sympathisanten.

Aber auch in der bundesdeutschen Linken klangen nach dem Einmarsch der israelischen Truppen in den Libanon (Sommer 1982) nicht nur kritische Stimmen, sondern auch antisemitische Züge an. In der Tat war durch das von Israel zerstörte Beirut mit zahllosen Opfern „das Ende der Tabuzeit" gekommen, wie der sozialdemokratische „Vorwärts" formulierte. Denn „nach dem Libanon-Feldzug trauen wir Deutsche uns zum erstenmal seit Jahrzehnten, einen kritischen Gedanken Israel gegenüber zu äußern" (Heft 27/1983, S. 27), auch wenn Willy Brandt am 9. September 1982 im Bundestag warnte: „Wir entgehen der Verantwortung für Auschwitz nicht dadurch, daß wir auf Beirut zeigen."

Ausmaß, Art und Intensität der Verbreitung antisemitischer Vorurteile beziehen sich nicht nur auf die Nachwirkungen der NS-Vergangenheit. Man hat auch die Auswirkungen des Nahostkonfliktes wie andere Erscheinungsformen und Funktionen des Antisemitismus zu berücksichtigen und zu prüfen, ob sich hinter dem Antizionismus antisemitische Züge verbergen.

Bernd Marin hat jüngst den historisch neuartigen Antisemitismus von früheren Formen des Antisemitismus abgesetzt. Er geht dabei von vier qualitativ verschiedenen Arten und aufeinanderfolgenden Stadien des Judenhasses in der europäischen Geschichte aus:

1. „eine wesentlich religiös gerechtfertigte Feindseligkeit der Christen gegen die Anhänger jüdischen Glaubens" (religiös gerechtfertigter Antijudaismus);

2. „ein im letzten Viertel des 19. Jahrhunderts parallel zur Weltwirtschaftskrise und Parteienentstehung als Massenbewegung des kleinen Bürgertums aufkommender bürgerlicher Antisemitismus, der bis in die Zwischenkriegszeit eine wichtige politische Waffe in sozialen Kämpfen sowohl einzelner Gruppen des Bürgertums untereinander als auch in den Auseinandersetzungen mit einer erstarkenden Arbeiterbewegung war";

3. „ein im Nationalsozialismus gleichsam 'verstaatlichter', von einem totalitären Herrschaftsapparat gezielt propagandistisch 'angedrehter', 'faschistischer Antisemi-

tismus', der schließlich zu einem Völkermord ohnegleichen geführt hat und dessen unmittelbare politische Konsequenz für die Überlebenden und Vertriebenen die Gründung eines eigenen jüdischen Nationalstaates in Palästina war";

4. „ein 'nachfaschistischer Antisemitismus' in Europa nach dem Zweiten Weltkrieg, der mit dem 'Antizionismus' arabischer Länder sowie der 'antikolonialistischen' und 'antiimperalistischen' Ideologie junger afro-asiatischer Nationalstaaten kaum etwas zu tun hat. Dagegen ist der 'Antizionismus' in verschiedenen europäischen Ländern aus historischen Gründen selten frei von antisemitischen Elementen, die jedoch – angesichts der noch gegenwärtigen Folgen der faschistischen Vergangenheit – als solche nicht erkannt und gerade umgekehrt als 'antirassistisch' kaschiert oder mißverstanden werden." (G. Botz u.a., Eine zerstörte Kultur, a.a.O., S. 327 f.)

Die neue in Deutschland und Österreich vorherrschende Form des „Antisemitismus ohne Antisemiten" ist – so gesehen – nach Marin „ein Massenvorurteil ohne Legitimation, ohne öffentliches Subjekt, ohne propagandistische Träger, ohne das Selbstbewußtsein und das Selbstverständnis einer Ideologie." Auch wenn es keinen politischen Antisemitismus gibt, so ist dieser Untergrund-Antisemitismus ein Antisemitismus in der Politik. Das zeigt sich nicht nur am äußersten Rand des politischen Spektrums in neonazistischen Friedhofschändungen, Schmieraktionen und Kundgebungen, sondern auch in zahlreichen Affären des öffentlichen Lebens: beispielsweise der Ehrung von Waffen-SS-Angehörigen durch Bundeskanzler Kohl und US-Präsident Reagan in Bitburg sowie den Auseinandersetzungen um das Fassbinder-Stück „Der Müll, die Stadt und der Tod". Antisemitische Äußerungen und ehemalige SS-Mitgliedschaften führender Politiker sind kein zwingender Rücktrittsgrund. Und antisemitische (Mund)Propaganda ist nach wie vor ein bewährtes Wahlkampfmittel vor allen Dingen gegen Linke. Die Titelbild-Behandlung von Gregor Gysi im „Spiegel" steht exemplarisch für diese Form der Entgleisungen.

Es bleibt zu fragen, ob dieser ganz gewöhnliche Alltags-Antisemitismus großer Teile der Bundesdeutschen und Österreicher typisch ist für den Nachkriegsantisemitismus. Ist er wirkungsvoller als der militante Antisemitismus der ehemaligen Nazis und heutigen Neofaschisten? Hat nicht, weil unbewältigt und massenhaft verdrängt, der moderne Antisemitismus ohne Juden – nach der Ermordung und Vertreibung fast aller Juden – immer noch eine Chance der Wiederbelebung in seiner historischen Funktion als demogogische Waffe in sozialen und politischen Kämpfen?

Die von Bernd Marin konstatierte entscheidende Wende des Antisemitismus als „Reprivatisierungsphänomen" im Alltagsleben – gegenüber dem verstaatlichten Vorurteilsyndrom im Faschismus – erlangt sicher keine herrschaftsstabilisierende Funktion, bestimmt aber Bereiche der Reproduktionssphäre – als Folgephänomen undurchsichtiger Organisationsprinzipien des gesellschaftlichen Lebens und Handelns, aber auch als Ergebnis des mit diesem Funktionswandel einhergehenden chronischen Enttäuschungsüberhangs, damit gleichzeitig verbundener Reontologisierungssehnsüchte und fundamentalistischer Positionen. Die grundsätzliche Ersetzbarkeit des modernen Antisemitismus durch andere Vorurteile, wie etwa gegen

Aussiedler, Ausländer, Asylanten oder Kommunisten, verringert zwar das Maß der akuten Gefahren. Neue Formen der Verfestigung antisemitischer Äußerungen als vorläufig nicht veröffentlichte Meinung dürfen aber nicht unterschätzt werden. Denn die Nachwirkungen der NS-Vergangenheit als verpflichtende Erinnerung nehmen offensichtlich ab. Dieser „Normalisierungsprozeß" hat weit über das alltägliche Geschichtsbild hinaus im öffentlichen Bewußtsein dort zu Tabuisierungen der Belastungen geführt, wo schon der Antikommunismus nicht nur Ventilfunktionen antisemitischer Vorurteile übernahm, sondern auch neue und alte Feindbilder in den 50er Jahren erzeugte und heute verstärkt wieder produziert.

Formen der kulturellen Verfestigung antisemitischer Verhaltensweisen manifestieren sich vor allem in der Umgangssprache, in Stereotypen über die jüdische Minderheit, die – wenn auch verharmlost – sich seit dem Zusammenbruch des Nationalsozialismus kaum gewandelt haben. Sie dokumentieren sich aber auch im verharmlosenden Umgang mit verhängnisvollen antisemitischen Traditionen in der deutschen Geschichtsschreibung. Oder ist es purer Zufall, wenn kurz vor dem Vereinigungsprozeß in der großen Ausstellung über „800 Jahre deutscher Orden" im Germanischen Nationalmuseum Nürnberg ziemlich weit vorne die von Heinrich von Treitschke herausgegebenen „Preußischen Jahrbücher" von 1862 ausgestellt wurden? Der renommierte Göttinger Wissenschaftler Hartmut Boockmann würdigt im Katalog die „Qualitäten dieses bedeutenden Historikers" und charakterisiert gleichzeitig jenen „schwungvoll geschriebenen" Essay Treitschkes über den deutschen Orden als Vorkämpfer deutschen Expansionsdranges gen Osten als „höchst eindrucksvoll". Der deutsch-nationale Borussist beschreibt dort die Ostsiedlung als „das reißende Hinausströmen deutschen Geistes über den Norden und Osten, das gewaltige Schaffen unseres Volkes als Bezwinger, Lehrer, Zuchtmeister unserer Nachbarn". Zu den später von Hitler durchgeführten schonungslosen Rassenkämpfen im Osten vermerkt Treitschke: „Es weht ein Zauber über jenem Boden, den das edelste deutsche Blut gedüngt hat im Kampfe für den deutschen Namen und die reinsten Güter der Menschheit."

Wir müssen immer wieder auf die Kontinuität dieses Irrglaubens aufmerksam machen und daran erinnern, daß Heinrich von Treitschkes Wort nach 1939 gebildete Deutsche zur widerspruchslosen Ausführung von befohlenen Massenfüsilierungen veranlaßte: „Die Juden sind unser Unglück." Diese im November 1879 in den „Preußischen Jahrbüchern" verkündete Losung Treitschkes wurde schon im 19. Jahrhundert zum Feldgeschrei all jener Hoch- und Niedrigstehenden, die das deutsche Volk von sozialem Fortschritt und politischer Demokratie abdrängen wollten. Und es muß daran erinnert werden, daß „Der Stürmer", die nationalsozialistische pornographische Hetzschrift Julius Streichers, in jeder Nummer auf der ersten Seite die Losung Treitschkes in Balkenlettern verkündete.

Siegfried Jäger

Rassismus. Thesen zur Klärung eines umstrittenen Begriffs*

1. Rassismus, sowohl als ideologisches Konzept wie als Bestandteil der Weltanschauung, ist ein Kernphänomen rechtsextremer Ideologie und rechtsextremen Denkens. Rassistisch-theoretische Konzepte stellen Leitkonzepte geschlossener rechtsextremer Ideologie dar, oder anders ausgedrückt: rechtsextremer Lehre. Rechtsextreme Ideologiegebäude kommen ohne Rassismus nicht aus[1]. Rassismus ist die Basis auch von Nationalismus, Chauvinismus, völkischer Staatsauffassung, rechtsextremen Menschenbildern, der rechtsextremen Positionierung von Frauen, von ethnopluralistischen Konzepten etc.

2. Obwohl sich Vertreter rassistisch begründeter einzelwissenschaftlicher Theorien wie Konrad Lorenz, Irenäus Eibl-Eibesfeldt, Arthur Jensen, Hans Jürgen Eysenck u.a., insbesondere auch Vertreter (fast) der gesamten Soziobiologie, gegenüber Faschismus und Rechtsextremismus meist distanzieren, arbeiten sie ihm doch zu und stellen rechtsextremen konzeptiven Ideologen wissenschaftlich verbrämte Schein-Legitimationen für ihre rechtsextremen Theoriengebäude zur Verfügung. Wenn solche Afterwissenschaftler auch noch in rechtsextremen Publikationen schreiben (wie z.B. der Psychologe Hans Jürgen Eysenck), dann kann man sie getrost selbst dem rechtsextremen Lager zurechnen.

3. Nun ist nicht jeder Rassist auch schon Faschist oder Rechtsextremist, in dem Sinne, daß er oder sie über ein ausgeprägtes rechtsextremes Weltbild verfügte. Rassistische Unterstellungen finden sich selbst bei Wissenschaftlern bis weit hinein ins konservativ-bürgerliche Lager bis hin zu einigen Grünen. Ebenso finden sich rassistische Einstellungen bei (vermutlich) der Mehrheit der Gesamtbevölkerung[2], ohne daß diese mehrheitlich bereits als Faschisten oder Rechtsextremisten zu bezeichnen wären. Anfälligkeiten für rechtsextremistische Positionen bis hin zur Adaption geschlossener rechtsextremer Weltbilder liegen aber immer vor, wenn rassistische Ideen die Köpfe der Menschen beherrschen, seien diese nun Wissenschaftler oder nicht.

4. Deshalb muß hinsichtlich der Analyse des Verhältnisses von Rassismus und Rechtsextremismus geklärt werden, was denn unter Rassismus zu verstehen ist. Dies erscheint um so notwendiger, als es eine Fülle von Definitionen und Rassismus-Theorien gibt, die ich hier nicht im einzelnen vorstellen will und kann. Statt dessen werde ich versuchen, den Rassismus-Begriff des englischen Soziologen Stuart Hall vorzustellen, weil er wohl der entfaltetste und differenzierteste ist, den wir zur Zeit haben. Die Arbeiten von Michael Billig über „Die rassistische Internationale“ (1981) und von Lewontin/Rose/Kamin „Die Gene sind es nicht. Biologie, Ideologie und menschliche Natur“ (1988) sind m.E. mit Halls Rassismus-Begriff kompatibel und geeignet, seine theoretischen Überlegungen aus sozial- und naturwissenschaftlicher Sicht empirisch abzusichern[3].

5. Rassisten behaupten im allgemeinen, alle menschlichen Merkmale körperlicher und geistig-seelischer Art, also auch Verhaltensmöglichkeiten und Fähigkeiten, von der Intelligenz über die Gefühle bis hin zur Kriminalität seien primär durch die Gene vermittelt. Die Gene seien aber je nach generischer und sozialer Zugehörigkeit und erst recht je nach der angeblichen „Menschenrasse“ qualitativ eklatant unterschiedlich verteilt. Genetisch bedingte Unterschiede werden also qualitativ bewertet, oder aber es werden ansozialisierte Unterschiede naturalisiert, also auch letztlich den Genen in die Schuhe geschoben, woraufhin sie dann ebenfalls negativ oder positiv bewertet werden.

„Menschenrassen“ werden in aller Regel aber nicht nur an der (angeblich) unterschiedlichen genetischen Ausstattung der Menschen festgemacht, sondern primär an äußeren körperlichen Merkmalen – von der Schädelgröße bis hin zu Geschlecht und Hautfarbe oder Nasenform usw., aber auch anhand von Mentalitäten, Gefühlsdispositionen, Fähigkeiten etc. Der äußerliche Unterschied ist den meisten also bereits Garant der genetisch bedingten Unterschiedlichkeit. Wo die äußeren Unterschiede fehlen oder marginal sind, werden „innere“ Unterschiede auf biologisch verankerte zurückgeführt.

Weiter ist zu beobachten, daß auch wissenschaftlich argumentierende Rassisten von solchen biologisch bedingten Merkmalen ausgehen und diesen post festum unterschiedliche menschliche Fähigkeiten usw. zuordnen und umgekehrt. Das ist zwar völliger Unsinn, aber auch sehr hermetisch: Die menschliche Existenz wird so in allen ihren Merkmalen als größtenteils biologisch determiniert unterstellt.

Solche Wissenschaft ist von Beginn an von Vorurteilen geleitet und dient dem Zweck, diese Vorurteile zu bestätigen. Sie verfährt somit nicht anders als jeder Nichtwissenschaftler. Ihre Funktion ist aber legitimatorisch und in aller Regel herrschaftsstabilisierend. Wenn rechtsextreme Ideologen wie Christian Mattausch, Chef-Rassist der militant rechtsextremen Zeitschrift „Nation Europa“, festellt, daß auch der Rassismus angeboren sei, zieht er nur die logische Konsequenz aus den pseudowissenschaftlichen Vorgaben von Galton, Lorenz, Wilson, Günther, Burt, Jensen, Eysenck u.a.m. So findet man bei Soziobiologen, die durchaus ernst genommen werden wollen, Behauptungen wie die, daß es kriminelle oder egoistische Gene gäbe usw.

6. Nun ist aber der Nachweis erbracht, daß es keine genetischen Unterschiede gibt, die die Annahme unterschiedlicher menschlicher „Rassen“ auch nur irgendwie rechtfertigen würden; es ist festgestellt worden, daß etwa 75 Prozent aller menschlichen Gene bei allen Menschen anzutreffen sind und genetische Unterschiede innerhalb sog. Rassen größer sind als solche zwischen diesen[4].

Wissenschaftlich gesehen, ist damit dem Rassismus der Boden entzogen. Trotz dieser völlig eindeutigen wissenschaftlichen Beweisführung ist jedoch zu beobachten, daß bestimmte Soziobiologen und die Mehrheit der Bevölkerung unverdrossen an ihren rassistischen Vorurteilen festhalten. Kurz: Es ist festzustellen, daß es einen „Rassismus ohne Rassen“ gibt: Rassismus als soziale Praxis, wie Stuart Hall sagt, wobei körperliche Merkmale platt zur Klassifizierung bestimmter Bevölkerungsgruppen benutzt werden[5].

Diese körperlichen Merkmale fungieren nach Hall in rassistischen Diskursen als Bedeutungsträger, als Zeichen innerhalb eines Diskurses der Differenz. Und er meint: „Wenn dieses Klassifikationssystem dazu dient, soziale, politische und ökonomische Praxen zu begründen, die bestimmte Gruppen vom Zugang zu materiellen oder symbolischen Ressourcen ausschließen, dann handelt es sich um rassistische Praxen" (S. 913), um sog. Ausschließungspraxen. Solche Praxen sind nach Hall durch Ideen bestimmt, und in diese Praxen sind Ideen eingeschrieben.

Mit dieser Bestimmung versucht Hall, Rassismus, oder, wie er sagt, rassistische Diskurse bzw. den Diskurs des Rassismus nicht allein ökonomisch, sondern zugleich politisch-ideologisch und ökonomisch zu bestimmen. Dies ist eine wichtige theoretische Bestimmung, die Hall noch einmal in der Feststellung zusammenfaßt, daß „alle ideologischen Praxen politische und ideologische Existenzbedingungen (haben), wie alle ökonomischen Praxen ideologisch mit bestimmt sind." (S. 914) Damit knüpft Hall an den materialistischen Diskursbegriff an, wie er, auf Michel Foucault fußend, auch von Jürgen Link, Utz Maas und anderen heute vertreten wird und allmählich größere Verbreitung findet[6].

7. Rassismus ist, wie der Sexismus, bereits vor dem Kapitalismus dagewesen. Es wäre also ganz falsch, ihn allein aus dem Kapitalismus heraus erklären zu wollen. Dieser nutzt ihn für seine Zwecke und erhält ihn auch aufrecht, denn er dient ihm z.B. dazu, verschiedene Fraktionen der Arbeiterklasse auseinanderzudividieren. Entsprechendes gilt für den Frau-Mann-Unterschied, gemäß der klassischen Formel „Divide et impera!"

8. Rassismus ist eine Ideologie, die Funktion und Charakter einer Religion hat. Sie ist quasi-religiös. Quasi, weil nicht auf etwas Transzendentales gerichtet, sondern bestimmte aberwitzige konkrete Annahmen an etwas ganz Konkretem festmachend.

In Marxens „Kritik der Hegelschen Rechtsphilosophie" kann man nachlesen, weshalb viele Menschen die Religion brauchen. Sie ist für sie „Protestation gegen das wirkliche Elend." Die Religion, heißt es weiter, sei „der Seufzer der bedrängten Kreatur, das Gemüt einer herzlosen Welt, wie sie der Geist geistloser Zustände ist. Sie ist das Opium des Volkes." (MEW 1, S. 378) Ohne Religion würden viele schlicht verrückt, weil sie ihr Leben nicht aushalten würden.

Auch Rassismus dürfte Opium für das Volk sein, um so mehr, als Religionen ihre Überzeugungskraft – zumindest in unseren Breiten – fast vollständig eingebüßt haben. Die Lügen und aufs Jenseits gerichteten falschen Versprechungen der Pfaffen halten gegenüber den Einsichten der modernen Wissenschaft und den konkret hiesigen Konsumangeboten moderner Gesellschaften nicht mehr richtig stand. Da aber die erfahrenen Mängel und Entbehrungen dieser Welt sich nicht mehr in eine jenseitige Welt abbiegen lassen, müssen dafür entsprechende irdische „Blitzableiter" gefunden werden.

---

* *Überarbeiteter Beitrag zum Rechtsextremismus-Kolloquium des Duisburger Instituts für Sprach- und Sozialforschung (DISS) vom 16. bis 18. März 1990 in Radevormwald*

Hall fragt nun auch, „inwiefern Rassismus eine authentische Form sein kann, in der untergeordnete soziale Gruppen ihre Unterordnung leben und erfahren.“ Und er meint: „Wir müssen begreifen, wie Gruppen, die von den Reichtümern unserer Wohlstandsgesellschaft ausgeschlossen sind, die aber gleichwohl zur Nation gehören, sich mit ihr identifizieren wollen, im Rassismus eine authentische Form der Identitätsgewinnung und des Selbstbewußtseins finden können.“ (S. 916) Und er fragt weiter, „wie“ die Subalternen im Rassismus Identität und Selbstbewußtsein finden können. Darin geht das Implikat ein, daß sie dies tun. In einem ersten Schritt sagt Hall, Rassismus legitimiere subjektiv dazu, gebe einem also scheinbar das Recht, andere abweichende Gruppen, mit denen man um einen „Platz an der Sonne“ kämpfe, auszuschließen. Demnach würde Rassismus subjektiv erst überflüssig, wenn Subalterne sich diesen Platz nicht mehr streitig machen müßten.

Solange kapitalistische und sonstwie verursachte materielle, soziale und psychische Mangelerscheinungen systematisch erzeugt werden und nicht genug für alle da ist, werden wir also auf jeden Fall mit Rassismus rechnen müssen. Hier hat auch politische Aufklärung ihre Grenzen. Antirassistische Kampagnen, besonders auch in den Betrieben, haben es deshalb außerordentlich schwer. Ihre Wirkung bleibt meist vordergründig, was man merkt, wenn bei Gewerkschaftsschulungen tagsüber gegen Ausländerfeindlichkeit argumentiert wird und abends beim Bier zynischste „Türkenwitze“ kolportiert werden.

Auch Sexismus und jede Art von Frauendiskriminierung sind als Auschließungspraxis zu verstehen. Vulgärwissenschaftliche und/bzw. soziobiologische Theorien über den Mann-Frau-Unterschied verdrehen die Tatsache, daß es in erster Linie psycho-kulturelle Erwartungen sind, die die Geschlechtsrollenentwicklung auf eine tiefgreifende Art determinieren. Nur biologisch argumentierende Theorien, die z.B. behaupten, der Bau und die Chemie des Körpers, etwa Hormone, definierten unausweichlich die Geschlechtsrollen, folgen dem bekannten Deutungsschema, die Menschen seien in ihren wesentlichen Bestimmungen genetisch determiniert. Insofern ist auch die Behauptung, das Patriarchat sei irgendwie biologisch bedingt und daher unvermeidbar, im Grunde rassistisch[7]. Frauen „anderer“ Herkunft und „anderen“ Aussehens werden i.a. mit einer doppelten Diskriminierung konfrontiert: Sexismus plus Rassismus.

9. Nun eine etwas spekulative Zwischenthese: Wenn es – z.B. gewerkschaftlich – gelänge, den Streit um den „Platz an der Sonne“ dadurch zu verhindern, daß alle Menschen, insbesondere auch Ausländer und Deutsche, Männer und Frauen, die gleichen Lebenschancen hätten, würde dann der Rassismus und mit ihm die Anfälligkeit für Rechtsextremismus aufhören? Auch wenn die damit angesprochene Durchsetzung der Gleichheit total utopisch klingt, weist sie doch in die richtige Richtung: gleichen Zugang zu Arbeitsplätzen, gleichen Lohn für gleiche Arbeit, Abbau der Tarifklassen usw. Hier sieht man z.B. auch, welche Bedeutung der Kampf der Frauen um gleichen Lohn für gleichwertige Arbeit hat.

10. Die besondere Hartnäckigkeit rassistischer Vorstellungen, von der oben bereits die Rede war, hat Stuart Hall zufolge aber noch einen anderen Grund, den er

psychoanalytisch dingfest zu machen versucht: Ausschließungspraxen dienen auch, aber nicht allein, dazu, Gruppen vom Zugang zu materiellen und kulturellen Gütern auszuschließen. „Sie haben auch die Funktion, sie symbolisch aus der Familie der Nation, aus der Gemeinschaft auszuweisen." (S. 919)

Die damit erzeugte „binäre Spaltung" legitimiert sich dadurch, die anderen als im Gegensatz zu sich selbst und in der Regel negativ zu definieren. Durch diese Konstruktion des anderen werden Identitäten produziert und Identifikationen abgesichert. Wir brauchen also die anderen, um uns selbst zu definieren. Die anderen sind aber deshalb für viele Menschen bedrohlich, weil wir in ihnen möglicherweise einen Teil von uns wiedererkennen, den man aus irgendwelchen Gründen verdrängen oder unterdrücken mußte, wie etwa die (wenngleich nur vorgestellte) Wildheit und Ausgelassenheit, die sexuelle Freizügigkeit und Kraft der anderen, insbesondere anderer „Rassen" oder des anderen Geschlechts usw.

Stuart Hall, den ich hier nur in aller Kürze referiere, meint dazu im Hinblick auf antirassistische Gegenwehr: „Strategien und Politik des Antirassismus, die nicht versuchen, in diese tieferen und grundlegend widersprüchlichen Schichten des Rassismus hinabzusteigen, werden scheitern, weil sie sich auf die Oberflächenstruktur einer ausschließlich auf das Rationale zielenden Politik beschränken." (S. 921) Die Lektüre von Klaus Theweleits „Männerphantasien" könnte diese Erklärung weiter absichern: Der faschistoid-soldatische Mann definiert sich über die Frau als weiße Schwester, die er entsexualisiert, und über die rote Hure, die er sexuell heftig begehrt, die er aber bestialisch – und die Fakten zeigen: nicht nur in der Phantasie – töten muß, weil die Erfüllung dieser Begierde den Zusammenbruch seines männlich-faschistischen Selbstbildes bedeuten würde[8].

11. Doch zurück zu dem, was unter Rassismus zu verstehen ist. Oben habe ich den Begriff des Rassismus noch sehr unspezifisch verwendet und nur auf angeblich genetisch bedingte Unterschiede bezogen. Von diesem pseudogenetisch begründeten Rassismus müssen wir aber nun auch noch einen kulturellen Rassismus unterscheiden: Auch wenn bestimmte Lebensgewohnheiten, Sitten und Gebräuche einer bestimmten Menschengruppe verabsolutiert, sozusagen als die einzig normale Form zu leben angesehen werden, und andere, davon abweichende Lebensformen negativ bewertet werden, ohne daß dies unbedingt genetisch begründet wird, ist von Rassismus zu sprechen. Auch er dient der genannten Ausschließung anderer Menschen, der Abgrenzung, der Legitimation, sie zu bekämpfen.

Diese von Stuart Hall vorgenommene Erweiterung des Rassismus-Begriffs scheint mir nützlich und richtig zu sein, da sie andere moderne antirassistische Theorien, wie z.B. die von Lewontin/Rose/Kamin, ergänzt und, ohne in Widerspruch dazu zu geraten, weiter ausbaut. Lewontin u.a. sagen ganz deutlich, nachdem sie die Behauptungen der Soziobiologie als Unsinn entlarvt haben: „Jegliche Verwendung von Rassekategorien muß ihre Rechtfertigung aus anderen Quellen als der Biologie beziehen."[9]

12. Klar geworden sein dürfte auch, daß jede Form von Ausländerfeindlichkeit rassistisch ist. Ob genetisch oder kulturell begründet: die Ablehnung von Ausländern mündet in Ausschließungspraxen. Nehmen wir ein vielzitiertes Beispiel, mit

dem der Versuch gemacht wird, Rassismus von Ausländerfeindlichkeit zu unterscheiden: Ein Fußballfan sagt: „Ich mag die Ausländer zwar nicht. Sie sollen doch nach Hause gehen. Das sage ich aber nicht, weil ich sie irgendwie für minderwertig halten würde, sondern weil sie oft so laut sind, Tomaten auf den Balkons pflanzen oder einfach anders denken als wir." Hier liegt ein geradezu klassischer Fall von kulturellem Rassismus vor.

13. Auch „modernere" rechtsextreme Organe haben inzwischen begriffen, daß die Reduktion des Menschen auf seine Gene und ein sich darauf gründender Rassismus einfach wissenschaftlich nicht zu halten sind. So erschien in der rechtsextremen Zeitschrift MUT vor kurzem ein Artikel des Biologen Wolfgang Kuhn, in dem er solche Reduktionen vehement zurückweist[10]. Die Vermutung Stuart Halls, daß der genetische Rassismus zunehmend von einem kulturellen Rassismus abgelöst wird, könnte darin bereits einen ersten Ausdruck finden, auch wenn Kuhns Beitrag keinerlei Hinweise darauf enthält und in früheren MUT-Artikeln beide Formen des Rassismus nebeneinander auftauchten[11].

Wolfgang Gessenharter

Das Freund-Feind-Denken der Neuen Rechten

Der Platz der Neuen Rechten im ideologischen und organisatorischen Spektrum der rechten Szene

Als bei der Bundestagswahl 1969 die NPD knapp an der Fünf-Prozent-Hürde gescheitert war, sahen einige, insbesondere jüngere NPD-Mitglieder die Gelegenheit gekommen, mit der bisherigen Richtung ihrer Partei abzurechnen. Zum einen sollte die alte NS-Erblast, die in der NPD personell wie programmatisch zweifellos vorhanden war, abgeschüttelt werden; zum anderen wuchs die Skepsis, ob man überhaupt allein durch parlamentarische Beteiligung seine Politikvorstellungen genügend ins Spiel bringen könnte. Gegenüber einer „alten" Rechten, organisiert vor allem in der NPD, nannte man sich „Neue Rechte", setzte auf nicht-parteiliche Aktions- und Organisationsformen und strebte insbesondere nach der „kulturellen Hegemonie", die als zentrale Voraussetzung für die erst später zu erringende „politische Hegemonie" angesehen wurde.

Die Neue Rechte der 70er und 80er Jahre ist keine in sich homogene Gruppierung, sondern kann eher als ein ideologisches und organisatorisches Beziehungsgeflecht beschrieben werden, das in einer großen Anzahl regelmäßig erscheinender Zeitungen und Zeitschriften an die Öffentlichkeit tritt[1], in denen auch bekannte Professoren, Publizisten und Politiker als Multiplikatoren der neurechten Ideologie fungieren.

Wiewohl er zu Recht in den letzten Jahren einen gewissen Prozeß der Vereinheitlichung der Neuen Rechten sieht, weist Martin Dietzsch auf eine immer noch erstaunliche Vielgestaltigkeit hin: Über diese „organisierte Verwirrung" könne die Neue Rechte mittels „Kooperation und Konkurrenz" möglichst viele Zielgruppen zugleich ansprechen[2]. Ich habe sie deshalb an anderer Stelle als ein Scharnier zwischen Neokonservatismus und Rechtsextremismus bezeichnet[3].

Schien es nach dem Einzug der „Republikaner" (REP) ins Westberliner Abgeordnetenhaus im Januar 1989 und weiteren Wahlerfolgen so, als ob die Neue Rechte endlich ein Parteigehäuse gefunden habe und als ob die REPUBLIKANER das Gedankengut der Neuen Rechten über die Parlamente und durch ihre Öffentlichkeitsarbeit in die Politik bringen würden, so scheint sich dieser gegenseitige Findungs- und Unterstützungsprozeß aus heutiger Sicht doch etwas schwieriger zu gestalten: Innerparteiliche Querelen, die sogar zum zeitweisen Hinauswurf des „Parteigurus" Schönhuber führten, und das Scheitern der von neokonservativen/neurechten Vordenkern immer wieder geforderten „Intellektualisierung" der REPUBLIKANER bringen diese ebenso unter Druck wie der fast alle anderen politischen Themen „erschlagende" Prozeß der Vereinigung von Bundesrepublik und DDR, bei dem die Bundesregierung und – zum allerdings sehr viel geringeren Teil – die parlamentarische Opposition aus SPD und GRÜNEN die öffentliche Diskussion mit Themen bestreiten, die früher weitgehend dem rechten Lager vorbehalten waren.

Sollte in den nächsten Jahren tatsächlich eintreten, was von der Wahlforschung prognostiziert wird, nämlich daß die REPUBLIKANER auf das Niveau einer „'gehobenen' Splitterpartei" gedrückt werden[4], bedeutet dies nicht automatisch auch das Aus für neurechtes Gedankengut. Denkt man an Themen wie das Aussiedler- und Asylanten-Problem, Arbeitslosigkeit oder Wohnungsnot – bei noch gar nicht abzusehenden immensen Kosten der Einheit und des künftig beträchtlich größeren Verantwortungsbereichs der „Großmacht" Deutschland –, denkt man weiterhin an die Unsicherheiten und Kosten, die aus der Entwicklung zum gemeinsamen Europäischen Markt oder aus der zunehmenden Umweltproblematik erwachsen, dann gehört nicht viel Mut zu der Prognose, daß das Gedankengut der Neuen Rechten die Politik in Deutschland intensiv und lange beschäftigen dürfte. Möglicherweise wird sich dabei jene auf Konkurrenz und Kooperation stützende Arbeitsteiligkeit auf dem öffentlichen Pressesektor wieder einstellen, die, wie oben erwähnt, bis zum Auftauchen der „Republikaner" für die Neue Rechte charakteristisch war; denkbar wäre auch, daß die Scharnierfunktion der Neuen Rechten zwischen Rechtsextremismus und Konservatismus wieder deutlicher würde, weil die REPUBLIKANER nicht die Partei der Neuen Rechten – mit spürbarem parlamentarischen Einfluß im vereinten Deutschland – werden dürften.

Inwiefern dabei bestimmte einflußreiche Zeitschriften aus dem Feld der Neuen Rechten, z.B. MUT, „Criticón" oder „Nation Europa", ihre in den letzten Jahren immer deutlicher gewordenen Konturen behalten können, wird spannend zu beobachten sein: Während sich „Criticón" zunehmend hinter die REPUBLIKANER und Franz Schönhuber gestellt und vor allem die Intellektualisierungsthese propagiert hat, hat sich MUT immer mehr aus dem klar einer bestimmten Partei (NPD) zurechenbaren ideologischen Umfeld entfernt und sich stärker kulturellen Fragen zugewendet, ohne seiner tief neokonservativen Einfärbung zu entsagen; dieses ehedem neurechte kämpferische Organ der frühen 80er Jahre bindet inzwischen erstaunlich viele liberal-konservative Multiplikatoren als Autoren und Leser an sich. So läßt sich beispielsweise Franz Alt im Vorspann zu seinem Aufsatz „Unterwegs zu Jesus" zitieren, MUT sei „eine sehr interessant gemachte, konservativ orientierte, aber sehr seriöse Zeitschrift, in der jemand wie ich sehr wohl schreiben kann."[5] Daß in MUT immer wieder auch beispielsweise Wolfgang Strauss schreibt, der zugleich in „Nation Europa" veröffentlicht, scheint Alt nicht zu stören, obwohl diese Zeitschrift der NPD nahesteht und im Verfassungsschutzbericht 1988 unter „rechtsextremistischen Druckerzeugnissen" genannt wurde[6].

Die politische Öffentlichkeit wird sich wohl kaum auf den namhaften Beitrag einer Partei einstellen dürfen, die gewissermaßen authentisch neurechtes Gedankengut kreiert, verwaltet und streut, damit aber auch im Parteien- und Ideologienspektrum – jedenfalls für die konkurrierenden Parteien – besser einzuordnen wäre mit der Folge, daß die Auseinandersetzung mit ihr offensiver geführt werden könnte. Viel eher wird es sich um einen ziemlich ungebündelten, um bestimmte Publikationsorgane und Veranstaltungen oszillierenden ideologischen Prozeß handeln; daher muß das konservative politische Spektrum in Deutschland daraufhin kritisch betrachtet werden, ob es sich nicht (wieder) verstärkt neurechtes Gedankengut zu eigen macht, zumal man vermutlich nicht mehr die bisher so peinliche Frage nach der Koalitionsfähigkeit der REPUBLIKANER mit beantworten muß.

Die Freund-Feind-Unterscheidung bei Carl Schmitt

Im Sommer 1989 jährte sich zum 200. Male die Französische Revolution mit ihrer Proklamation der Menschen- und Bürgerrechte, zusammengefaßt in drei zentralen politischen Zielbegriffen: Freiheit – Gleichheit – Brüderlichkeit. Eines der Sprachrohre der Neuen Rechten, die Zeitschrift „Criticón", beging das Jubiläum mit dem bezeichnenden programmatischen Schwerpunkt „200 Jahre Gegenrevolution". Der Herausgeber, Caspar von Schrenck-Notzing, beklagte einleitend, daß im Nachkriegsdeutschland die gegenrevolutionäre Tradition (etwa im Gegensatz zu England und Frankreich) nicht präsent sei: „Dabei hat die deutsche Philosophie und Dichtung in der europäischen Gegenrevolution einen eigenständigen und bedeutenden Part gespielt, man denke allein an die Romantik."[7]

Leider erwähnte Schrenck-Notzing jenes Goebbels-Wort nicht, wonach es die Aufgabe des Nationalsozialismus sei, „das Jahr 1789 aus der deutschen Geschichte auszulöschen."[8] Wie folgsam sich die meisten deutschen Juristen daran hielten, zeigte ihr Kampf gegen den bürgerlichen Rechtsstaat, ein Kampf, in dem Carl Schmitt, einer der einflußreichsten Staatsrechtler der damaligen Zeit, vorschlug, die Abkehr von den verhaßten Prinzipien der Französischen Revolution schon dadurch zu dokumentieren, daß man nur noch vom „deutschen Rechtsstaat Adolf Hitlers" sprechen sollte[9].

Eben Carl Schmitt wiederum ist es, auf den sich die Neue Rechte gern bezieht, wenn sie zum Angriff auf jene Menschenrechts-Trias bläst. So hat Gerd-Klaus Kaltenbrunner, einer der führenden theoretischen Köpfe der Neuen Rechten, diese Verbindung schon im Titel eines von ihm herausgegebenen Taschenbuchs proklamiert: „Illusionen der Brüderlichkeit. Die Notwendigkeit, Feinde zu haben" (Freiburg 1980). Von „archaischer Xenophobie", offenbar als einer anthropologischen Konstante, spricht er dort (S. 8), beklagt aber „zunehmende Feindunfähigkeit" bei den Deutschen (S. 28) und bezieht sich dabei immer auf Carl Schmitt, dem er – im Gegensatz zu vielen angeblich realitätsverdrängenden heutigen Zeitgenossen – eine „historisch fundierte Anthropologie" attestiert (S. 19). Ein anderer Autor versteigt sich zu folgender Hymne: „Es ist töricht zu sagen, Carl Schmitt sei 'gescheitert'. Die Wahrheit kann nicht scheitern, obwohl heute sogar von Jesus Christus gesagt wird, er sei gescheitert – eine handfeste Blasphemie. Es scheiterte die Weimarer Verfassung, weil man nicht auf Carl Schmitt hörte. Es fehlte an politischer und auch an intellektueller Substanz; das Literatentum genügte nicht. Hier konnten auch die besten Ratschläge eines Staatsrechtslehrers nicht helfen."[10]

Hermann Göring muß sich demnach wohl in der Person geirrt haben, als er schon im Sommer 1933 Carl Schmitt wegen seiner Verdienste um den Nationalsozialismus zum Preußischen Staatsrat ernannte[11].

Wir wollen uns die „besten Ratschläge" des Staatsrechtslehrers Carl Schmitt etwas näher ansehen.

In einem Handbuchartikel zum Stichwort „Politik" schreibt Schmitt 1936: „Politisch ist alles, was die Lebensfragen eines Volkes als eines einheitlichen Ganzen betrifft."[12] In seiner Schrift „Der Begriff des Politischen" ergänzt Schmitt: „Die spezifisch politische Unterscheidung, auf welche sich die politischen Handlungen und Motive zurückführen lassen, ist die Unterscheidung von *Freund* und *Feind*."[13] Diese Unterscheidung ist für Schmitt insofern „Lebensfrage", als im „Feind" nicht irgendein böser Mensch gesehen wird, nicht ein „Konkurrent" oder „privater Gegner", sondern „eine wenigstens eventuell, d.h. der realen Möglichkeit nach ***kämpfende*** Gesamtheit von Menschen, die einer ebensolchen Gesamtheit gegenübersteht" (S. 29). Dieser Kampf ist für Schmitt „insbesondere auf die reale Möglichkeit der physischen Tötung" (S. 33) und eben nicht nur etwa auf Interessenkonflikte bezogen. Wären letztere vielleicht auch über Kompromisse noch zu regeln, scheiden solche Formen für das Freund-Feind-Verhältnis aus: hier kann es nur um Leben oder Tod gehen.

Bei der Frage, ob es sinnvoll bzw. realistisch ist, an dieser extremen Frontstellung den Begriff des Politischen festzumachen, verweist Carl Schmitt auf den „Realismus", auf die „richtigen", „klaren Erkenntnisse" solcher Theoretiker wie Hobbes oder Machiavelli (S. 64 f.); dabei geißelt er immer wieder den Liberalismus, der in ideologischer Verblendung vom „guten" Menschen ausgehe, während für Carl Schmitt „alle echten politischen Theorien den Menschen als 'böse' voraussetzen" (S. 61). Gegenüber den „Illusionen..., mit denen sich die Menschen in Zeiten ungetrübter Sekurität über politische Wirklichkeiten gerne hinwegtäuschen" (S. 53), hält Schmitt mit Hobbes an einem Zusammenhang fest, dessen „unverbrüchliche Beachtung durch die menschliche Natur wie durch göttliches Recht gefordert werde", nämlich den „ewigen Zusammenhang von Schutz und Gehorsam": „Das protego ergo obligo ist das cogito ergo sum des Staates."

War in o.g. Definition des Begriffs „politisch" vom Volk als einem einheitlichen Ganzen die Rede, dann läßt sich jetzt feststellen, daß diese Einheitlichkeit eben auf dem Wege der Erzwingung des Gehorsams durch den Staat bei seinen Bürgern hergestellt wird. Die Einheitlichkeit der politischen Einheit Staat bzw. eines Volkes basiert also nicht auf dem freiwilligen Konsens und der Zustimmungsbereitschaft der Bevölkerung, sondern auf der autoritären „Befriedung", der Herstellung von „Ruhe, Sicherheit und Ordnung"; und dies ist – in „normalen" Situationen – das Feld allein von Polizei, nicht von Politik. In „kritischen Situationen" allerdings kann es zu „innerstaatlichen Feinderklärungen" kommen; im Bürgerkrieg entscheidet sich das Schicksal dieser bisherigen politischen Einheit (S. 10). In seiner Auseinandersetzung mit der „wirklichen Demokratie" formuliert Schmitt ohne Wenn und Aber: „Zur Demokratie gehört also notwendig erstens Homogenität und zweitens – nötigenfalls – die Ausscheidung oder Vernichtung des Heterogenen... Die politische Kraft einer Demokratie zeigt sich darin, daß sie das Fremde und Ungleiche, die Homogenität Bedrohende zu beseitigen oder fernzuhalten weiß."[14]

Christoph Müller hat in Erinnerung gerufen, wie Carl Schmitt sich neben anderen daran beteiligte, auch juristisch diese Homogenität herzustellen; dazu bedurfte es des entscheidenden Schlages gegen eine der zentralen Grundregeln bei Gericht und Verwaltung, nämlich die Grundregel der Gleichheit vor dem Gesetz[15]. Hieß es in der Weimarer Reichsverfassung im Art. 109 Abs. 1: „Alle Deutschen sind vor dem Gesetz gleich", war also die Gleichheit vor dem Gesetz ein Staatsbürgerrecht – erst im Grundgesetz Art. 3 Abs. 1 wird sie zum Menschenrecht –, so wurde 1935 auf einer Tagung unter Leitung Carl Schmitts der „zentrale Begriff *Mensch* … als liberales Vorurteil preisgegeben"[16]. Man forderte dort: „Der Rechtsbegriff 'Mensch' im Sinne des § 1 BGB verdeckt und verfälscht die Verschiedenheit der Volksgenossen, Reichsbürger, Juden usw."[17]

Die Rechtsgleichheit sollte nicht mehr alle Staatsbürger, sondern nur noch den deutschen Menschen, den blutsmäßigen Volksgenossen umfassen, alles Artfremde abgesondert werden[18]. Für Schmitt und seine Berufskollegen stand fest, daß ein solcherart homogenes Volk seine Zustimmungsbereitschaft nicht mehr in langen parlamentarischen Debatten zu einer Mehrheit bringen müßte, sondern daß Identität zwischen Führer und Volk dieses als Staat politisch handlungsfähig machen würde im Sinne außenpolitischer und, wenn nötig, innenpolitischer Freund-Feind-Erklärung. Diktatur und – im Schmittschen Verständnis: wirkliche – Demokratie sind insofern nicht nur keine Gegensätze, sondern erstere ist die konsequente Verwirklichung von Demokratie: „In diesem Sinn ist … jeder echte Staat ein totaler Staat."[19]

Das Charakteristische des totalen Staates ist aber, daß er seine Entscheidungen nur aus sich heraus und nicht in Ansehung von Kriterien fällt, deren Begründung außerhalb eben dieses Staates liegen, wie das z.B. bei den Menschenrechten der Fall wäre. Die Entscheidungen des totalen Staates gelten, weil sie von ihm getroffen worden sind. Diese Letztinstanzlichkeit und Selbstbezüglichkeit des totalen Staates bzw. der „wirklichen Demokratie" setzt Carl Schmitt nicht zufällig mit der Unfehlbarkeitsvorstellung in der katholischen Kirche gleich: Unfehlbarkeit und Souveränität sind für ihn vollständig synonyme Begriffe[20].

An dieser Stelle wollen wir die Interpretation der Gedanken Carl Schmitts abbrechen und nochmals auf den Kern hinweisen: In der Bestimmung des Politischen über die Freund-Feind-Unterscheidung ruht Carl Schmitts Blick einzig und allein auf einer ganz bestimmten Aggregatsebene, die einerseits nicht die ganze Menschheit, sondern nur jeweils Teile davon umfaßt, andererseits „über" dem Individuum steht insofern, als ja Kollektive von Menschen anvisiert werden. Carl Schmitt spricht bei diesem Kollektiv vom „Staat" oder auch von „politischer Einheit", wobei „Einheit" wortwörtlich im Sinne von „Homogenität" gemeint ist. Er spricht aber auch von „Volk", wobei dann „Staat" eine bestimmte historische Organisationsweise des Volkes wäre. Kennzeichen dieser – wie auch immer genannten – politischen Einheit ist für Schmitt die reale Möglichkeit der Freund-Feind-Unterscheidung, die in einem weltumspannenden Staat nicht mehr möglich wäre, da dort der „Feind" in Gestalt einer anderen politischen Einheit nicht mehr existierte[21]; und auf der Individualebene kann es nicht den „öffentlichen" Feind, sondern nur den privaten Gegner geben. Die Freund-Feind-Unterscheidung als Charakteristikum des Politischen zieht also den Blick – in einer jedenfalls nach den Kriterien Schmittschen Denkens geradezu „zwangsläufigen", ja „logischen" Weise – auf die Kollektivebene

„Volk" bzw. „Staat". Argumentiert man auf dieser Ebene, und zwar so, daß die Lebenserhaltung dieses Kollektivs im Zentrum steht, aber auch nur wieder insoweit, als sie durch ein anderes Kollektiv bedroht wird, wird die Freund-Feind-Unterscheidung mit der möglichen Folge der physischen Vernichtung dieses Feindes ebenfalls wieder „folgerichtig".

Solche systemimmanenten Folgerichtigkeiten können zwar faszinieren – offensichtlich ist Carl Schmitts Anziehungskraft in manchen Kreisen ungebrochen –, sagen aber noch nichts darüber aus, *ob* man überhaupt in dieses Gedankensystem einsteigen soll. Beispielsweise bestünde auch die Möglichkeit, vom einzelnen Menschen, vom je historisch konkreten Individuum her zu denken, eine Möglichkeit übrigens, die Carl Schmitt von seiner Warte aus mit scharfer Kritik belegt hat[22].

Das Freund-Feind-Denken der Neuen Rechten

Man könnte die Frage der Ebene des Einstiegs in eine Argumentation über Politik als eine rein „akademische" Frage abtun; und in der Tat ist diese Frage immer wieder in der Politikwissenschaft als sog. Analyse-Ebenen-Problem („level of analysis") zum Teil heftig diskutiert worden. Niemand wird dem Ansatz Schmitts jegliche wissenschaftliche Dignität absprechen wollen. Wissenschaft lebt auch von der Pluralität ihrer Ansätze. Eine ganz andere Frage ist, ob jeder Ansatz in gleicher Weise zur Fundierung und zur Begründung politischer *Praxis* taugen kann bzw. herhalten soll. Da die Begründung politisch-praktischer Schritte, wenn sie nicht letztlich auf bloßer Gewalt beruhen soll, nicht beliebig umfangreich und langdauernd sein kann, ist es von eminent praktischer Bedeutung, welche Partei in einem Konfliktfall einen „guten Grund", z.B. einen allseits akzeptierten Grund, für ihre Argumentation angeben kann bzw. welche Seite erst um eine solche Begründung werben und ringen muß. Letztlich geht es also um eine Art „Beweislastregelung": Welche Seite muß in einem Konfliktfall erst noch die „Beweise" für die Begründung, für die Grundlegung ihrer Position erbringen; und welche Seite kann von einem bereits begründeten Fundament ausgehen? Wer hätte beispielsweise in einem Konfliktfall zwischen den Effizienzansprüchen des staatlichen Sicherheitsapparates einerseits und dem Freiheitsbegehren des Individuums andererseits die Beweislast für seine Argumentation zu tragen? Carl Schmitt wäre hier eindeutig: Der einzelne hat sich dem Kollektiv unterzuordnen – also hat die liberale Position die Beweislast zu erbringen.

Man kann sicherlich aber auch das Grundgesetz als eine eindeutige Antwort auf die Frage der Beweislast ansehen. Konrad Hesse hat vom „unbedingten und in der Art seiner Realisierung unverfügbaren obersten Prinzip" des Grundgesetzes gesprochen, das in der „Unantastbarkeit der Würde des Menschen und ... (der) Verpflichtung aller staatlichen Gewalt, sie zu achten und zu schützen", besteht[23]. Und erst unter dieser Zielvorgabe ist dann „der Staat des Grundgesetzes ... planender, lenkender, leistender, verteilender, individuelles wie soziales Leben erst ermöglichender Staat, und dies ist ihm durch die Formel vom sozialen Rechtsstaat von Verfassungs wegen als Aufgabe gestellt" (S. 82). Man kann schon aus diesen wenigen

Zitaten unschwer erkennen, daß das Grundgesetz dem von Carl Schmitt gewiesenen Weg in keiner Weise gefolgt ist.

An einem repräsentativen Beispiel soll der Einfluß des Freund-Feind-Denkens Carl Schmitts auf die Neue Rechte aufgezeigt werden. In einem Aufsatz für das von ihm selbst herausgegebene Handbuch zur Deutschen Nation schreibt Bernard Willms, Professor für Politikwissenschaft und eine „Leitfigur der gesamten Rechten“[24], zum Thema „Volk, Staat, Nation und Gesellschaft“. Ganz im Sinne Carl Schmitts, auf den sich Willms bezieht, ist sein Ausgangspunkt das „menschliche Kollektiv“, das er an drei „Fronten“ in seiner Selbsterhaltung für bedroht hält[25]. Neben der ersten „Front gegenüber einer Natur, die das für den Menschen Lebensnotwendige nicht von selbst hergibt“, steht die zweite Front „gegenüber anderen Gruppen und deren Ordnungen“. Die dritte Front nennt Willms die „innere Front: Jeder einzelne Mensch als einzelner stellt eine potentielle Bedrohung der jeweiligen Ordnung dar.“ Deutlicher kann man den Versuch der Umkehr der erwähnten Beweislastregel des Grundgesetzes wohl nicht formulieren!

Nicht die staatliche Gewalt wird in die Pflicht genommen, die Würde des einzelnen zu achten und zu schützen, sondern der einzelne Mensch wird als Bedrohung einer Ordnung dargestellt, über deren Legitimation im ganzen Aufsatz kein Wort zu finden ist, es sei denn in dem Sinne, daß die Ordnung zur Bestandserhaltung des Kollektivs beizutragen hat. Politik definiert Willms folgerichtig als Aufgabe, sich als Kollektiv an den drei Fronten „erfolgreich zu behaupten“. Ein Volk entsteht, wenn es längere Zeit Erfolg hat und die dabei gelernten Regeln zu seiner „zweiten Natur“ werden. In den „Selbstbehauptungskämpfen an allen drei Fronten“ (S. 22) konstituieren sich die Geschichte und das Selbstbewußtsein eines Volkes, nicht etwa in der Auseinandersetzung mit „allgemeinen, abstrakten Ideen wie Demokratie, Menschenrechte, Verfassung, Sozialismus oder gar Pazifismus“ (S. 23).

Abschließend will ich zwei Streitpunkte erörtern, die im geeinten Deutschland von Bedeutung sein dürften: die Frage der „Identität“ der Deutschen und die Frage der multikulturellen Gesellschaft. Wer – wie Bernhard Willms und die Neue Rechte insgesamt – vom „Volke“ als der entscheidenden Bezugsgröße ausgeht, unterstellt eine Einheit, eine Einheitlichkeit, die sowohl als Ausgangs- wie als Bezugspunkt der weiteren Argumentation weitgehend unbefragt bleibt. Nur so ist verständlich, daß Willms apodiktisch feststellt: „Das Volk der Deutschen findet sich gegenwärtig, gemessen an Geschichte und nationaler Idee, im Elend.“[26] Die Tatsache, daß die Deutschen in der Bundesrepublik mehrheitlich ganz anders empfinden, führt man auf die „Umerziehung“ seitens der Siegermächte des Zweiten Weltkrieges zurück, die mit der Begründung als Feinde betrachtet werden, daß sie der Selbsterhaltung und der Identitätsfindung der Deutschen im Wege stünden.

Ganz besonders angefeindet werden in diesem Zusammenhang jene, die – wie Dolf Sternberger oder Jürgen Habermas – die Identifikation der Bevölkerung nicht an spezifisch deutschen Wesenszügen usw. festgemacht wissen wollen, sondern von „Verfassungspatriotismus“ als einem Wunschziel sprechen[27]. Sternberger meint damit einen „Patriotismus“ (i.S. eines Sich-hingezogen-Fühlens), der sich nicht auf Volk und Land, sondern auf die Gesetze, die politische Ordnung eines Landes und die durch sie garantierte Freiheit des *einzelnen* bezieht. Aus der Analyse des Schmittschen Freund-Feind-Denkens ergibt sich, daß die Orientierung am Menschenrecht der Freiheit kein Ersatz sein kann für die von den Neuen Rechten geforderte Orientierung am jeweils eigenen Volk.

Zu welch perfiden Formulierungen man sich in dieser Ablehnung demokratischer, menschenrechtsorientierter Gedanken hinreißen lassen kann, zeigt ein – wohl ironisch gemeintes – fiktives Interview mit Machiavelli unter der Rubrik „Totengespräch" von Robert Hepp in der Jubiläums-Nummer von „Criticón". Hepp läßt Machiavelli u.a. sagen: Wer behaupte, daß der 8. Mai 1945 ein Tag der Befreiung sei, übernehme aus Dummheit die Sprachregelung der Weltkriegssieger. „Wenn die deutschen Schüler statt der Menschenrechtskonvention den 'Principe' lesen müßten, hätte es kaum zu solchen Orgien des Selbstbetrugs und der Selbsttäuschung kommen können."[28] Die Deutschen hätten ihre Ohnmacht nicht nur akzeptiert, sie feierten sie sogar noch als „historische Errungenschaft". Es sei „der Witz von Politikern, die in diesem unhaltbaren Zustand den 'freiesten Staat der deutschen Geschichte' entdecken". Deutschland sei aber nicht befreit, sondern „bloß liberalisiert" worden. „Man kann ein Volk jedenfalls nicht besser 'demobilisieren', als indem man es mit der liberalen Freiheit beglückt... Wenn die Liberalen von Freiheit sprechen, meinen sie natürlich nicht die staatliche oder nationale, sondern ihre persönliche Unabhängigkeit. Die 'freiheitliche Demokratie' garantiert die Freiheit der Liberalen, nicht die der Nation. Und wenn liberale Politiker bekennen, 'lieber Freiheit ohne Einheit als Einheit ohne Freiheit' zu wollen, ... könnten (sie) auch sagen: 'Lieber ein abhängiges Deutschland, das von uns regiert wird, als ein unabhängiges, in dem wir nichts zu sagen hätten'. Auf diese vertrackte Weise ist die Knechtschaft Deutschlands mit der 'Herrschaft' seiner 'Knechte' verschränkt." (S. 97)

Wenn alles, was in diesem Beispiel an Ressentiments gegenüber anderen Staaten und Andersdenkenden zutage tritt, im vereinten Deutschland Fuß fassen würde, müßte man verstehen, daß die Vereinigung im Ausland auf Mißtrauen und Sorge stieße. Ein Gesamtdeutschland, das sich nicht einbinden ließe in das freiheitlich-demokratische, an Grund- und Menschenrechten orientierte Verfassungsdenken, könnte schnell wieder offen sein für einen Rückfall in die gefährliche Selbstbezüglichkeit eines Freund-Feind-Denkens.

Wie erwähnt, hat das Freund-Feind-Denken nicht nur eine außen-, sondern auch eine innenpolitische Dimension: Einheitlichkeit, Homogenität und autoritäre Entscheidungsmechanismen garantieren demnach am besten das nationale Überleben im Drei-Fronten-Kampf eines Volkes. Kaum ein Thema hat deshalb innerhalb der Neuen Rechten so viel Aufmerksamkeit erfahren wie die „multikulturelle Gesellschaft". In der Zeitschrift „Nation Europa" findet sich seit einiger Zeit die Sparte „Nachrichten von der Überfremdungsfront", in der es etwa im Juni-Heft 1990 (S. 39) martialisch heißt: „Unser Kampf hat eine neue Front erhalten, täglich strömen im Osten unseres Vaterlandes Fremde hinein, zur Zeit in erster Linie Zigeuner aus Rumänien. Wir dürfen nicht zulassen, daß das Gebiet der DDR, das bisher von Fremden verschont blieb, nun auch überfremdet wird." Auffällig ist in diesem Zusammenhang immer wieder, daß die Asylantenfrage ausschließlich vom Ende her bedacht wird, nämlich wie verhindert werden kann, daß Flüchtlinge nach Deutschland kommen. Wie die weltweiten Flüchtlingsströme überhaupt verhindert oder zumindest vermindert werden könnten, interessiert nur auf das eigene Volk fixierte Neue Rechte nicht.

„Multikulturelle Gesellschaft" meint aber nicht nur einen „Vielvölkerstaat", den die REPUBLIKANER in ihrem Rosenheimer Parteiprogramm ausdrücklich ablehnen, sondern umfaßt auch den Gedanken einer Gesellschaft, in der sog. subkulturelle Minoritäten, gesellschaftliche „Außenseiter" und Minderheiten, ihre selbstverständliche Daseinsberechtigung haben (sollten). Das Homogenitätspostulat verbietet der Neuen Rechten die in einer freiheitlich-demokratischen politischen Kultur gebotene Toleranz. Wieder ein Beispiel aus „Nation Europa": Es grenzt für mich fast schon an öffentliche Aufforderung zum Pogrom, wenn man in der Sparte „Personalien links" Adressen aus den Impressa mißliebiger Flugblätter veröffentlicht und gleich dazu die Gebrauchsanleitung liefert: „Hier wieder eine Reihe von Anschriften, die uns aus gegebenem Anlaß besonders aufgefallen sind. Wissen die Hauseigentümer eigentlich, an wen sie da vermieten? Das kann vor Ort festgestellt werden."[29] Ist wirklich nur die Denunzierung bei Hauseigentümern gewollt?

Ausblick

Inwiefern die wirtschaftlichen, sozialen, kulturellen und politischen Schwierigkeiten und Verwerfungen im Gefolge der Einigung Deutschlands die Vorurteile gegenüber ethnischen und kulturellen Minoritäten in der breiten Bevölkerung vertiefen, muß mit großer Aufmerksamkeit beobachtet werden. Die Zeichen stehen nicht gut. Wie schnell man, gerade auch im konservativen Lager, bereit war, die Sichtweisen und Parolen der Neuen Rechten zu übernehmen, haben die letzten Wahlkämpfe gezeigt, als die REPUBLIKANER insbesondere den C-Parteien im Nacken saßen.

Es ist nicht gerade ermutigend, daß die wiedergewonnene Freiheit in der ehemaligen DDR ein großes Ausmaß an Intoleranz gegenüber Minoritäten sichtbar macht. Wenn statt der demokratisch-revolutionären Parole „Wir sind das Volk" die Parole „Wir sind *ein* Volk" übrigbliebe und dabei wesentliche Elemente des Freund-Feind-Denkens mit seinen Ausgrenzungs- und Homogenitätsforderungen Eingang fänden, wäre die Saat jener aufgegangen, die damals 200 Jahre *Gegen*revolution feierten in dem Bewußtsein, Freiheit, Gleichheit und Brüderlichkeit den Kampf anzusagen.

Die rapiden Auflösungserscheinungen in den autoritären und bürokratischen Ländern des real existierenden Sozialismus müssen keineswegs zwangsläufig in freiheitlich-demokratische politische Systeme münden; Gefahren des Abgleitens in alte/neue Nationalismen sind allenthalben wahrzunehmen; ein verstärktes Freund-Feind-Denken ist nicht auszuschließen – gerade in Krisenzeiten hatte es bisher immer Konjunktur.

Arno Klönne

Die Neue Rechte angesichts der deutschen Einheit

Die Parteien, Gruppen und Publikationen „am rechten Rand" der politischen Szene der Bundesrepublik sind, so scheint es, der Verliererseite im Prozeß der deutschen Wiedervereinigung zuzurechnen. Bis zum Herbst 1989 waren es die Wahlerfolge der „Republikaner", die im Mittelpunkt der öffentlichen Aufmerksamkeit standen; danach fand diese Partei, ob mit oder ohne Schönhuber, kein sonderliches Interesse mehr. Am ehesten machen noch die militanten neonazistischen Organisationen von sich reden; die aber sind, gerade wegen ihrer spektakulären Auftritte, bei der großen Bevölkerungsmehrheit nicht zustimmungsfähig.

Die seriös auftretende Neue Rechte hatte Schwierigkeiten, bei der politischen Meinungsbildung hierzulande überhaupt mitzuhalten, was nicht nur durch ihre inneren Zwistigkeiten und personellen Rivalitäten zu erklären ist. Vielmehr ging es um Verlegenheiten, die aus dem Umbruch in der DDR und dem Weg in die deutsche Einheit bei der Besetzung politischer Themen für den „rechten Rand" entstanden sind; die propagandistische Behauptung, nur die Neue Rechte sei, im Gegensatz zu allen etablierten politischen Kräften in der Bundesrepublik, willens und in der Lage, die deutsche Zweistaatlichkeit rückgängig zu machen, verlor ihren Boden in der Realität. Das Thema „Deutsche Einheit" gab für nationalistische Gefühlspflege nichts mehr her, jedenfalls insoweit nicht, als es um die Gebiete der Bundesrepublik und der DDR ging.

Die Zeitschrift „Nation Europa – Deutsche Monatshefte", das älteste Organ der Neuen Rechten in der Bundesrepublik, sprach von einem Wermutstropfen, der in den Wein der politischen Rechten falle: „Ist es ihr Verdienst, die Diskussion um den nationalen Imperativ und die deutsche Frage in Gang gesetzt zu haben, so fahren nun andere – die Bonner Wendehälse – die deutsche Ernte in ihre Scheuer ein... Wird die politische Rechte ein Opfer der Wiedervereinigung, die sie doch wie keine andere politische Formation angestrebt hat? Wer wird dann ihren Platz im gesamtdeutschen Parlament einnehmen? Noch vor einem Jahr schien die Tür für die Rechte in den nächsten Bundestag weit offen zu stehen. Heute jedoch ist die Aussicht für das national-konservative Lager auf eine authentische Vertretung im ersten gesamtdeutschen Parlament trist."

Ähnlich beurteilte die Zeitung „Junge Freiheit", ein Organ der modernisierten Richtung der Neuen Rechten, die deutsche und die eigene Lage. Bundeskanzler Helmut Kohl, so die „Junge Freiheit", sei der „unfreiwillige Kanzler der deutschen Einheit". Er habe den vereinigten deutschen Staat erst gewollt, als dessen Herbeiführung nicht mehr vermeidbar gewesen sei. Nun aber stelle sich Kohl als nationaler Triumphator dar, und die Neue Rechte sei um ihren programmatischen Besitzstand, nämlich den „nationalen Imperativ", gebracht. Da war es ein unzulänglicher Trost, wenn die „Deutschen Annalen", ein rechtsaußen angesiedeltes „Jahrbuch des Nationalgeschehens", das Argument beisteuerten, erst „die Angst vor der Wiedervereinigungspartei der Republikaner" habe Christ- und Sozialdemokraten in Bonn „ein Minimum an nationaler Politik abgezwungen".

Über den Bedeutungsverlust, den die Neue Rechte zumindest wahlpolitisch hinnehmen mußte, waren sich ihre Strategen also durchaus im klaren. Sie gingen daran, neue Themen für die Neue Rechte zu besetzen oder, besser gesagt, deren alte Politikangebote neu in den politisch-ideologischen Markt einzuführen. Die Zeitung „Junge Freiheit" konstatierte: „Es wird Zeit, daß die deutsche Rechte darüber nachdenkt, was sie selbst, jenseits des Nationalen, als rechts definieren will – oder sie wird bald nicht mehr sein."

Allzu schwer fällt die Suche nach Selbstdefinitionen neurechter Programmatik in Zeiten der deutschen Wiedervereinigung offenbar nicht. Auch vorher war es ja nicht das Ziel der Neuen Rechten, schlicht nur aus zwei deutschen staatlichen Gebilden *einen* Staat zu machen, sondern es ging ihr um ganz bestimmte Inhalte einer deutschen Nationalpolitik, die sie nunmehr aktualisieren muß.

Was zu diesem Zweck bisher in der Publizistik der Neuen Rechten als Themensetzung entwickelt wurde, soll hier wenigstens in Schlaglichtern erkennbar gemacht werden. Die erste Thematisierung: „Die Revolution, die die DDR erschüttert hat, betrifft nicht nur diesen deutschen Teilstaat; sie geht Deutschland im Ganzen an, sie versetzt der morschen Nachkriegsordnung den entscheidenden Stoß und entreißt den Siegern von 1945 den Gewinn des Krieges... Der deutsche Urlaub von der Geschichte geht zu Ende. Die alten Probleme, die nun wiederkehren, kreisen alle um das Deutsche Reich als schöpferische Ordnungsmacht in der Mitte Europas. Es sieht so aus, als hätten die Alliierten zwei Weltkriege vergeblich geführt. Karthagische Ängste sind fehl am Platze. Zu einem dritten Weltkrieg sind die abtretenden Supermächte nicht mehr in der Lage... Die Unheilige Allianz von Liberalismus und Kommunismus, die Europa der russisch-amerikanischen Doppelhegemonie unterwarf, verlor ihre Herrschaftsevidenz nach 44 Jahren... Das Ende des Status quo besiegelt die mit zwei Weltkriegen verbundenen, mißlungenen Versuche der Alliierten, die deutsche Rolle in der Weltpolitik zu tilgen." (Hans-Dietrich Sander in seiner Zeitschrift „Staatsbriefe")

Die zweite Thematisierung: „Im Zug der deutschen Einheit fährt im Erster-Klasse-Abteil der Coca-Cola-Kolonialismus mit. Der Sieg des Big Mac über die Buletten steht, perfiderweise im Zeichen von Schwarz-Rot-Gold, unmittelbar bevor... Wer die Einheit will, muß die Kröte eines Triumphes der amerikanischen Lebensweise und des westlichen Liberalismus zunächst einmal schlucken. Zunächst – und dann die Chancen nutzen, die das 'einig Vaterland' bietet, um zum eigentlichen Kern der nationalen Frage vorzustoßen: der Frage nach der Unabhängigkeit und Identität der Nation, die viel zu lange von der Spaltung und dem aus ihr resultierenden Einheitswunsch verdeckt und überlagert war. Nach der Novemberrevolution des Jahres 1989 steht die zweite deutsche Revolution noch aus: die Revolution für ein Deutschland, das zu seinen 1918 erschütterten, 1933 mißbrauchten, 1945 diskriminierten und 1968 fast vergessenen eigentlichen geistigen und kulturellen Traditionen zurückkehrt... Die Deutschen werden zu wählen haben, ob sie durch den morbiden Liberalismus des Westens allmählich vergiftet werden oder ihr Überleben als Volk durch die Rückbesinnung auf die eigenen Werte, die eigene Kultur und Geschichte sichern wollen. Letzteres bedeutet die Entscheidung für den deutschen Sonderweg." (Peter Bahn in der Zeitschrift „wir selbst", die sich auf die Philosophie der sog. Konservativen Revolution beruft)

Und die dritte Thematisierung: „Auch im Westen Deutschlands ist ein Befreiungsakt notwendig. Noch sind wir hier einer ganz besonderen Art von Knechtschaft unterworfen, die viel zerstörerischer wirkt als die leicht durchschaubare Knechtschaft, die jenseits der Mauer bestand. Gemeint sind die verheerenden Auswirkungen der Umerziehung, die 1945 über uns kam wie Giftgas. Welches Volk, dessen Vergangenheit ständig vergewaltigt wird, kann auf Dauer leben und wirken? Die Menschen jenseits der Mauer wurden vierzig Jahre lang angelogen, das ist jetzt überall zu lesen und zu hören. Wir etwa nicht? Auch im Westen muß es zu dem Ruf kommen: Wir sind das Volk, wir lassen uns nicht länger mit Schuld beladen, demütigen und verketzern; diejenigen, die hier in vierundvierzig Jahren ein kolossales Lügengebäude aufbauten, müssen entlarvt werden, wie es jetzt jenseits der zertrümmerten Mauer mit den korrupten Politfürsten geschieht. Während nunmehr in zunehmendem Maße die tatsächlich erwiesenen Verbrechen der Alliierten ans Tageslicht kommen, wäre es an der Zeit, aufzurechnen, wenn eine Schuld unseres Volkes überhaupt dazu Anlaß geben würde. Laßt ab von dem unsinnigen Gerede der Singularität deutscher Verbrechen, die es nicht gab und die, wenn es sie gegeben hätte, weit übertroffen wurden durch die Verbrechen unserer Gegner." (Hans Joachim Dill in der Zeitschrift „Europa – Berichte zur Zeitenwende", zu deren Mitarbeitern durchaus gesellschaftsfähige Publizisten wie Gerd-Klaus Kaltenbrunner und Alfred Schickel, Leiter der Zeitgeschichtlichen Forschungsstelle Ingolstadt, gehören)

Was den Umgang mit der deutschen Vergangenheit angeht, so läßt sich das Kalkül, von dem neurechte „Entsorger" nationalsozialistischer Staatsverbrechen ausgehen, leicht durchschauen: Mit dem Zusammenbruch des SED-Regimes ist eine bestimmte Version des Antifaschismus historisch erledigt; womöglich läßt sich daraus in der öffentlichen Meinung das Gefühl herleiten, jede Art von entschiedener Aufklärung über hitlerdeutsche Schändlichkeiten sei nicht mehr „zeitgemäß". Adolf von Thadden, ein alter Kämpe des westdeutschen Rechtsextremismus, freut sich im Jahrbuch „Deutsche Annalen" darüber, daß „mit dem Sturz des SED-Staates das Zeitalter des Antifa-Rummels unwiderruflich zu Ende ist." Der „Euro-Kurier", die Haus-Zeitung des Grabert-Verlages, erhofft sich vom Untergang der DDR-staatlichen Betrachtungsweise deutscher Vergangenheit einen Antrieb, um den „Umerziehungssumpf" auch in Westdeutschland trockenzulegen; das „hysterische Umsichschlagen mit dem Auschwitz-Knüppel" sei, so heißt es dort, nur noch ein Rückzugsgefecht „linker Geistesgenossen der Frankfurter Schule". Die Zeitschrift „Nation Europa – Deutsche Monatshefte" feiert in einem ausführlichen Beitrag das Ende der staatssozialistischen Systeme in Osteuropa und der DDR als – so der Titel des Aufsatzes – „Bankrott der Frankfurter Schule": „Die deutsche Novemberrevolution fegte zwei Mächte hinweg, welche die eigentlichen Nutznießer der deutschen Schwäche und Seinsvergessenheit waren, die SED und die Lehre der Adorno, Benjamin, Horkheimer und Habermas." Antideutsch und antivölkisch sei die Frankfurter Schule; „Entwurzelung" der Deutschen habe sie betrieben; jetzt aber sei von der Geschichte das Todesurteil über diese Feinde nationaler Identität gesprochen worden.

Bekanntlich waren die Arbeiten der Frankfurter Schule im politisch-philosophischen Schulungsprogramm des SED-Staates nicht zugelassen; vielleicht ist es dieser Sachverhalt, der die Publizistik der Neuen Rechten hoffen läßt, die DDR-Bevölkerung bringe in den Einheitsstaat ein „deutscheres" Bewußtsein mit ein als die Mehrheit der Westdeutschen.

„Geschichtsbewußtsein und nationale Identität der Mitteldeutschen sind besser intakt als bei ihren bundesdeutschen Landsleuten", stellt die Zeitschrift „Europa – Berichte zur Zeitenwende" fest; mit der Wiedervereinigung verändere sich in Deutschland das „spirituelle Koordinatensystem" zugunsten des „preußischen Geistes", meint die Zeitschrift „Nation Europa – Deutsche Monatshefte", denn speziell die „mitteldeutsche" Erde sei „mit Patriotenblut getränkt".

In einer Fülle aktueller Beiträge von Vertretern der Neuen Rechten wird die Erwartung geäußert, das gelungene Aufbegehren der Bevölkerung in der DDR gegen die SED-Obrigkeit könne die Westdeutschen dazu ermutigen, die hiesige „Fremdherrschaft" abzuschütteln; gemeint ist damit das vorherrschende westlich-liberale Gesellschafts- und Politikmuster, das der Neuen Rechten als „undeutsch" gilt.

Die Zeitschrift „Deutschland in Geschichte und Gegenwart" behauptet: „So wie in Mitteldeutschland die Wirtschaft, die Städte und die Natur vernachlässigt wurden, so wurde in Westdeutschland der geistige und seelische Gemütshaushalt des Volkes ruiniert. Das materielle Elend in Mitteldeutschland korrespondiert mit dem moralischen und kulturellen Bankrott in Westdeutschland." In den „Staatsbriefen" fordert Gerd Bergfleth eine „geistige Erhebung" des westdeutschen Volkes. Er wünscht sich ein Wiederhervorbrechen der historischen Kräfte der „deutschen politischen Romantik", eine „Wiedergeburt der Nation" als emotionalen Aufstand „gegen die technokratisch-amerikanische Knechtung".

Dies mag verstiegen klingen angesichts der Tatsache, daß es doch gerade auch die materiellen Resultate der hier als kapital-liberal und technokratisch-amerikanisch beschimpften Gesellschaftsordnung des Westens waren, die in den Ostblockstaaten dazu anregten, im Wege der Volkserhebung das staatssozialistische System zu beseitigen und die in der DDR auch den Wunsch nach rascher Wiedervereinigung förderten. Dennoch – die Neue Rechte setzt ganz überwiegend auf den Antiamerikanismus als zukünftige politische Triebkraft, und sie mischt ihm zum Teil antikapitalistische Elemente bei. In „Nation Europa – Deutsche Monatshefte" steht zu lesen: „Antiamerikanismus darf nicht länger ein Sakrileg sein. Er muß zur Sache einer deutsch-bewußten Neuen Rechten werden... Die amerikanisierte Weltzivilisation hat sich mit ihrem trostlosen Kult der entfesselten Technik, ihrem geistlosen Mammonismus und der nivellierenden Reglementierung von seelenlosen Erfolgsmenschen als verschworener Feind des inneren Reiches der Deutschen herausgestellt. Im Zuge der Amerikanisierung ist die Tötung der deutschen Seele so gut wie vorprogrammiert."

In der Zeitschrift „Europa vorn“, die darum bemüht ist, schwarz-weiß-roten Traditionalismus mit nationalrevolutionären Attitüden aufzufrischen, sind ähnliche Ideen weniger sentimental formuliert worden. Mit der staatlichen Einheit Deutschlands, schreibt einer der Redakteure dieses Blattes, sei nur ein Etappenziel erreicht; neue Kämpfe stünden bevor. Nicht allein das einige, sondern auch das eigene Deutschland sei anzustreben; der gesamtdeutsche Staat dürfe nicht Statthalter des Westens auf deutschem Boden bleiben, und auch ein bequemer Platz für die Deutschen im „gemeinsamen Haus Europa“ sei kein annehmbarer Ort für deutsche Politik. Deutschland müsse sich mit seinem ökonomischen Machtpotential von europäischen Einbindungen lösen und es statt dessen als „Basis für einen couragierten deutschen Sonderweg“ benutzen.

Es geht der Neuen Rechten nicht nur um eine „zweite deutsche Revolution“, die, nachdem der Kommunismus in Deutschland-Ost die Macht verloren hat, den bisher in Deutschland-West und zukünftig in Gesamtdeutschland herrschenden Liberalismus aus dem Felde schlagen soll; es geht ihr auch um „Ostdeutschland als zweite Etappe der Wiedervereinigung“. So lautet der Titel eines Beitrages, den Johanna Grund, Mitglied des Europaparlaments, für die Zeitschrift „Europa vorn“ geschrieben hat. Darin polemisiert Frau Grund gegen eine „skupellose Verzichtsbereitschaft“, und sie schlägt vor, schon jetzt auf dem DDR-Territorium die Länder Pommern und Schlesien zu bilden, mit Greifswald und Görlitz als provisorischen Hauptstädten.

Hans-Dietrich Sander vertritt in seinen „Staatsbriefen“ die Auffassung, die Polen „sollten froh sein, wenn wir Deutschen ihnen die Bürde ihres Raubgutes von den geplagten Schultern“ nähmen. Er ist offenbar der Ansicht, daß der Zeitpunkt für eine solche Gefälligkeit bald erreicht sein werde; denn die wirtschaftliche Rolle Gesamtdeutschlands bei der Sanierung der osteuropäischen Staaten biete eine günstig Gelegenheit zur Rekolonisierung dieser Gebiete durch die Deutschen.

Eine Erklärung des Studentenbundes Schlesien in derselben Zeitschrift fügt dem ein geohistorisches Argument hinzu: Das wiedervereinigte Deutsche Reich solle „an die preußischen Tugenden und nicht an die fragwürdigen Ideale von 1789“ anknüpfen; dazu benötige man aber den geschichtsträchtigen Boden „preußischer Herz- und Kernlande“ jenseits der Oder/Neiße-Grenze.

Auch die Zeitschrift „Nation Europa – Deutsche Monatshefte“ will da nicht nachstehen. „Völkerrechtlich zweifelhafte Verzichtserklärungen“ seien, wie die Geschichte lehre, auf Dauer nicht haltbar; außerdem könne man der deutschen Vergangenheit die Einsicht entnehmen, daß eine erzwungene Abtretung deutscher Gebiete „furchtbare Folgen“ für die Polen haben könne – was wohl als dezente Drohung zu verstehen ist.

Mit der Idee, die deutsche Wiedervereinigung müsse im zweiten Schritt die ehemals deutschen Gebiete jenseits von Oder und Neiße einbeziehen, stehen Vertreter der Neuen Rechten nicht isoliert da; in dieser Sache bestehen ideologische Berührungspunkte mit Teilen des gewissermaßen staatstragenden Konservatismus. Wie aber steht es um die anderen derzeitigen Kernthemen der Neuen Rechten? Sind die neurechten Forderungen nach einer „zweiten deutschen Revolution“, nach dem erneuten Beschreiten eines „deutschen Sonderweges", nach einer „antiliberalen Wende", nach einer „Umerziehung der Umerzogenen" und nach einer sektiererischen Mentalität fernab aller Stimmungen der deutschen Normalität heute?

Nehmen wir als Beispiel den Antiamerikanismus der Neuen Rechten. Es spricht vieles dafür, daß er nicht nur überlieferten Neigungen oder Abneigungen einer romantisierenden deutschen politischen Philosophie entspringt, sondern auch durch handfeste diskurspolitische Kalkulationen bestimmt ist. Erstens braucht eine neurechte Agitation Feindbilder; nachdem der Antikommunismus als ideologische Frontposition seinen Gegenstand eingebüßt hat, läßt sich mit dem Antiamerikanismus eine andere, eindeutig erscheinende Front bilden, und sie betrifft jene Gegenmacht Hitlerdeutschlands im Zweiten Weltkrieg, die neben der Sowjetunion kriegsentscheidend war. Das Gefühl, mit der Wiedervereinigung sei der Zeitpunkt gekommen, wo nicht nur der östliche, sondern auch der wichtigste westliche Sieger über das Deutsche Reich endlich in die Schranken gewiesen werden könne, ist nicht nur bei Deutschen zu finden, die sich bewußt dem Rechtsextremismus angeschlossen haben. Zudem läßt sich aus der Meinung, die Gesellschaft oder die politische Kultur der Vereinigten Staaten sei minderwertig, zusätzliche gedankliche Nahrung für das Verlangen nach einem „Bruch mit der Umerziehung" gewinnen; es waren ja die Amerikaner, die nach dem 8. Mai 1945 in Westdeutschland als Umerzieher den Ton angaben.

Zweitens liegt im Affekt gegen den Amerikanismus der ideologische Vorstoß gegen die sog. Überfremdung in Deutschland. Die Vereinigten Staaten stellen das Musterbeispiel einer Einwanderungsgesellschaft dar, und die deutsche Neue Rechte malt nun Schreckensbilder der Folgen einer multiethnischen Entwicklung aus: kultureller und moralischer Verfall, Massenkriminalität, gesellschaftliche und individuelle „Entartung". Die neurechte Beschreibung der Problemlagen in den USA – und in anderen, von einer als „amerikanisch" deklarierten Wirtschaftsweise geprägten Ländern – verdrängt die Frage nach ökonomisch-sozialen Ursachen solcher Probleme und lenkt den Blick statt dessen auf vorgeblich „völkische" Gründe.

Die DDR-Bevölkerung habe sich, so ist in neurechten Publikationen zu lesen, ein „gesundes Volksempfinden" bewahrt, sie sei „gegen jede Verschmelzung in einer multikulturell-multiethnischen, verwestlichten Gesellschaft". Der „Auftritt des Volkes in Mitteldeutschland" werde eine gesamtdeutsche Front gegen die „fortschreitende Überfremdung" aufrichten, hofft der Herausgeber der „Nation Europa – Deutsche Monatshefte"; dem Politikentwurf einer multikulturellen Gesellschaft sei in Deutschland damit ein Ende bereitet.

Drittens kann sich der Antiamerikanismus aber auch als nützlich erweisen, wenn es darum geht, materiellen Problemdruck in Gesamtdeutschland – vornehmlich, aber nicht ausschließlich auf dem bisherigen DDR-Territorium – im Sinne der Neuen Rechten ideologisch aufzugreifen. Begehrlichkeit und Neid einer „mammonistischen" Nation, wie dies der neurechten Propaganda zufolge die USA sind, sollen als Ursachen dafür erscheinen, daß der gesamtdeutsche Wirtschaftsertrag nicht allen Deutschen gleichermaßen zugute kommt; wieder einmal, so kann es scheinen, gönnt die Vormacht des westlichen Liberalismus, die bloße „*Händler*gesellschaft", einer Volksgemeinschaft preußisch-deutscher Arbeitshelden nicht den verdienten „Platz an der Sonne".

Hat die Neue Rechte in einem gesamtdeutschen Staat Chancen, für solche Weltbilder wieder eine ansehnliche Gefolgschaft zu finden? Kann sie mit den genannten thematischen Schwerpunkten zum Erfolg kommen, nachdem die Perspektive der nationalen Einheit für die neurechte Agitation nichts mehr hergibt?

Es ist zu überlegen, ob der Traum vom „einig Vaterland", das patriotische Zusammengehörigkeitsgefühl also, für den historischen und für den gegenwärtigen Rechtsextremismus überhaupt als authentische Triebkraft anzusehen ist. Nach meinem Eindruck sind es ganz andere Ideen und Interessen, die in rechtsextremen Strömungen Ausdruck finden: Ohnmachtserfahrungen und Machtgelüste gleichermaßen, Ängste wie auch Aggressionen, die dann nicht in der Nation, sondern im Nationalismus ihre Lösung suchen. Nicht um die Verantwortung für das Gemeinwesen, Nation genannt, geht es dann, vielmehr um eine auf Negationen hin gedachte sog. nationale Identität, um Freund-Feind-Definitionen nach innen und nach außen, um Abgrenzungen und Ausgrenzungen.

Solcherart Mentalität ist keineswegs nur ein deutsches Problem. Derzeit verlaufen die Trends gesellschaftlicher Entwicklung höchst widersprüchlich: Die weltweite Vernetzung wird immer dichter; Waren-, Kapital- und Arbeitsmarkt lassen nationale Schranken unwirksam werden; die neuen Technologien und die Massenmedien machen die Kommunikation grenzenlos; nicht bloß in Deutschland fallen Mauern weg. Internationalisierung – wohin man blickt. Andererseits breiten sich in einem kaum erwarteten Maße Nationalitätenkonflikte aus; politische und soziale Kämpfe, die sich auf nationale oder ethnische Identität berufen, steigern sich in ihrer Brutalität; Nationalismus als politische Philosophie ist wieder gefragt und weist fließende Übergänge zu rassistischen Ideologien auf. Internationale ökonomische Entwicklungen rufen Probleme hervor, die zu nationalistischen Reaktionen führen; ein nicht aufgeklärter Idealismus verbindet sich dabei in brisanter Weise mit sozialdarwinistischer Weltanschauung, in der Geschichte und Gesellschaft als Kampf aller gegen alle empfunden werden, bei dem es auf den Sieg der „eigenen Art" gegen die „Artfremden" ankommt.

Dies ist der Kontext, in dem politische Deutungsmuster auch der *deutschen* Neuen Rechten verführerisch wirken können, obwohl die nationale Einheit verwirklicht ist: Ideologisch attraktiv ist das Angebot der Neuen Rechten dort, wo Menschen das Gefühl haben, einer undurchschaubaren Dynamik sozialer Ungleichheit ausgesetzt zu sein, in der nur angebliche Natur-Kategorien politisch Halt zu bieten scheinen, völkische oder rassische Zugehörigkeiten also.

Die freundlichen Bilder einer „Sozialen Marktwirtschaft", die alle zufriedenstellt, haben – obwohl inzwischen auch von vielen Linken akzeptiert – wenig mit der einzelstaatlichen und globalen ökonomisch-politischen Realität zu tun. Die Angleichung bisher nichtkapitalistischer Gesellschaften wird, so sehr sie von erfreulichen politischen Öffnungen begleitet ist, dort nicht nur die wirtschaftliche Effektivität steigern, sondern auch neuen sozialen Problemdruck erzeugen; rechter Fundamentalismus kann eine Reaktion darauf sein.

In *den* Staaten, die sich sozialistische Systemziele setzten, war der Antifaschismus verpflichtender Bestandteil staatlich-gesellschaftlicher Politikauffassung und Erziehung; faschistische oder dem Faschismus ähnliche Ideen hatten dort keine Öffentlichkeitschance. Dennoch tritt zur Zeit in solchen Staaten an vielen Stellen, zum Teil rasch zunehmend, neben oder unterhalb der offiziellen Politik eine rechtsextreme Mentalität hervor, etwa als aggressive nationalistische oder ethnische Stimmung. Die „antifaschistische Erziehungsdiktatur" bietet offenbar keine Garantie gegen das Aufkommen von politischen Gefühlen und Weltbildern, die mit dem Faschismus verwandt sind, und der Zusammenbruch des „Staatssozialismus" scheint den Nationalismus zu rehabilitieren.

Was die deutschen Verhältnisse angeht, so ist zu bedenken: Seit dem Umschwung der sowjetischen Politik, dem Zerfall des Ostblocks und dem Zusammenbruch auch des vom DDR-Sozialismus errichteten Machtsystems haben sich die Bedingungen deutscher Politik grundlegend verändert. Die Ära deutscher Zweistaatlichkeit ist abgeschlossen, irreführend der Eindruck, als würde die bisherige DDR einfach der Bundesrepublik einverleibt, ohne daß sich deren Rolle ändere. In dem Maße, wie der Ostblock auseinanderfällt, treten neue Differenzierungen und Konstellationen auch im westlichen Bündnissystem auf, nicht zuletzt im Hinblick auf die deutsche Position. Ein deutscher Staat, der das DDR-Territorium einschließt, agiert unter anderen Voraussetzungen, als es die Bundesrepublik bisher tat. Man muß nicht in die Alarmrufe derjenigen einstimmen, die vorschnell das „Vierte Reich" auf sich zukommen sehen, um zu der Aussage zu gelangen, daß das „größere" Deutschland, was nationalen Chauvinismus betrifft, vor größeren politischen Versuchungen steht, als sie für die beiden deutschen Teilstaaten bestehen konnten.

Mit der Rückkehr zur deutschen Einheit verbinden sich riskante Deutungen der Zeitgeschichte, nicht nur im Bereich des offenen Rechtsextremismus. Unterhalb der offen bekundeten politischen Zielsetzungen findet man in der Bundesrepublik häufig die Meinung, Deutschland-West habe, an der Seite seiner westlichen Verbündeten, den Kalten Krieg gewonnen und Deutschland-Ost „zurückerobert"; von daher sei es dem gesamtdeutschen Staat mit seiner Wirtschaftsmacht möglich, in Europa, nicht zuletzt gegenüber den von inneren Krisen geschüttelten osteuropäischen Staaten, eine hegemoniale Stellung einzunehmen, auf diese Weise auch die Niederlage von 1945 wettzumachen – mit friedlichen Mitteln, versteht sich.

Seit Beginn der 80er Jahre haben nationalkonservative Publizisten und Wissenschaftler das Argument ausgestreut, es sei auf Dauer nicht hinzunehmen, daß Deutschland-West als wirtschaftlicher „Riese", aber als politischer „Zwerg" fungiere; gemeint war: Deutschland müsse wieder die Rolle einer Großmacht übernehmen. Der Zerfall des Ostblocks und die Eingliederung der DDR in das System der Bundesrepublik verstärken das Gewicht deutscher Politik im internationalen Kräftefeld; die sich bisher aus dem westlichen Bündnissystem ergebenden Einschränkungen deutscher Souveränität werden schwächer. Eine „Zähmung" möglicher deutscher Gelüste, sich nach dem wirtschaftlichen auch einen politischen „Platz an der Sonne" zu verschaffen und Machtstaatspolitik zu betreiben, ist demnach in Zukunft nicht mehr so sehr durch äußere Einflüsse oder Auflagen zu erwarten; mehr als bisher wird es Angelegenheit der Deutschen selbst sein, deutsche Außenpolitik so zu gestalten, daß sie dem internationalen Ausgleich und der Verständigung zwischen den Völkern zugute kommt.

Dies wiederum hat innenpolitische Voraussetzungen. Das Ende der Nachkriegsordnung bewirkt eben auch, daß rechtsextreme Tendenzen in Deutschland nicht mehr vor jenen Barrieren stehen, welche die ehemaligen Besatzungsmächte errichtet hatten, in Deutschland-West wie in Deutschland-Ost. Nun ist es endgültig Sache der Deutschen selbst, in den (inner)gesellschaftlichen Auseinandersetzungen für soziale Verhältnisse und eine politische Kultur zu sorgen, die dem Rechtsextremismus keine Chance geben, einflußreich oder gar machtfähig zu werden.

Michael Schomers

Die REPUBLIKANER – von innen betrachtet

Als die Arbeit an meinem Buch „Deutschland ganz rechts" im August 1989 begann, waren die „Republikaner" in Berlin (West) und bei den Europawahlen als fünfte Partei in die Parlamente eingezogen. Der seit Ende der 60er Jahre scheinbar verschwundene Rechtsradikalismus hatte sich zurückgemeldet.

Die REPUBLIKANER, an der Spitze ihr Bundesvorsitzender Franz Schönhuber, taten und tun alles, um das Etikett des Rechtsradikalismus und Neonazismus von sich zu weisen und sich als „normale", deutschnational-konservative Kraft darzustellen. Um die Frage nach den tatsächlichen, versteckten und unausgesprochenen Zielen dieser Organisation zu beantworten und die Partei bzw. ihre Mitglieder und Funktionäre kennenzulernen, habe ich mich entschlossen, sie über eine längere Zeit aus der Nähe zu beobachten. Ich wollte erleben, was das für Menschen sind, die zu den „Republikanern" kommen, welche politischen Motive sie haben, wie sie selbst leben, wie das Parteileben ist. So habe ich mir also die Haare schneiden lassen, nach 19 Jahren den Bart abnehmen lassen und aus dem Journalisten *Michael* Schomers den Diplompädagogen *Theodor* Schomers (mein zweiter Vorname) gemacht.

Die erste Großveranstaltung erlebe ich im September 1989. Im „Mauenheimer Hof", einer Kneipe im Kölner Norden, spricht Harald Neubauer, Bundespressesprecher und bayerischer Landesvorsitzender der REPUBLIKANER. Draußen vor dem Lokal stehen einige hundert Demonstranten und blockieren den Eingang. Schließlich prügelt die Polizei den Weg für die „Republikaner" frei. Drinnen beschimpft Neubauer die Demonstranten. Ein merkwürdiges Gefühl. Ich muß mitklatschen, den demagogischen, ausländerfeindlichen Parolen zustimmen. Neubauer über die Gegendemonstranten: „Diesen Leuten kann man nur eins empfehlen: einen sechswöchigen Kuraufenthalt in Sibirien, aber ohne Rückfahrkarte." Donnernder Applaus. Das sind die starken Worte, die alle hören wollen, das ist die richtige Art, mit solchen „Chaoten" umzugehen. Die Stimmung steigt, und Neubauers Haßtiraden werden noch schärfer: „Wer deutsche Polizeibeamte, wie da draußen auf der Straße geschehen, verletzt, der darf nicht mit einer Geldstrafe davonkommen oder mit einer läppischen auf Bewährung ausgesetzten Gefängnisstrafe. Wer deutsche Ordnungshüter verletzt, wer sich gegen diesen Staat versündigt und keinen Respekt hat vor dem Leben des Mitmenschen, der muß von der vollen Schärfe unseres Gesetzes getroffen werden. Da darf es keine Bewährung geben. Ich weiß noch aus dem Geschichtsunterricht, was im Jahr 1938 passiert ist, als es die sogenannte Reichskristallnacht gab: da hat man den Juden die Fensterscheiben eingeworfen. Die da draußen stehen, das sind die Judenverfolger von gestern und die KZ-Wächter von morgen, und ihnen werden wir den Weg zur Macht verlegen. Bevor sie anständige Deutsche in ein Konzentrationslager sperren, werden sie selber im Gefängnis sitzen." Wieder tosender Beifall.

Dann geht es gegen die Ausländer: „Politisch Verfolgten zu helfen ist etwas anderes, als die Bundesrepublik Deutschland zum Sozialamt der Dritten Welt werden zu lassen. Ich habe in den Reihen der Gegendemonstranten auch Angehörige des türkischen Volkes gesehen. Ich möchte hier eines verdeutlichen: Diese Ausländer, die da draußen Gewalttaten gegen uns Republikaner verüben, die haben nichts mit der Mehrheit des türkischen Volkes gemein, überhaupt nicht. Es handelt sich um eine kleine kriminelle Minderheit. Aber dazu sagen wir Republikaner klipp und klar: ein Ausländer, der in der Bundesrepublik Deutschland bei einer Straftat erwischt wird, und sei es nur durch einen Steinwurf auf anständige Deutsche, der hat innerhalb von 24 Stunden die Bundesrepublik zu verlassen." Dann zitiert Neubauer irgendeine Statistik, wonach 72 Prozent der Rauschgifttäter Ausländer sind. Nach dem gemeinsamen Absingen der dritten Strophe der Nationalhymne ist die Veranstaltung beendet.

Am 1. Oktober 1989, dem Tag der Kommunalwahl in Nordrhein-Westfalen, ziehen die REPUBLIKANER mit 7,4 Prozent und sieben Abgeordneten in den Rat der Stadt Köln ein. Bei der Wahlfeier trete ich in die Partei ein. In den sieben Monaten meiner Mitgliedschaft mache ich eine erstaunliche Karriere, werde Delegierter zu Landes- und Bundesparteitagen, Wahlkampforganisator, Landesschulungsbeauftragter, Mitglied im Schulausschuß der Stadt Köln, Parteiarbeitskreisleiter, schließlich sogar stellvertretender Vorsitzender des Stadtbezirks Innenstadt.

Ich erlebe den Alltag in dieser Partei. Auffallend ist zunächst das fast völlige Fehlen innerparteilicher Demokratie. Wie der Parteivorsitzende Schönhuber auf Bundesebene, führen sich auch die Kreisvorsitzenden wie Feudalherrscher auf. Umgeben von einer kleinen Führungsclique, darf die Mehrheit der Parteimitglieder, das „Fußvolk", wie sie auch wörtlich bezeichnet werden, nur zu den Versammlungen erscheinen, den Ausführungen des Kreisvorsitzenden lauschen und ihnen zustimmen.

Das Demokratieverständnis der REPUBLIKANER und ihres Parteivorsitzenden wurde auch beim Rosenheimer Bundesparteitag (Januar 1990) sehr deutlich. Zum Entwurf des neuen Parteiprogramms gab es angeblich mehr als 1.800 schriftliche Änderungsanträge, die aber auf dem Parteitag überhaupt keine Rolle mehr spielten. Dort galten nur die vor Ort gestellten mündlichen Änderungsanträge. In dem unbeschreiblichen Chaos wußte zum Schluß eigentlich niemand mehr ganz genau, was eigentlich verabschiedet worden war. Vielleicht war das so gewollt, denn das jetzt vorgelegte Programm unterscheidet sich an verschiedenen Punkten von den auf dem Parteitag verabschiedeten Formulierungen.

Auch im Kölner Kreisverband herrscht eine kleine Gruppe von ca. zehn Leuten, die sich um den Fraktions- und Kreisvorsitzenden scharen. Wer in diesen Kreis aufgenommen wird, bestimmt er. Die Mehrheit der Mitglieder wird nicht gefragt, nicht in die innerparteiliche Meinungsbildung einbezogen.

Natürlich gibt es solche „Klüngel" auch in anderen Parteien. Aber es besteht ein grundlegender Unterschied. Bei den REPUBLIKANERN steht hinter dieser Praxis, jedenfalls bei vielen Funktionären, eine Ideologie, eine faschistische Elitetheorie. Aus der Feststellung „Alle Menschen sind ungleich" werden auch ungleiche Rechte abgeleitet. Herausgehoben und mit größeren Rechten versehen sind die „Eliten“, d.h. die Führungscliquen, denn, so wird z.B. argumentiert: „Die Mehrheit ist dumm, die Mehrheit kann ja auch beschließen, daß die Erde eine Scheibe ist.“ Aus dem demselben Grundsatz werden auch die Hervorhebung des „Deutschen“ und die Ablehnung anderer Völkergruppen abgeleitet. Ausländerfeindlichkeit und Rassismus haben hier ihre Wurzeln.

Als ich mit meinem Buchprojekt im August 1989 begann, war die deutsch-deutsche Entwicklung nicht absehbar. Nach Öffnung der Berliner Mauer fahre ich mehrere Male nach Leipzig zur Montagsdemonstration. Ende 1989 werde ich Kölner „DDR-Beauftragter“, bin verantwortlich für die Kooperation zwischen den REP-Kreisverbänden Köln und Leipzig. Ab Anfang Januar bringe ich jeden zweiten Montag Flugblätter, Briefpapier, Büromaterial und Geld für die DDR-REPUBLIKANER nach drüben. Mit dem Kreisvorstand in Leipzig entwickelt sich eine enge Zusammenarbeit. Die Gründungen der Kreisverbände in der DDR kommen nur durch die massive Unterstützung der BRD-REPUBLIKANER zustande. Die Münchener „Republikaner“ bringen jede Woche 50.000 Flugblätter, die in kürzester Zeit verteilt werden.

Ein Auszug aus meinem Tagebuch:

Montag, 22. Januar 1990: Zum dritten Mal bin ich in Leipzig. Die Atmosphäre hat sich wieder stark verändert – die rechtsradikalen Gruppen bekommen immer mehr Raum. Schon als ich um kurz vor 17 Uhr auf den Platz komme, stehen im vorderen Teil des Platzes, direkt vor Kameras des ZDF und anderer Fernsehstationen, einige Gruppen mit meist jungen Leuten. Ich sehe NPD- und DVU-Transparente. Viele der jungen Männer sind offensichtlich aus der BRD. Treffpunkt der Rechten ist das Richard-Wagner-Denkmal, hier finden sich „Republikaner“, Mitglieder der NPD, der DVU und Skinheads. Auch einige junge Mädchen sind darunter. Die REPUBLIKANER verteilen Flugblätter. Verteilen ist nicht der richtige Ausdruck. Die Flugblätter werden den jungen Männern regelrecht aus der Hand gerissen. Aber das ist nicht nur bei REP-Flugblättern der Fall. Die DDR-Bürger hier sind ungeheuer begierig auf jegliche Information und reißen sich um jedes Flugblatt, jede Zeitung. Auch Plakate mit dem Konterfei Franz Schönhubers werden verteilt. Ein paar Meter weiter heftige Diskussionen über ein Verbot der „Republikaner“. „Wir müssen sie zulassen, aber nicht wählen. Die müssen eine große Abfuhr bekommen!“ meint einer. Ein älterer Mann erregt sich: „Wir haben 40 Jahre gegen die Nazis gekämpft, und jetzt dürfen wir nicht einfach zulassen, daß die so auftreten!“ Gerade die jungen Leute halten dagegen, daß man eine Partei nicht verbieten lassen dürfe. „Außerdem“, meint einer, „sind die für Wiedervereinigung. Das ist doch gut.“ Der Bürgersteig ist übersät mit zerrissenen REP-Flugblättern, die von jungen Leuten auch verbrannt werden.

Auf dem Altstadtring, wo die Demonstration beginnt, stehen Menschen mit einem gewaltigen Transparent der DDR-SPD. Sie wollen den Demonstrationszug anführen. Dort, wie überall auf dem Platz, gibt es unzählige schwarz-rot-goldene

Fahnen: Hammer, Zirkel und Ährenkranz sind verschwunden. Eine Gruppe laut schreiender Skinheads schwenkt die alte deutsche Reichskriegsflagge und schreit: „Rot Front verrecke! Kanaken raus!" „Gysi und Modrow an die Wand, Deutschland einig Vaterland!" ist auch sehr beliebt. Die Skinhead-Truppe setzt sich vor die wartenden Sozialdemokraten und marschiert einfach los. Die anderen sind zuerst etwas verdutzt, folgen jedoch. Die Demonstration hat begonnen, angeführt von den Skins mit der Reichskriegsflagge. Später verlassen sie die Demonstration und ziehen im Stechschritt durch die Innenstadt, „Heil Hitler!" und „Ausländer raus!" grölend.

Ich erfahre, daß es auch eine Gegendemonstration von jungen Leute gab, Studenten meist, die versuchen, sich dem Wiedervereinigungstaumel entgegenzustemmen. Skins machen Jagd auf diese „Stasi-Kinder", denen die Flucht in die Mensa der Universität gelingt. Weitere Zwischenfälle bleiben aus. Nur am Hotel „Stadt Dresden" gehen einige Scheiben zu Bruch, als Skins eine Mokkabar stürmen, in der sich vorwiegend Ausländer aufhalten.

Politische Ziele und Kampfmittel der REPUBLIKANER

Ich bin in Leipzig, als am 5. Februar 1990 das Verbot der „Republikaner" bekannt wird. Bei uns ist Schönhubers offizieller DDR-Beauftragter Reinhard Rade, REP-Wahlkampfleiter in Bayern und Kreisvorsitzender in Bad Tölz. Rade gibt die Losung aus: „Jetzt erst recht. Wir müssen heute gerade präsent sein. Wir haben ein großes Transparent mit und Plakattafeln. Die Leute müssen sehen, daß die Republikaner heute hier sind. Trotz Verbot."

Wir gehen zu den Hamburgern, vereinbaren, auf jeden Fall zusammenzubleiben, denn Rade meint, man müsse mit Angriffen der Linken rechnen. Rade nimmt uns beiseite und fragt: „Sagt mal, seid ihr irgendwie bewaffnet?" Wir verneinen erstaunt, woraufhin er ankündigt: „Wir werden jetzt hier alle Funktionäre mit Tränengas ausrüsten. Letztens haben sie einen von uns in seiner Wohnung überfallen und zusammengeschlagen." Und er berichtet von der Gründung des Leipziger REP-Kreisverbandes: „Die Linken haben uns überfallen, ihr habt das vielleicht in der Zeitung gelesen. Ich sitze neben Glasauer, die Gründung des Kreisverbandes ist beendet, geselliger Teil, plötzlich fliegt neben mir ein Stein auf den Tisch, der gleich zusammenbricht und alle viere von sich streckt." – „Wieviel waren das?" – „Das waren am Anfang über 100, es sind sehr viele abgehauen. Der harte Kern waren 30, die haben aber immer wieder angegriffen. Wir haben Gegenangriffe gestartet, dann sind die wiedergekommen mit Steinen. Und einen haben wir bös' erwischt. Also einen haben wir schwer erwischt, der wird nicht mehr so schnell gesund. Den haben die zwar weggeschleppt, aber der konnte nicht mehr laufen." Und dann erzählt Rade, breit grinsend: „Der hat von mir die ganze Tränengassprühdose ins Gesicht gekriegt, wie er lag, und dann hat ein anderer mit'm Baumstamm immer draufgehauen." Er lacht, blickt uns beifallheischend an und freut sich darüber, wie sie es den Linken gezeigt haben. „Das Dumme ist nur, das Tränengas kann man in der Demo fast nicht einsetzen. Einmal weil's hier verboten ist..." Ein

Kölner „Republikaner" unterbricht ihn und erzählt von den Elektroschockpistolen, die wir in Köln (für einen Ordnerdienst) anschaffen wollen. Rade gibt uns Tips für die Demonstration: „In der Demo ist es am besten, einfach mit dem Knie in den Unterleib zu treten." Und dann verrät er sein Patentrezept: „Oben schreien wir: 'Keine Gewalt', und unten treten wir mit den Füßen voll rein." Reinhard Rade war übrigens vor seiner REP-Zeit Mitglied einer Wehrsportgruppe.

Die Affinität der „Republikaner" zur Gewalt hat mich immer wieder erschreckt. Das fängt an mit der Sprache, z.B. bei den „Türkenwitzen". Viele REPUBLIKANER sind an Info-Tischen und beim Flugblattverteilen bewaffnet, tragen Schlagstöcke, Tränengassprühdosen und „chemische Keulen" mit sich. Intern wird oft über die Gründung einer bewaffneten Ordnertruppe geredet. Gewalt als mögliches Mittel zur Durchsetzung politischer Ziele wird von vielen durchaus akzeptiert, auch im Verhältnis zwischen Staaten.

Im Rathaus Schöneberg erlebe ich im Februar 1990 die Gründungsversammlung des (ersten) DDR-Landesverbandes Brandenburg mit. Auch Parteichef Franz Schönhuber ist anwesend. Das DDR-Programm wurde im wesentlichen von Westberliner und Münchener „Republikanern" geschrieben. Nach Verabschiedung der Satzung und Schönhubers Grundsatzrede wird der Landesvorstand gewählt. Natürlich steht bereits von Anfang an fest, wer Landesvorsitzender wird. Dann meldet sich einer der wenigen älteren Männer, vielleicht 60 Jahre alt: „Der Russe hat den Polen Gebiete weggenommen und ihnen als Ersatz deutsche Gebiete gegeben, wozu er gar nicht berechtigt war. Die soll er zurückgeben, dann kann man verhandeln. Wir müssen den früheren Zustand wiederherstellen." Schönhuber steht auf. „Was Sie sagen, ist historisch richtig", antwortet er und läßt die Katze aus dem Sack. Zum ersten Mal offenbart der Parteivorsitzende diesem kleineren Kreis gegenüber so deutlich den Unterschied zwischen dem, was die REPUBLIKANER meinen, und dem, was sie aus taktischen Gründen erklären: „Was Sie sagen, ist historisch richtig, denn Königsberg war ja auch einmal deutsches Land. Nur im Moment würde ich – nein..." Er macht eine Pause und setzt neu an: „Uns geht es darum, bestimmte Programmpunkte durchzubringen. Und wenn wir allzuviel jetzt bereits fordern, dann gibt es einen gewaltigen Rückstau. Nicht jeder von uns ist in der Lage, dies immer historisch richtig zu erklären, drum sollten wir bestimmte Dinge nicht in den Vordergrund stellen, um unser Programm sozusagen auf *der* Schiene durchzubringen, wie es hier heute angeführt ist." Alle klatschen, und die Diskussion über das Programm ist damit beendet. Es wird einstimmig verabschiedet.

Schönhuber betont immer wieder: „Wir sind Legalisten." Damit meint er, daß sich die REPUBLIKANER gesetzestreu verhalten müssen. Dementsprechend hält man sich nach außen an die allgemeine Sprachregelung („Wir fordern Deutschland in den Grenzen von 1937; wenn uns ein Friedensvertrag andere Grenzen zuweist, dann werden wir die selbstverständlich akzeptieren"). Intern hört man andere Töne. Da reden die REPUBLIKANER über die ehemaligen deutschen Ostgebiete, die seit 1945 zu Polen gehören. Auch das sowjetische Kaliningrad, früher Königsberg, will man wiederhaben. Natürlich redet man auch über Sudetendeutschland. Österreich wird mit derselben Selbstverständlichkeit direkt einbezogen, weil man mit einem neuen „Vierten Reich" immer ein Großdeutschland meint, das den ganzen deutschen Sprach- und Kulturraum umfaßt. Aber die Gebietsforderungen gehen noch erheblich weiter. Auch Teile von Italien, Südtirol nämlich, stehen zumindest zur Disposition. Die Streitigkeiten darüber sind übrigens der Grund, weshalb die italienischen Faschisten (MSI) nicht in die Fraktion der „Euro-Rechten" im Europaparlament einbezogen sind. Aber auch über Teile von Frankreich (Elsaß-Lothringen), Belgien und Dänemark wird geredet. Im Hintergrund steht die Vision eines politisch, wirtschaftlich und militärisch starken Deutschland, das seine Gebietsforderungen auch mit Gewalt durchsetzen kann.

Ein weiterer Auszug aus meinem Tagebuch:

Montag, 20. November 1989: Auch heute abend, zehn Tage nach Öffnung der Grenzen, ist die deutschlandpolitische Situation das Hauptgesprächsthema. Rainer Vogel (Kölner REP-Funktionär) stellt den Prozeß der Wiedervereinigung in einen größeren historischen Zusammenhang: „Kriegsziel in beiden Weltkriegen war, das Zentrum in Europa zu zerschlagen, die deutsche Wirtschaftsmacht zu zerschlagen. Und dabei haben die einen Profit gemacht wie noch nie. Jetzt steht das Vierte Reich vor der Tür, und Deutschland wird mächtiger als je zuvor." Darüber, was alles zu diesem Deutschland, zu diesem „Vierten Reich" gehört, gibt es für REPUBLIKANER keinen Zweifel: „Österreich ist natürlich auch dabei. Aber da brauchen wir gar nicht drüber zu reden, das machen schon die Touristen. Eines Tages ist dann Österreich einfach dabei." Hinsichtlich der „deutschen Ostgebiete" hat Vogel klare Vorstellungen: „Wenn wir erst an der Oder stehen, dann sehen wir, was wir den Polen noch klauen können. Dann lassen wir eben mal zwei oder drei Panzerarmeen Salut schießen, und dann sehen wir weiter."

Mitglieder, Motive und Charakter der Partei

Zusammenfassend kann ich nach sieben Monaten bei den REPUBLIKANERN sagen: Die „Republikaner" sind für mich eine Lügenpartei. Wenn Schönhuber sagt, sie seien eine demokratische konservative „Neue Rechte", so kann ich meine Erfahrungen und Recherchen dagegensetzen: Die REPUBLIKANER sind eine undemokratische Partei, in der keine demokratische Meinungsbildung von unten nach oben existiert. Auf den verschiedenen Ebenen, vom Bundesvorstand bis hinunter zu den Kreisverbänden, herrschen kleine Cliquen mit einem von ihnen ausgewählten Führungskreis (der „Elite"). Die Mehrheit der Mitglieder wird nur als „Fußvolk" benutzt. Dahinter steckt nicht nur die vielleicht in vielen Parteien übliche „Klüngelwirtschaft", sondern bei einem Teil der Mitglieder eine faschistische Elitetheorie.

Erschreckend war für mich die auch im Alltag große Affinität zur Gewalt. Türkenwitze, ja auch Judenwitze, und die Akzeptanz von Gewalt als mögliches Mittel zur Durchsetzung politischer Ziele sind Alltag. Erschreckend war, welche Leute in der zweiten und dritten Reihe, besonders im Bereich der hauptamtlichen Parteifunktionäre, zu finden sind. Dort sammeln sich Leute mit langjährigen Erfahrungen aus den verschiedensten neofaschistischen Organisationen (NPD, DVU). Es gibt strukturelle und personelle Kontakte zur FAP, zu Wehrsportgruppen und zu germanisch-völkischen Sekten, die in ihren Theorien vor der Vermischung der „arischen" mit den „Tiermenschenrassen" warnen. Und diese Funktionäre mit neofaschistischer Vergangenheit werden aufgrund ihrer organisationspolitischen Erfahrung gebraucht. Sie spielen eine wichtige Rolle, besetzen Schlüsselpositionen und sind für die ideologische bzw. Bildungsarbeit der Partei zuständig.

Nötig ist aber eine Differenzierung zwischen den REP-Mitgliedern. Drei Gruppen kann man unterscheiden: Da finden sich zum einen überzeugte Rechtsradikale, die auf den Zug der „Republikaner" aufspringen, weil er sie aus der politischen Grau- bzw. Braunzone herauszuholen verspricht. Desweiteren gibt es Mitglieder, die Funktionen bzw. Mandate haben und Karriere machen wollen. Sie kommen oft aus den anderen Parteien (viele z.B. aus der CDU, vom Freundeskreis Franz Josef Strauß, von der „Aktion Vierte Partei", aus den Vertriebenenverbänden und der FDP) und versprechen sich bessere Aufstiegschancen. Eine große Gruppe sind Unzufriedene, die sich sozial ungerecht behandelt fühlen und durch einzelne Punkte des REP-Programms angesprochen werden (Ausländerfeindlichkeit, Wiedervereinigung, Behebung der Wohnungsnot usw.). Sie haben Angst, sozial überrundet zu werden, also irgendwann Verlierer zu sein, und glauben wirklich, in den REPUBLIKANERN Interessenvertreter für sich (und vor allem gegen den „Filz" der „Altparteien") gefunden zu haben. Sie werden Mitglied aus dem Gefühl heraus, daß diese „sowieso nichts für kleine Leute tun" und daß die REPUBLIKANER für neuen Wind sorgen.

Mai 1990: Bei den Landtagswahlen in Niedersachsen und Nordrhein-Westfalen schneiden die REPUBLIKANER sehr schlecht ab (1,5 bzw. 1,8 Prozent). Ist die Gefahr damit wirklich vorbei, wie manche Politiker und Journalisten meinen? Ich denke: nein. Zwar haben die „Republikaner" ein zentrales Thema (Wiedervereinigung) verloren, was ihr schlechtes Abschneiden erklärt. Aber der Wind kann sich auch schnell wieder drehen. Wenn aufgrund der Vereinigung und der absehbaren großen sozialen Probleme z.B. die Ausländerfeindlichkeit (das zweite große Thema der „Republikaner") wächst, kann die Partei weitere Wahlererfolge erzielen.

Wichtig ist es, zu verhindern, daß sich die REPUBLIKANER als normale „national-konservative" Kraft darstellen können, die eine demokratische Alternative bietet. Mag der REP-Vorsitzende Schönhuber das Parteiprogramm noch so sehr „verbessern" und „legalistisch" gestalten, man muß den REPUBLIKANERN die Maske vom Gesicht reißen. Die „Republikaner" sind ein Sammelbecken Rechtsradikaler, die es schaffen, Mitglieder zu gewinnen, die nicht wissen, auf was sie sich einlassen und welchen Ideologien sie Vorschub leisten. Diese Menschen darf man nicht abschreiben, sondern muß auf sie eingehen und immer wieder mit ihnen über ihre Probleme sowie die demgaogischen Erklärungsmodelle und Feindbilder der REPUBLIKANER reden.

Peter Ködderitzsch

REPUBLIKANER in der ehemaligen DDR

Ende 1989/Anfang 1990 bemühten sich die Anhänger verschiedener rechtsextremer Parteien und Organisationen darum, auf dem Territorium der DDR präsent zu sein. Gleichzeitig radikalisierte sich die politische Szenerie. Wichtigstes Terrain dafür wurden in den ersten Monaten nach Öffnung der Mauer die Leipziger Montagsdemonstrationen, die vorher im Zeichen von Demokratie, Freiheit und Gewaltlosigkeit gestanden hatten. Jetzt machten sich Intoleranz und Gewalt breit. Da wurde nicht nur lautstark die „Wiedervereinigung" gefordert, sondern auch am Rande der Demonstrationen Jagd auf die „Roten" gemacht – und das hieß: auf jeden Andersdenkenden.

Entsprechende Plakate und Propagandamaterialien tauchten auf. Sie wiesen in diesem Zusammenhang auf die rechtsextreme „Deutsche Volksunion" (DVU), die „Nationaldemokratische Partei Deutschlands" (NPD) und deren in Bereiche des Rechtsterrorismus hineinreichende Jugendorganisation „Junge Nationaldemokraten" (JN), die gewaltorientierte „Nationalistische Front" (NF), die militante „Freiheitliche Deutsche Arbeiterpartei" (FAP) und deren Ableger „Initiative zur Ausländerbegrenzung" hin.

Von Leipzig aus schwappte diese Welle über das ganze Land. Der Kurzbericht über Aktivitäten der REPUBLIKANER, den ihr damaliger bayerischer Landeswahlkampfleiter Reinhard Rade am 12. Januar 1990 in München abgab, zeigt, wie problemlos man Propagandamaterial in die DDR einschleusen konnte. Es war auf mehreren Kraftfahrzeugen über die Staatsgrenze transportiert worden. Am Abend des Neujahrstages verteilten drei Gruppen insgesamt 15.000 Druckschriften sowie anderes Werbematerial zum Teil direkt an Passanten. Weiteres Informationsmaterial wurde in Briefkästen gesteckt.

Ich gleicher Weise brachten ca. 15 „Republikaner" aus München und Oberbayern am 8. Januar 1990 in Leipzig Material unter die Leute. Innerhalb einer Stunde gingen 25.000 Exemplare weg. Merkwürdig war Rades Schlußfolgerung: „Die Republikaner stehen bei der mitteldeutschen Bevölkerung in hohem Ansehen." Aufgrund der gelungenen Verteilung von Werbematerial wurden die Teilnehmer der Montagsdemonstration kurzerhand zu REP-Sympathisanten erklärt und weitreichende Konsequenzen gezogen: „Dies ist die Stunde der Republikaner!"

„Wichtig ist bei allen Verteilaktionen der persönliche Kontakt, offenes Verteilen erweckt allein durch den Umstand des Verteilens viel Sympathie", frohlockte Rade. Er forderte seine Gesinnungsfreunde zur Nachahmung auf: „Vor allem grenznahe Gliederungen unserer Partei sollten sofort in Aktion treten. (...) Treten Sie offen auf, lassen Sie sich nicht von der Volkspolizei einschüchtern! Bei Konfrontationen berufen Sie sich auf Gewaltfreiheit und Demokratie. Ein Großteil der Bevölkerung wird Sie unterstützen."

Zweifellos befanden sich die „Republikaner" im Aufwind. Fraglos hatten sie in der Bundesrepublik auf dem rechtsextremen Feld jenseits der Unionsparteien die besten Aussichten. Der REP-Vorsitzende Schönhuber rechnete mit guten Chancen für seine Partei auch im anderen Teil Deutschlands. In einem der Illustrierten „Bunte" gegebenen Interview vom 16. November 1989 sagte Schönhuber auf die Frage, wann es REPUBLIKANER in der DDR geben werde: „Schon bald. Wir haben etliche Briefe aus der DDR über Deckadressen bekommen. In Leipzig ist bei einem die Stasi aufgekreuzt, zum Glück konnte er rechtzeitig in den Westen flüchten. Ich gehe davon aus, daß entweder in Ost-Berlin oder in Sachsen demnächst die Republikaner gegründet werden."

Die Leipziger Demonstrationen wurden zum Anlaß genommen, um von hier aus in der gesamten DDR Propaganda für die REPUBLIKANER zu machen und junge Leute zu gewinnen, die sich im Lager der äußersten Rechten etablieren sollen – eine Gefahr, die man nicht unterschätzen darf. Die Anhänger rechtsextremer Gruppen in der (ehemaligen) DDR waren und sind fast ausschließlich junge Leute. Auf 23 Jahre schätzen die REPUBLIKANER das Durchschnittsalter ihrer Sympathisanten.

Für die REPUBLIKANER entstand nach der überraschenden Maueröffnung eine kuriose Situation. Die Partei, die noch voll in der Euphorie der Wahlsiege und Stimmengewinne im Jahr vor der DDR-Revolution steckte, wurde plötzlich von den Realitäten überrollt, die sie selbst immerzu herbeigeredet hatte. Die Ideologen wurden von der Wirklichkeit eingeholt. Denn im Zentrum ihrer Propagandatätigkeit stand stets die „nationale" bzw. „deutsche Frage". Es gab keine Parteiversammlung der REPUBLIKANER, keine Wahlkampfveranstaltung und keine Grundsatzrede Schönhubers ohne die Forderung nach der „Wiedervereinigung".

Der nordrhein-westfälische Landesvorsitzende Ekkehard Voigt, einer der REP-Mitgründer, sah sich durch den 9. November 1989 in seiner Deutschlandpolitik bestärkt und bestätigt, wie aus dem Programm zur Landtagswahl im Mai 1990 hervorgeht: „Es hat sich an diesem Tage nur erfüllt, was für uns immer selbstverständlich gewesen ist." Im Kapitel „Deutschlandpolitik" des Wahlprogramms forderte die rechtsextreme Partei ein „blockfreies Gesamtdeutschland, das in eine europäische Friedensordnung eingebettet ist." Aber in den Einzelschritten zur „schnellstmöglichen" Wiedervereinigung blieb das Programm überaus allgemein und moderat. Härte und Tonfall unterschieden sich kaum von Positionen der Unionsparteien. Und in etlichen Punkten wurden die REP-Vorstellungen von der sich rapide verändernden Realität in Wirtschaft und Politik überholt.

Ideologie ist, wie das Beispiel deutlich macht, nur nützlich, solange sie nicht konkret und unmittelbar realisierbar erscheint. Visionen, Utopien und Ideologien können ihre Produzenten offenbar sehr schnell in Verlegenheit bringen, wenn ihnen die Wirklichkeit davonläuft. Schließlich rechneten weder Franz Schönhuber noch die konkurrierenden Unions- und Regierungspolitiker ernsthaft mit einer Entwicklung, die ihre Wünsche so schnell erfüllen sollte.

Die Wahlbürgerinnen und Wahlbürger setzten dem Erfolgstrend der „Republikaner" bei den Landtagswahlen in Nordrhein-Westfalen und Niedersachsen ein Ende. Die extreme Rechte blieb dort unter der Zwei-Prozent-Marke. Damit befanden sich die REPUBLIKANER gegenüber der Europawahl, die ihnen Sitz und Stimme im Straßburger Parlament sowie eine stattliche Wahlkampfkostenerstattung beschert hatte, im Niedergang. Die Ursachen für das schlechte Abschneiden liegen allerdings nicht nur in dem neuen deutsch-deutschen Verhältnis, das die REPUBLIKANER der Meinungsführerschaft zum Thema „Nation" beraubte. Die beiden Landesverbände Nordrhein-Westfalen und Niedersachsen waren – wie andere Parteigliederungen auch – heftig zerstritten. Es gab Wahlfälschungen, Parteiaustritte und Dutzende von Parteischiedsgerichtsverfahren.

Unbehelligt von den DDR-Behörden bauten die Rechtsextremisten ihren Parteiapparat auf und gingen auf Mitgliederfang. Franz Schönhuber behauptete schon Anfang Januar 1990, daß erste Ortsgruppen der „Republikaner" in der DDR gegründet worden seien. Die DDR-Regierung dementierte damals diese Aussage, womit das Problem natürlich nicht vom Tisch war. Aufgrund wirtschaftlicher Schwierigkeiten, aufkommender Unsicherheit und Zukunftsängste der Menschen in allen DDR-Bezirken wuchs das Bedürfnis nach Stabilität und Ordnung. Dadurch erhielten nationalistische Ideen neue Nahrung.

Das langjährige Tabuthema wurde in der DDR zum vieldiskutierten Gesellschaftsproblem. Generalstaatsanwalt und Volkspolizei beklagten wiederholt die Auswüchse. Der Nachrichtenagentur ADN zufolge stellte die Kriminalpolizei in Ost-Berlin eine Zunahme von Bombendrohungen, Telefonterror gegenüber Antifaschisten und Nazi-Schmierereien fest.

Die Umbruchsituation in der DDR bot günstige Bedingungen für das Bemühen neonazistisch ausgerichteter Gruppen, sich zu vergrößern. Die REPUBLIKANER nutzten bei ihren ersten Straßenaktionen die Gunst der Stunde. Nach der großen Niederlage der SED, die 40 Jahre lang selbstherrlich regiert hatte, gab es ein politisches Vakuum, das eine Vielzahl verschiedener Organisationen, neugegründeter Parteien und zum Teil kurioser Splittergruppen füllte. Jede von ihnen konnte anfangs auf dem Markt der politischen Informationen werben, jede war willkommen, solange sie nichts mit der SED zu tun hatte. Doch schon bald sollte sich die Spreu vom Weizen trennen. „Wer wird den Konkurrenzkampf um die Stimmen der DDR-Bürger gewinnen?" hieß die entscheidende Frage. Würden die REPUBLIKANER als zunächst verbotene Partei überhaupt eine Chance haben?

Vollmundig gingen die „Republikaner" ins neue Jahr. Auf ihrem Rosenheimer Parteitag Mitte Januar 1990 nahmen die Delegierten ein Programm an, das in wesentlichen Teilen von deutlichen Sätzen befreit worden war, um dem Vorwurf der Verfassungsfeindlichkeit aus dem Weg zu gehen. Das neue Parteiprogramm sollte in beiden deutschen Staaten gelten. Schließlich stand die Wiederherstellung Deutschlands mit Berlin als „legitimer Hauptstadt" im Vordergrund. Besonders energisch wurde die „bedingungslose" Wiedervereinigung gefordert, die vorherige Einbindung der Bundesrepublik in eine westeuropäische Union kategorisch abgelehnt: „Deutschland zuerst!" hieß die Losung. „Blockfrei" und „bewaffnet" soll das künftige Staatswesen sein.

Doch so richtig gerüstet für den schnellen Einigungsprozeß waren die „Republikaner" in Rosenheim noch nicht. Begrüßt wurden zwar „60 bis 70 Ehrengäste aus der DDR", doch der Gastredner Hans-Rudolf Gutbrodt, dessen Ansprache einen Höhepunkt des Parteitages bilden sollte, sorgte für einen überaus peinlichen Auftritt. In der „Bild"-Zeitung als Schönhubers DDR-Hoffnungsträger vorgestellt und als „Stasi-Agent" bezeichnet, begann Gutbrodt seine Begrüßung mit einer Gegendarstellung und versicherte den Delegierten, daß er „nichts mit der Staatssicherheit zu tun" habe. Seine Rede geriet kurz und knapp: „Ich stehe hier stellvertretend für Zehntausende in der DDR, die so denken wie wir und so fühlen und sich zu den Republikanern bekennen." Dann folgte eine Pause, bis die Delegierten unruhig wurden. Der verstummte Gastredner stand minutenlag da, ohne weitere Ausführungen zu machen. Schließlich fragte der Versammlungsleiter: „Darf ich davon ausgehen, daß damit das Grußwort beendet ist?" Schönhuber eilte ans Mikrofon, um die Fernsehteams von unerwünschten Interviews mit Gutbrodt abzuhalten. Der REP-Vorsitzende sprach ein Interview-Verbot für den Tagungsraum aus und drohte mit dem Einsatz seiner Ordner – eine für das Demokratieverständnis der „Republikaner" typische Reaktion.

Hans-Rudolf Gutbrodt war wirklich nicht für ein hohes Parteiamt geeignet. Der einfache Hilfsschlachter aus Parchim (Mecklenburg) ist bereits fünf Mal vorbestraft, unter anderem wegen sexuellen Mißbrauchs von Kindern – gewiß keine feine Etikette!

Die DDR-Volkskammer verhängte ein Betätigungsverbot über die REPUBLIKANER, was diese jedoch wenig an Aktivitäten hinderte. Die Kriminalpolizei beschlagnahmte hin und wieder REP-Flugblätter, in den ersten Januartagen immerhin 5.000 Stück. Doch in bezug auf die Paperflut, mit der die DDR überschwemmt wurde, war dies nur ein geringer Prozentsatz.

Möglicherweise half der Beschluß den „Republikanern" sogar, die Märtyrerrolle zu spielen. Dies versprach in einem Staat, dessen Bürger/innen von Verboten „die Nase voll" hatten, großen Erfolg. Schönhuber nutzte das Verbot für Presseerklärungen, in denen er sich als letztes Opfer der Berliner Mauer präsentierte. Ihm sei von DDR-Grenzern mehrmals der Übertritt am Checkpoint Charly verwehrt worden, den er als selbstbewußter Europaabgeordneter mit Diplomatenstatus passieren wollte. Gleichzeitig kündigte Schönhuber an, daß die „Republikaner" das Betätigungsverbot ignorieren und weiterhin Material in der DDR absetzen würden.

Wenig später gründete der REP-Vorsitzende einen Kreisverband in der DDR. Die Gründungsversammlung fand am 29. Januar 1990 in Leipzig statt. Dabei zeichnete sich ein Trend ab, der sich fortsetzte: Die „Republikaner" der DDR sind eine überaus junge Partei. Sie rekrutieren ihre Anhänger vorwiegend unter Jugendlichen und jungen Erwachsenen. Auch die Funktionäre sind selten älter.

Gleichzeitig wurde die westdeutsche Dominanz deutlich: Finanziert und gesteuert, angeleitet und vorbereitet haben den Gründungsakt erfahrene „Republikaner" aus der Bundesrepublik. So konnte es nicht überraschen, daß die von den Teilnehmern der ersten Kreisversammlung verabschiedete „Leipziger Erklärung" aus der Feder bundesdeutscher Parteifreunde stammte.

Steffen Ruckdäschel, einer der REP-Funktionäre in Sachsen, ist mit großem Engagement bei der Sache. Seit Monaten ist er für die REPUBLIKANER unterwegs, besucht Versammlungen und organisiert Treffen, beschafft Propagandamaterial aus München und hält den Kontakt zur Parteizentrale. Seine Hauptaufgabe liegt auf dem Gebiet der Mitgliederwerbung, die mit hohem persönlichen Einsatz verbunden ist. Aufnahmeanträge und Mitgliedsausweise werden persönlich übergeben, nichts läuft auf dem Postweg. Schließlich mißtrauen die „Republikaner" noch der DDR-Post.

Von unglaublich hohen Mitgliederzahlen ist die Rede. Ruckdäschel spricht von 3.000 Personen, die den REPUBLIKANERN in Sachsen beigetreten sein sollen. In vielen Gemeinden der ehemaligen DDR gibt es ähnliche Aktivitäten, besonders im Berliner Raum. Es stimmt offenbar, daß die „Republikaner" einen gewaltigen Zulauf haben. Neben der Altersstruktur besonders auffällig: Fast alle Neumitglieder stammen aus Arbeiter- oder Handwerkerberufen, und nur eine kleine Minderheit sind Frauen. Man bemüht sich verstärkt, Studenten und Wissenschaftler aufzunehmen. Sie sollen offenbar helfen, den REPUBLIKANERN mehr Seriosität und intellektuelles Niveau zu geben. Denn die Propagandamaterialien bis hin zu den programmatischen Texten zeigen, daß die Partei versucht, ihre Thesen geschickt zu formulieren und scheinwissenschaftlich abzusichern.

Die Zukunftsorientierung der REP-Ideologie ist neu. Nicht immer nur rückwärtsgewandt, greift die Partei in dem Bestreben, Altes wiederherzustellen, aktuelle Probleme auf, wie etwa Arbeitslosigkeit, Lehrstellenmangel, „Sinnkrise" und Umweltzerstörung. Im Vorfeld der Landtagswahlen, zu denen die REPUBLIKANER zugelassen wurden, stellten sie ihre Weltanschauung in den ostdeutschen Bundesländern als Patentrezept zur Lösung dieser Probleme dar.

Die Rechtsextremisten der Gegenwart vertreten eine genuin faschistische Ideologie und greifen teilweise auf Gedanken zurück, die vor oder neben dem Nationalsozialismus entwickelt wurden. Ihre Positionen sind undemokratisch und rassistisch. Neu daran ist nicht nur die „Verpackung" bzw. Tarnung. Mit einer gewissen Modernisierung versucht man in der ehemaligen DDR, sich einen demokratischen Anstrich zu geben. Aber wer 40 Jahre SED-Herrschaft über sich hat ergehen lassen, wird von den Rechtsextremisten nicht hinters Licht geführt.

Überall häuften sich rechtsradikale Erscheinungen. In Pirna stand auf Schaufenstern und Wänden: „Hitler lebt" und „Wir sind da – REP". In Görlitz, unmittelbar an der Grenze zu Polen, prangten an Mauern Parolen wie „Ausländer raus!" und „Juden raus!" Das Mahnmal der Stadt zur Erinnerung an die Naziverbrechen war mit Hakenkreuzen beschmiert.

Hunderttausende reagieren auf derartige Provokationen betroffen; Angst und Empörung breiten sich aus. Angst ist auch das zentrale Motiv für den Rechtsextremismus – Angst davor, die Kontrolle über die eigene Lebenssituation zu verlieren. Angst haben zum Beispiel diejenigen, die ihren Arbeitsplatz verloren haben oder verlieren könnten, haben die Ausländer, die von der SED-Regierung in die DDR geholt wurden. In den letzten Monaten häuften sich Überfälle auf Ausländer und ihre Wohnheime.

Die „Republikaner" sind die stärkste rechtsextreme Kraft im vereinten Deutschland, obwohl sie in den westlichen Bundesländern zuletzt keine Wahlerfolge mehr erzielten. Deutschnationale Diskussionszirkel und neonazistische Kreise orientieren auf diese Partei, der sie nach wie vor die größten Chancen einräumen, ihre rechtsextremen Ziele zu verwirklichen.

Franz Schönhuber versuchte auf dem Höhepunkt der innerparteilichen Krise, der Lage mittels einer riskanten Taktik wieder Herr zu werden. Am 25. Mai 1990 trat er vom Amt des Parteivorsitzenden zurück. Dieser spektakuläre Schritt löste Bedauern aus, auch bei jungen „Republikanern" in der DDR. „Aber der Franz wird sich das überlegen", mutmaßte Steffen Ruckdäschel. Tatsächlich wurde Schönhuber auf dem REP-Parteitag in Taunusstein am 7. Juli 1990 mit 376 von 563 Stimmen wiedergewählt. Wüste Beschimpfungen, üble Beleidigungen und grelle Pfeifkonzerte, vor allem seitens der Schönhuber-Gegner, gehörten zum Ablauf dieser Veranstaltung.

Schönhuber präsentierte den sächsischen REP-Vorsitzenden Ulrich Sorek überraschend als kooptiertes Bundesvorstandsmitglied. Dieser hatte erst wenige Monate vorher – noch unter konspirativen Bedingungen – in einer Hinterhofwerkstatt den REP-Ortsverein der Kleinstadt Eilenburg gegründet. Doch wird Schönhuber auch in den ostdeutschen Bundesländern Schwierigkeiten haben, sich als Vorsitzender zu behaupten. Denn die Spaltung geht auch hier quer durch die Partei.

Der Bad Tölzer REP-Kreisvorsitzende Reinhard Rade, von Schönhuber nach Öffnung der Mauer zum „Mitteldeutschland"-Beauftragten ernannt, hat sich mittlerweile auf die Seite seiner innerparteilichen Gegner geschlagen. Auch der REP-Vorsitzende des Landesverbandes Brandenburg trat auf dem Taunussteiner Parteitag gegen Schönhuber auf und drohte mit der Gründung einer Partei namens „Die deutschen Republikaner". Der Dresdner Kreisverband löste sich aus Protest gegen die Schönhuber-Treue des sächsischen Landesgeschäftsführers Andreas Thiemann auf.

Andere Gäste aus der DDR dienten Schönhuber auf dem turbulenten Parteitag als Hilfstruppe, indem sie kurzerhand zu stimmberechtigten Delegierten erklärt wurden. Die Schönhuber-Gegner sprachen wenig später von „offenkundiger Wahlfälschung" und kündigten Gerichtsklagen an, weil 563 Personen statt der nach dem Auszug einer größeren Gruppe um den bayerischen Landesvorsitzenden Harald Neubauer verbleibenden 492 Stimmberechtigten an der Wahl teilgenommen hatten.

Der junge Westberliner Landesvorsitzende Carsten Pagel kritisierte die Parteitagsresolution gegen den äußersten rechten Flügel und warnte vor einer Spaltung: „Ich befürchte, daß die Partei an diesem Antrag zerbricht." Unterdessen setzt Schönhuber auf Erfolge der „Republikaner" in der früheren DDR, wo es „ein Riesenpotential" von Sympathisanten und bereits zahlreiche Parteigliederungen gebe. Die Partei solle „koalitionsfähig" werden und sich zu einer „totalen Mobilisation von der Nordsee bis zu den Alpen" entschließen. Große Hoffnungen ruhen dabei auf der REP-Organisation in den ostdeutschen Bundesländern.

Wolfgang Frindte

Sozialpsychologische Anmerkungen zur Entwicklung rechtsradikaler Tendenzen in der DDR

Worum es geht

Auf der Titelseite des „Neuen Deutschlands" vom 25. Juni 1990 liest man: „Nach Demonstration in Berlin gegen Neofaschismus und Ausländerfeindlichkeit – 400 Radikale inszenierten blutigen Krawall". Zwei Tage vorher versuchten linksautonome Gruppen nach einer Demonstration, an der ca. 5.000 Jugendliche teilgenommen hatten, die Parteizentrale der „Nationalen Alternative" (NA) und das Hauptquartier der „Faschos" zu stürmen. Die Polizei hinderte sie mit Wasserwerfern und Tränengas daran.

Szenenwechsel: Die „Junge Welt" vom 31. Mai 1990 berichtet: „Gewaltakte von Skins – Serie von brutalen Überfällen auf Punks in Magdeburg". Am selben Tag veröffentlichten die Mitglieder der Zeitzer „Demokratischen Initiative" einen Brief an Peter-Michael Diestel, worin sie den damaligen DDR-Innenminister baten, mögliche bürgerkriegsähnliche Zustände zu verhindern, die entstehen könnten, wenn – wie vorgesehen – das sog. Deutschland-Treffen der „Wiking-Jugend" über Pfingsten in Erfurt stattfinden sollte. Ein oder eine A. Scholz aus Gera schreibt in einem Brief an die „Junge Welt" vom 31. Mai 1990 u.a.: „Es gibt keine sog. Nazis bzw. 'Faschisten' mehr. Rudolf Heß, einer der fähigsten Leute der deutschen Geschichte, ist kein sog. Nazi. Wenn Ihr Kommunisten Eure Scheuklappen aufmachen würdet, dann würdet Ihr feststellen, daß Rudolf Heß der Friedensbotschafter Deutschlands war. (...) Im übrigen wollte Adolf Hitler gar keinen Krieg. (...) Ihr seid ja so verblödet von Euerem Kommunismus, daß es zum Himmel stinkt. Merkt Euch endlich, Deutschland hat nie (...) den Krieg angefangen."

Gleichfalls in der „Jungen Welt" (Ausgabe vom 28. Mai 1990) berichtet ein Mitarbeiter über seine Erlebnisse mit 300 randalierenden Skinheads in Bomberjacken u.a.: „Ich sah die wutverzerrten, oft dümmlichen Fratzen, als zugetreten wurde. Die Nazischweine probten wohl schon einmal die Neuauflage einer 'Reichskristallnacht'." Ende April 1990 (um die Zeit von Hitlers Geburtstag) versuchten 400 Rechtsradikale, ein Ausländerwohnheim in Ost-Berlin zu stürmen. Sie standen offensichtlich in enger Verbindung mit der „Nationalen Alternative", einer zugelassenen Partei, die von Michael Kühnen betreut wurde.

Ähnliche Berichte über rechtsradikale Exzesse, linksradikale Gegenangriffe, wechselseitige Vorurteile, Hilflosigkeit der Polizei und nationalistische Tendenzen innerhalb der Bevölkerung häuften sich seit den Nazi-Schmierereien am Treptower Ehrenmal und einer unseligen PDS-Großveranstaltung im Januar 1990.

Was ist mit dem demokratischen Oktobersturm in der DDR geschehen? Driftet er mehr und mehr nach rechts ab? Und wer trägt die Schuld? Skinheads, Linksautonome, vielleicht die PDS oder Herr Kühnen aus der Bundesrepublik?

Die Revolution war der Auftakt für eine wechselvolle politische Entwicklung:
- Im Oktober 1989 erkannten viele DDR-Bürger/innen aufgrund der friedlichen Revolution, wie sie selbst bisher von Dogmen und politisch tradierten Realitätsverzerrungen beeinflußt waren.
- Im November 1989 erfolgte ein „Kulturschock" durch die Öffnung der Grenzübergänge und vielleicht ein „Verrat an der Revolution", wie manche Beobachter meinen.
- Im Dezember 1989 folgte eine Ausdifferenzierung der politischen Landschaft, und rechtsradikale Ausschreitungen häuften sich.
- Im Januar/Februar 1990 wurde der immer schmutziger geführte Volkskammerwahlkampf von Selbst-Idealisierungen und Fremd-Stigmatisierungen zwischen den verschiedenen politischen Strömungen bestimmt.
- Im März/April 1990 (nach Wahlsieg bzw. -niederlage) zeichnete sich eine deutliche Polarisierung der politischen Extreme ab, sowohl im Parteiensystem als auch in der Bevölkerung.

Natürlich wird sich kaum eine der etablierten Parteien als links- oder rechtsradikal kennzeichnen lassen wollen. Vielmehr tendieren die politisch Verantwortlichen zur Selbst-Idealisierung und zur Stigmatisierung und Abwertung aller Andersdenkenden, was auch heißt: Radikal sind immer nur die anderen. Im Gefolge dieses bei fast allen Gruppierungen zu beobachtenden sozialpsychologischen Mechanismus der Selbst- und Fremdattribution werden Sündenböcke gesucht, die für eventuelle Ausschreitungen allein verantwortlich gemacht werden können. Die sich profaschistisch gerierenden Skins boten den etablierten Parteien eine gute Gelegenheit, um eigene politische Verantwortung abzuwälzen.

Gleichwohl ist zu fragen, ob sich in der DDR-Geschichte Wurzeln ausfindig machen lassen, die den Hintergrund der gegenwärtigen Radikalisierung bestimmter Gruppen bilden, und wo Gemeinsamkeiten und Unterschiede zwischen Skinheads und anderen postfaschistischen Tendenzen liegen.

„Ordnung muß geschaffen und hierarchisch kontrolliert werden" – pseudosozialistische Charaktermasken als potentielle nationalistische und rechtsradikale Denk- und Handlungsformen

Der real existierende Sozialismus pervertierte mehr und mehr zu einem administrativen Sozialismus. In gleicher Weise verkam die sozialistische Ideologie zu einer fatalen Alltagsphilosophie im Dienste des Zentralismus. In deren praktischer Umsetzung geriet die freie Selbstbestimmung des einzelnen Bürgers in den Würgegriff des politischen Systems; dessen Ordnung wurde zum Selbstzweck. Als implizite Handlungsmaxime für den politischen Kontrollanspruch fungierte eine Alltagsphilosophie, die man als „Kontroll-Mythos" bezeichnen kann und die sich vor allem auf folgende Postulate zu stützen versuchte:
- Da sich ein soziales System (Gruppen, Organisationen und ganze Gesellschaften) nicht selbst ordne, müsse Ordnung geschaffen und strikt kontrolliert werden.

— Ordnung und Kontrolle hätten sich auf eine einheitliche Idee/Ideologie zu stützen.
— Der Ideologie habe sich alles unterzuordnen. Was ihr nicht entspreche, müsse tabuisiert werden.
— Ordnung und Kontrolle müßten hierarchisch aufgebaut und abgesichert sein. Die Spitze der Hierarchie fälle die systemrelevanten Entscheidungen und habe prinzipiell recht.

Die sozialistische Ideologie wurde auf diesen Kontroll-Mythos zurechtgestutzt, bestimmte als Politik den „offiziellen Ausdruck der Gesellschaft" (Marx) sowie deren strukturellen Aufbau und nahm nachhaltigen Einfluß auf das Fühlen, Denken und Handeln der Menschen.

Die Gesellschaft und ihre Subsysteme (Ökonomie, Politik, Rechtsprechung, Bildung, Wissenschaft, Kultur usw.) entwickelten stark hierarchische Leitungs-, Verwaltungs- und Kontrollstrukturen, in denen zwar administrative Einwirkungen von „oben" weitgehend garantiert waren, der Handlungsspielraum des einzelnen und seine Freiheit im Umgang mit der Gesellschaft aber immer weiter reduziert wurden. Die hierarchisch aufgesplitterte Verantwortung führte zu Ressortdenken und Bestrebungen, die individuelle Karriere abzusichern und sich nur dann ins gesellschaftliche Ganze einzubringen, wenn daraus persönliche Vorteile zu erwarten waren. Diskrepanzen zwischen Denken, Sprechen und Tun wurden nicht zuletzt durch Fehlentwicklungen im Bildungswesen verstärkt. Hilflosigkeit, Resignation und Angst vor administrativen Entscheidungen gehörten zu den Grunderfahrungen vieler DDR-Bürger/innen und deformierten ihre Persönlichkeit.

Von den recht unterschiedlichen Erscheinungen der hierarchisch geordneten und intransparenten Gesellschaftsstrukturen heben sich vor allem folgende gesellschaftliche Phänomene ab, die als soziale Repräsentationen zu impliziten Handlungsnormen für einen Großteil der DDR-Bevölkerung geworden sind. Man könnte, Überlegungen Lucien Sèves folgend[1], von gesellschaftlichen Individualitätsformen oder – im Marxschen Sinne – von Charaktermasken sprechen. Es sind Formen, die von den politischen Instanzen der Gesellschaft vorgegeben wurden, um das Selbstverständnis bzw. die Identität der Gesellschaft zu symbolisieren, und die das Fühlen, Denken und Handeln der Menschen – allerdings meist in einer gar nicht intendierten Weise – geformt haben.

Der staatlich verordnete Antifaschismus

Ralph Giordano konstatierte einen „verordneten Antifaschismus", einen „Staats- und Partei-Antifaschismus", der summarisch dekretiert worden sei, und zwar „unter Vergewaltigung leicht nachprüfbarer Historie. Staat und Bevölkerung der DDR sind von der Führung dort offiziell zu Mitsiegern des Zweiten Weltkrieges erklärt worden, sozusagen postum zu einem Teil der Anti-Hitler-Koalition, und das natürlich Seite an Seite mit der Sowjetunion. Eine abenteuerliche Lüge!"[2]

Diejenigen, die 1945 in der damaligen sowjetischen Besatzungszone begannen, eine neue, humanistische Gesellschaft zu gründen, waren überzeugte Antifaschisten. Mit Konzentrationslager, faschistischem Zuchthaus oder der Exilierung hatten sie ihre Überzeugung während des sog. Dritten Reiches bezahlen müssen. Obwohl selbst eindeutig in der Minderheit, machten sie ihre antifaschistische Position – qua Partei- bzw. Staatspolitik – zum Maß und zum offiziellen Bezugssystem für die Bevölkerungsmehrheit. Kraft der offiziellen antifaschistischen Politik wurde dieser Mehrheit – den schweigenden, mitmachenden Mitläufern des NS-Staates – die „Gnade der Reue" (Konrad Weiß) verweigert. Nicht die „Unfähigkeit zu trauern" (Alexander und Margarete Mitscherlich), sondern das offizielle Verbot der Trauerarbeit bildete in der DDR die Wurzel für einen latenten Faschismus.

Hierarchisch abgesicherter Konformismus

Die praktische Umsetzung der o.g. Alltagsphilosophie bewirkte „DDR-spezifische" Deformationen der individuellen Denk- und Handlungsweisen. Der Zwang, etwas anderes zu sagen, als man denkt, und etwas anderes zu tun, als man für richtig hält, entwickelte sich zur Selbstverständlichkeit. Aus individuell sehr unterschiedlichen Gründen verhielt sich die Mehrheit der Bevölkerung – diesem Zwang folgend – weitgehend konform. Der durchschnittliche DDR-Bürger paßte sich in seinen öffentlichen Äußerungsformen den gesellschaftlichen Forderungen an und wird auch auf wechselnde politische und ideologische Einflußnahmen nicht anders reagieren.

Administrativ erzeugter Autoritarismus

Der gesellschaftlich produzierte und reproduzierte Kontroll-Mythos ist ein Phänomen, das die DDR-Gesellschaft als ganze betrifft. Nicht irgendwelche einzelnen Führer an der Spitze des Staates allein sind dafür verantwortlich zu machen. Der Kontroll-Mythos wurde auf allen gesellschaftlichen Ebenen stabilisiert und reproduziert, ganz besonders dort, wo die offiziellen Subsysteme miteinander vernetzt waren. Auf diese Weise entfremdeten sich besonders die „Torwächter" der Macht an den verschiedenen Schaltstellen der gesellschaftlichen Ordnung und Kontrolle von den humanistischen Idealen des Sozialismus. Die Machtausübung mittels sachlich und fachlich nicht begründeter Autorität wurde zum Selbstzweck ihres Handelns.

Permanente staatliche Selbstidealisierung

Im Umgang mit politisch andersdenkenden Gruppierungen, aber auch im alltäglichen gesellschaftlichen Verkehr mit Ausländern wurden Prozesse der Selbst-Idealisierung und Fremd-Stigmatisierung aktiviert: Ausländer als die abstrakten anderen, als Fremde, die entweder solidarische Hilfe brauchten oder Repräsentanten bzw. Sympathisanten des Klassenfeindes waren. So wurden dem einzelnen die politischen Vorgaben für undifferenzierte politisch-ethnische Stereotype geliefert; gleichzeitig entzog man ihm die Möglichkeit, mit dem Fremden bzw. Ausländer im Alltag menschlich umzugehen. Die aktuellen Probleme des Fremdenhasses und des Nationalismus in der ehemaligen DDR haben hier ihre Ursachen.

Die zentral eingeforderten sozialen Repräsentationen (Ideologeme, Leitvorstellungen usw.) konnten allerdings nie unmittelbar auf die individuelle Erlebens- und Verhaltensebene durchschlagen. Sie wurden vielmehr auf den verschiedenen subsozialen Ebenen durch die dort ausgebildeten Wissens-, Wert- und Handlungsstrukturen gebrochen und neu geschaffen. Der o.g. Kontroll-Mythos und seine diversen Symbole wurden zumindest durch folgende soziale Phänomene innerhalb des administrativen Sozialismus gedämpft und umgelenkt:

— die Ausbildung sog. Subkulturen, in der Regel soziale Gruppen, die sich den politischen Ordnungs- und Kontrollansprüchen zu entziehen suchten (z.B. jugendliche Subkulturen: Punks, Skinheads usw.[3], intellektuelle und künstlerische Subkulturen);
— die Entwicklung sozialer Oppositionen, sozialer Gruppen, die sich gegen Ordnungs- und Kontrollansprüche zu schützen und zu organisieren suchten (z.B. kirchliche Öko- und Friedensbewegung);
— die Etablierung sozialer Eliten, in denen die eigenen Ordnungs- und Kontrollansprüche inoffiziell außer Kraft gesetzt wurden.

Der offizielle Umgang mit diesen und anderen sozialen Phänomenen, die mehr oder weniger quer zur herrschenden Ideologie lagen, war äußerst differenziert.

Die Existenz sozialer Eliten wurde beispielsweise verschwiegen: Seit Erich Honeckers Amtsantritt im Jahr 1971 gab es in den Massenmedien kaum noch Informationen über die Privatsphäre der sozialen (insbesondere der politischen) Eliten. Auf diesem Wege wurde eine gesellschaftliche Assimilation der Eliten vorgetäuscht.

Die Existenz der sog. Subkulturen und der politischen Opposition wurde einer staatlich gelenkten Realitätsverzerrung unterworfen, womit man entweder die Anpassung (Assimilation) der betreffenden sozialen Gruppe an die scheinbare Bevölkerungsmehrheit erzwingen oder – sofern dies (wie im Falle der politischen Opposition) nicht möglich war – Gruppenmitglieder zur Fluktuation (Aussiedlung) bewegen wollte.

Auf einige der Mechanismen, die einer Realitätsverzerrung dienten, sei hingewiesen:

— der Überschwappungs-Mythos: Was nicht ins gesellschaftliche Selbstbild paßte, wurde als Folge kapitalistischer Einflüsse diffamiert.
— der Pathologie-Mythos: Jene Menschen, deren Handlungsweisen dem Ideal des administrativen Sozialismus zu widersprechen schienen, wurden als fehlentwickelt, krank oder kriminell stigmatisiert.
— der Mob-Mythos: Bestimmte politische oder soziale Großereignisse (z.B. Ausschreitungen von Skins, Fußballfans usw.), deren Werte-Hintergrund dem administrativen Sozialismus widersprach, wurden mittels massenpsychologischer Aussagen fehlinterpretiert.
— der Stellvertreter-Mythos: Für gesellschaftliche Ereignisse und Prozesse, die nicht in das Schema des real existierenden Sozialismus paßten, wurden keine gesellschaftlichen Ursachen gesucht, sondern „randständige" Minoritäten als Buhmänner bzw. –frauen verantwortlich gemacht.

Fassen wir zusammen: Die als soziale Repräsentationen und damit als explizite oder implizite zentrale Wissens-, Werte- und Handlungsvorgaben fungierenden Erscheinungen des Kontroll-Mythos („verordneter Antifaschismus", hierarchisch abgesicherter Konformismus, administrativ erzeugter Autoritarismus, Selbst-Idealisierung und Fremd-Stigmatisierung) sind systemeigene Formen, in denen sich Nationalismus, politischer Radikalismus usw. gut entwickeln konnten: Durch den abgeforderten Konformismus besitzt der Postfaschismus in der ehemaligen DDR ein breites Duldungspotential. Der erzeugte Autoritarismus macht vor allem jene Menschen für postfaschistisches Gedankengut empfänglich, die im SED-Staat administrative Ordnungs- und Kontrollansprüche realisieren mußten – Machtfunktionäre im gesellschaftlichen „Mittelbau", die im hierarchisch geordneten System der DDR die mittleren bzw. Vermittlungsebenen besetzten.

Wegen der impliziten staatlichen Selbst-Idealisierung und der Stigmatisierung alles Fremden dürfte hauptsächlich das bisher weitgehend tabuisierte Problem der Ausländerfeindlichkeit zu beachten sein. Die außenpolitische Öffnung der DDR – spätestens seit Mitte der 70er Jahre – war für die Mehrheit der Bevölkerung im eigenen Erleben und Verhalten keineswegs nachvollziehbar. Vor allem die Ausländer aus nichtsozialistischen Staaten blieben bis zur Öffnung der Berliner Mauer am 9. November 1990 weitgehend Exoten, womit sie für alle möglichen Etikettierungen zur Verfügung standen.

Gesellschaftliche Vorgaben für individuelles Erleben und Verhalten dürften jedoch kaum zwangsläufig bestimmte nationalistische und rechtsradikale Gruppenphänomene bedingen. Ein solcher linear-kausaler Mechanismus wäre wohl doch zu einfach. Ob und wie gesellschaftliche Wissens-, Werte- und Handlungsstrukturen auf den Ebenen der sozialen Substrukturen gebrochen werden, ist eine Frage, welche die Prozesse der sozialen Selbstorganisation innerhalb dieser Subsysteme berührt. Deshalb müssen die spezifischen sozialpsychologischen Prozesse analysiert werden, durch die sich z.B. rechtsradikale Jugendgruppen vom gesellschaftlichen „Durchschnitt" abzuheben versuchen.

„Schuld haben immer nur die anderen"

Nicht zufällig gehen die medienwirksamen, links- oder rechtsradikalen Gewaltaktionen und Eskalationen von *jungen* Leuten aus. Insofern sind diese sozialen Phänomene immer auch Teil des Problems, das die Gesellschaft mit der Jugend als ganze hat.

1. Jugendliche vergegenständlichen sich und ihre Identität primär mittels jugendspezifischer Symbole. Sie weisen sich gegenüber den Mitgliedern ihrer Bezugsgruppe und anderen Altersgenossen weniger durch Leistungen im Sinne der Erwachsenenwelt aus als durch das Produzieren, Vorweisen, Akzeptieren und Imitieren jugendlicher Symbole (Mode, Musik, Jargon, Rituale).
2. Über die gruppenspezifischen Symbole existieren in und zwischen den Jugendgruppen relativ feste Konventionen. Insoweit sind diese Symbole Teile einer besonderen Jugendkultur.

Durch die konventionalisierten Symbole grenzen sich die Jugendgruppen voneinander wie von der Erwachsenenwelt ab. Ihre Symbole bewirken eine gewisse Gleichförmigkeit und interindividuelle Ähnlichkeit derjenigen, die zu einer jugendlichen Subkultur gehören. Weicht ein Gruppenmitglied von den konventionalisierten Symbolen ab, läuft es Gefahr, Konflikte mit „seiner" Bezugsgruppe zu provozieren. Je mehr man sich aber mit den jeweiligen Gruppensymbolen identifiziert und sie ggf. auch öffentlich präsentiert, um so stärker wird man sich gegenüber einer Mehrheit abgrenzen, für die Jugendsymbole irrelevant sind, was wiederum zu Konfliktsituationen führen kann.

3. Jugendliche Subkulturen gehören zum notwendigen Erscheinungsbild jeder Gesellschaft. Die individuelle Mitgliedschaft in einer solchen Gruppe ist aber nicht notwendigerweise determiniert, schon gar nicht die Zugehörigkeit zu einer rechtsradikalen Jugendgruppe.

4. Jeder Mensch (und Jugendliche im besonderen Maße) will seine Identität und Realität selbst konstruieren und bestimmen. Im Jugendalter dürften die damit verknüpften individuellen Bedürfnisse besonderen Zwängen ausgesetzt sein. Die multiplen Identitäten, über die ein Erwachsener verfügen muß, will er die Vielfalt der sozialen Anforderungen bewältigen, muß sich der Jugendliche erst aneignen. In diesem Prozeß stoßen Jugendliche in der Regel auf gesellschaftliche, organisatorische, gruppenspezifische, familiäre u.a. Schranken.

5. Wenn der Jugendliche der Meinung ist, über die eigenen Gefühle, Einstellungen, Erkenntnisse und Handlungen (also seine Identität) selbst bestimmen zu können, diese Selbstbestimmung für wichtig hält und sich darin durch fremdes Zutun als eingeschränkt *erlebt*, können Widerstände/Reaktanzen (intern in Form von Ablehnung, Ärger usw., extern als Attacken gegen den Einenger usw.), Identitätsverluste und Hilflosigkeit die Folge sein.

6. In der Regel lassen sich Reaktanzeffekte dann nachweisen, wenn der Einfluß gesellschaftlicher Instanzen wechselt – also bei den sog. ökologischen Übergängen (z.B. von der Schule in die Lehrausbildung, von der Lehre in das Berufsleben). Die Identifikation mit jugendlichen Subkulturen ist zeitlich eng an solche Übergänge gebunden. Soziale Einflüsse vor und nach den ökologischen Übergängen unterscheiden sich bei den Jugendlichen, die in Subkulturen abwandern, signifikant von denen, die sich in der „normalen" Jugendkultur bewegen.

Wir fanden bei empirischen Untersuchungen heraus, daß Jugendliche, die in subkulturellen Gruppen ihre Freizeit verbringen, entweder vor den ökologischen Übergängen durch die Eltern sehr inkonsequent erzogen wurden (unregelmäßig wechselnde Erziehungsstile) und nach dem Übergang disziplinorientierten Erziehungsstilen ausgesetzt waren oder in der Lehr- und Arbeitswelt eher offene, mit hohen (meist ungewohnten) Freiheitsgraden verbundene Erziehungseinflüsse erlebten, die mit autoritären Einflüssen im Elternhaus kontrastierten.

7. Werden Jugendliche in ihrer Identitätssuche von der Erwachsenenwelt eingeschränkt, wenden sie sich häufig von dieser bzw. von den bisherigen Identifikationsmodellen ab und suchen sich neue, jugendspezifische Lebensformen und Symbole. Da eine solche Einschränkung offenbar zum allgemeinen Generationspro-

blem unserer Zivilisation gehört, dürfte das entsprechende Absetzungsverhalten völlig normal sein.

8. Je mehr sich Jugendliche mit Symbolen, Lebensformen und Modellen identifizieren, die gängigen gesellschaftlichen Werten zu widersprechen scheinen, um so eher werden sie etikettiert und stigmatisiert.

9. Offensichtlich tendieren Jugendliche erst infolge der gesellschaftlichen Etikettierung dazu, sich in jenen Bezugsgruppen, die sich gleichfalls auf die präferierten Jugendsymbole beziehen, soziale Unterstützung zu sichern. Unsere Befunde zeigen, daß vor allem die gesellschaftlichen Abwertungen des jugendgemäßen Präsentierens bestimmter Symbole (Mode, Musik, Jargon und Rituale) den Anlaß liefern, sich bewußt nach alternativen Subkulturen umzutun.

10. Um als Mitglied einer subkulturellen Jugendgruppe aufgenommen zu werden, präsentieren ihre Anhänger im verstärkten Maße die jeweiligen gruppenspezifischen Symbole. Das, was Gruppennorm ist, wird deshalb vor allem innerhalb der Jugendgruppe und im unmittelbaren Zusammensein mit den anderen Gruppenmitgliedern praktiziert.

Die aufgrund der Konformität gegenüber der Gruppennorm u.U. extremen Verhaltensweisen einer subkulturellen Jugendgruppe verstärken den Prozeß der gesellschaftlichen Etikettierung und Stigmatisierung. Um sich vor diesen Abwertungen durch die Gesellschaft als ganze zu schützen, verstärken die Mitglieder einer sunkulturellen Gruppe ihrerseits die Bemühungen um Identifikation und Anerkennung durch die Bezugsgruppe (und damit das Vorweisen der gruppenspezifischen Symbole). Quasi nach dem Motto „Nun erst recht!" entsteht ein sich selbst bekräftigender und stabilisierender Kreislauf in der betreffenden Gruppe, die dadurch sukzessive aus der gesellschaftlichen Gesamtkultur ausgegrenzt wird.

Zwischenresümee: Sofern man akzeptiert, daß jugendliche Identitätssuche einhergeht mit dem Produzieren, Imitieren und Präsentieren jugendspezifischer Symbole, und wenn man diese Symbolbildungen als Kulturphänomene ansieht, sollte man auch die jugendlichen Subkulturen als *notwendige* Facetten einer modernen, demokratischen Kulturgesellschaft begreifen.

Im administrativen DDR-Sozialismus wurden diese subkulturellen Erscheinungen jedoch in staatlich verordneter Weise stigmatisiert, abgewertet und ausgegrenzt, weil sie nicht in das Selbstbild der Gesellschaft zu passen schienen. Die vermeintlich einheitliche sozialistische Gesamtkultur hingegen wurde einer – ebenfalls staatlich verordneten – Selbst-Idealisierung unterzogen. Die staatliche und gesellschaftliche Intoleranz gegenüber der notwendigen Vielfalt kultureller Erscheinungen erschwerte DDR-Bürger(inne)n den produktiven Umgang mit gesellschaftlichen Subkulturen.

Damit beantwortet sich die Frage, warum ausgerechnet nach den Oktober- und Novemberereignissen in der DDR rechtsradikales Verhalten, vor allem in der Jugendszene, vermehrt auftrat. Durch den Wegfall autoritärer staatlicher Kontrollmechanismen erhielten jene sozialen Phänomene, die sich als unterschwellige soziale Ausstiegsbewegungen entwickelt hatten, politische Formen, in denen sie sich bewegen, frei entfalten und offen artikulieren konnten.

Die jugendlichen Subkulturen ordnen sich hier ein. Gerade in den früheren staatlich verordneten Realitätsverzerrungen im Umgang mit solchen Gruppen liegt eine Erklärung dafür, daß diese in ihrem öffentlichen Auftreten gegenwärtig radikaler und bedrohlicher wirken als sonst vergleichbare Gruppen in Westeuropa[4]. Daß Skinheads und „Faschos" nach dem 9. November 1989 mannigfaltige Beziehungen zu westeuropäischen Subkulturen entwickeln konnten, ist m.E. nur eine Randbedingung, keinesfalls jedoch die Ursache für den jugendlichen Rechtsradikalismus in der ehemaligen DDR.

Fazit: Während die jugendlichen Subkulturen (Skins, Punks u.a.) – obwohl durchaus notwendige Momente der Gesamtkultur – in ihrer Ausdifferenzierung staatlicher Repression und gesellschaftlicher Intoleranz ausgesetzt waren, wurden – für die sozialistische Gesellschaft *nicht* notwendige – Tendenzen wie Rechtsextremismus und Neofaschismus durch den Mißbrauch der politischen Macht („Kontroll-Mythos") in ihrer Entfaltung gefördert. Darin liegt eine weitere Tragik der pseudosozialistischen Entwicklung, die im vereinten Deutschland noch eine ganze Weile fortwirken dürfte.

Peter Krahulec

Dilemmata des „verordneten Antifaschismus“

Wenn der „subjektive Faktor“ zum schlechten Gewissen wird

Insider offenbarten jüngst, das ehemalige DDR-Ministerium für Staatssicherheit (MfS, „die Stasi“) habe Anfang der 80er Jahre unter dem Tarnnamen „Operation Friedrich“ mit „gewaltfreien Rechtsextremisten“ und „kriminellen Intensivtätern“ (BKA-Definitionen) aus der BRD wie Otfried Hepp und Udo Albrecht kollaboriert und sie in arabische Länder weitergeleitet[1]. Das Kölner „Bundesamt für Verfassungsschutz“ (BfV) wußte nach eigenen dpa-Angaben „seit einigen Jahren“ davon.

Ich aber werde wohl im Museum meiner Irrtümer einen großen Ostflügel errichten müssen. In der Eingangshalle „DDR 1949-1989“ könnte ein Epitaph stehen mit einem Kühnl-Zitat auf Falschgold, das mir lange Grundsatz war und Meinungssicherheit vorgaukelte: „Unzweifelhaft aber ist, daß es in der DDR gelang, mit den faschistischen Traditionen zu brechen und eine Wiederkehr des Faschismus unmöglich zu machen: Seine ökonomischen und sozialen Grundlagen sind vernichtet, seine Repräsentanten wie seine Bundesgenossen sind ihrer Machtpositionen beraubt. (...) Dagegen bleibt in der Bundesrepublik der Faschismus als Tendenz und Drohung bestehen.“[2]

Im Lichte des „Epochenjahres 1989“ erkenne ich hierin heute ein erklärungsbedürftig verschobenes Schema von Idealisierung versus Stigmatisierung. Ist das Feindbild auch deshalb falsch, weil es eigene Gruppenzugehörigkeiten übersteigert und Fremde („barbaros“) herabwürdigt, so erreichen falsche Feindbilder wie in diesem Falle vice versa vergleichbare Irrtumswahrscheinlichkeiten.

Wo lag meine (Denk-)Schwäche, daß ich sie durch Denkverbote schützen mußte? Die „Midlife-crisis Deutschland“ (Patrick Süskind) verweist auf die Tabus einer ganzen Generation, die um die „68er“ das politische Laufen lernte. Stalins Verbrechen kamen in unseren Kopfkathedralen des Sozialismus nicht vor. Daß „in der sozialdemokratischen Entspannungspolitik schon früh ein Moment der Hinnahme von Ungerechtigkeit und der Unaufmerksamkeit gegenüber den Menschenrechten und ihrem Fehlen war“ (Thomas Schmid), wurde auch durch den Etatismus-Vorwurf der GRÜNEN nicht aufgehoben. Wenn uns DDR-Freunde praktische Nachhilfe anboten, begann oft jener Worst-case-Wettbewerb „Westlinker trifft Ostlinken“ (Wolf Biermann/Wolfgang Neuss) nach den infantilen Regeln des „Ich-sehe-was-was-du-nicht-Siehst“. Die nationale Frage und die Stalinismuskritik überließen wir vielleicht auch deswegen Gerhard Löwenthal samt Gefolge, weil sich an ihnen unser schlechtes Gewissen „besser“ bekämpfen ließ.

Die Fülle der Presseveröffentlichungen über rechtsextreme Orientierungen und Aktivitäten in der (ehemaligen) DDR befrage ich daher nicht nur nach der Faktizität der Ereignisse und ihrer Ursächlichkeit. Ich möchte auch wissen: Haben mal wieder alle „von nichts gewußt" (außer dem Bundesamt für Verfassungsschutz, versteht sich)?

Dabei gilt es, mindestens zwei Strudelriffe zu umschiffen. Scylla: Nicht ins Museum *meiner* Irrtümer gehört die Feder, die sich der hessische Innenminister Gottfried Milde im militanten Vorwort zum Verfassungsschutzbericht seiner Behörde 1989 ansteckte: „Wenn es (...) zu der staatlichen Einheit Deutschlands kommt, so haben dazu auch jene politischen Kräfte in der Bundesrepublik beigetragen, die ungeachtet aller Anfeindungen stets die These von einem eigenständigen Volk der DDR abgelehnt, sich der Präambel unseres Grundgesetzes verpflichtet gefühlt und darauf hingearbeitet haben, daß das gesamte Deutsche Volk (Großschreibung im Original, *P.K.*) in freier Selbstbestimmung die Einheit und Freiheit Deutschlands vollenden kann."

Ich befürchte, mehr spricht – Charybdis – für die „Bewertung und Perspektiven" Bruno Schochs, daß „das Ende der zwei sich feindlich gegenüberstehenden deutschen Staaten zu einer neuen Thematisierung des Nationalsozialismus führt, nun befreit von der Projektion der eigenen negativen Anteile auf das je andere System. (...) Vieles spricht freilich dafür, daß das Thema nun von der Auseinandersetzung über die DDR-Vergangenheit überlagert und erst recht in die Ferne geschoben wird: 'Erst rücken sie die Stasi-Vergangenheit an die Nazi-Vergangenheit heran, um dann beide auf die Müllhalde einer mit Schweigen zugedeckten Geschichte zu kippen', wie Jürgen Habermas angeprangert hat. Der Wille zur raschen Vereinigung mit der Bundesrepublik kann durchaus auch von dieser Sehnsucht forciert worden sein."[3]

„Zyklon B für den BFC!" – Mythen und Tabubrüche im real kaputten Sozialismus

Lernhilfen aus Hochschulen und Wissenschaft blieben weitgehend aus. Künstler und sensible Einzelmenschen, die erst litten, bevor sie zu „Bürgerrechtler(inne)n" (gemacht) wurden, waren die Seismographen. Mein schematischer Antifaschismus bekam Mitte der 80er Jahre erste Risse durch die mutigen, in der DDR lange verbotenen Reportagen von Christa Moog[4]. Die Fußballarenen, in den Sechzigern noch Rekrutierungsfelder für „links", entwickelten sich hüben wie drüben wahlverwandt zu Resonanzböden vergangen geglaubter Mißtöne. „Zyklon B für den BFC!" – war das „nur" ein gezielter Tabubruch mit einem Höchstmaß an Treffsicherheit gegen den verhaßten Stasi-Club? „Sach-sen-Ka-na-ken" skandieren die Schlachten(!)bummler vom 1. FC Union Berlin und provozieren die Gegendrohung: „Lauf, Preuße, lauf, sonst hängen wir dich auf!" Und im Bummelzug „Zwischen Erfurt und Artern" (Titel einer anderen Moog-Reportage) klagt der Vietnamese Thuon: „Kaine Mädchen hier, kaine. Das ist schwer. Wir immer allein." Ein wenig weiter liegt Blankenhain, aus dem die Evangelische Wochenzeitung „Glaube und Heimat" (Ausgabe 48/1989) berichtet, daß in dieser thüringischen Kleinstadt Mosambikaner zusammengeschlagen wurden und daß es dort eine starke Gruppe mit dem Namen „Graue Wölfe" gebe, die sich zum Ziel gesetzt habe, „Blankenhain negerfrei" zu machen.

Wie reagierten die Wissenschaftler auf solche Herausforderungen? Einer der wenigen Sensiblen, der Jenaer Sozialpsychologe Wolfgang Frindte, gesteht: „Da wir erst seit zwei Jahren intensiver daran arbeiten, liegen noch nicht viele Forschungsergebnisse vor. Dort, wo wir sie vorstellen wollten, gab es differenzierte Meinungen: Ablehnungen bei Juristen und Interesse bei Pädagogen und Psychologen. Je 'höher' man aber ging, desto heftiger die Widerstände. Die größte Enttäuschung war eine rigorose Abfuhr der ehemaligen Abteilung Wissenschaft des ZK der SED, wo wir zu hören bekamen, so etwas bräuchten wir hierzulande nicht, und die's wissen müßten, MfS und MdI, seien längst im Bilde."[5]

Ralph Giordano spricht von einem „verordneten Antifaschismus", der die DDR-Bevölkerung nachträglich zum Bündnispartner der siegreichen Alliierten machte. Summarisch dekretiert, auch unter Vergewaltigung leicht nachprüfbarer Historie, verwandelten sich so Mittäter, Mitläufer und Mitverlierer in Triumphanten; mentaler Vorlauf gewissermaßen für jenen „antifaschistischen Schutzwall", der jede massenhafte und -wirksame Auseinandersetzung „verbaute". Das Kernstück dieser ideologischen Rochade zum Zwiedenken nennt Giordano „die methodische Teilung der Humanitas", die „jede Menschenrechtsverletzung im eigenen Bereich entweder stets rechtfertigt oder leugnet." So reiht sich der verordnete Antifaschismus ein in die „Internationale der Einäugigen" und setzt sich „der Anklage aus, sich mit dem perversen Antikommunismus, der auf dem rechten Auge blind ist, in eine ideologisch aufgespaltene Humanitas zu teilen."[6] Diese Einäugigkeit funktionierte blockübergreifend bis tief ins Lager der sich als „alternativ" Verstehenden.

Kleiner Exkurs zum immer noch großen Unterschied brauner Penetrationen

Über Milde hinaus lägen zwei Mißverständnisse oder absichtliche Fehldeutungen nahe.

Erstens historisch: Mangelnde eigene Perspektive der Kontinuität des NS-Erbes im bundesdeutschen Teilstaat exkulpiert sich leichter unter dem Anwurf, das DDR-Spieglein an der Mauerwand zeige ein vergleichbares, also letztlich akzeptables Konterfei[7]. Gegen diese „innere Unehrlichkeit der beflissenen Einebner" (Ralph Giordano) ist festzuhalten: Die DDR-Geschichte weist zahlreiche Einzelposten der bundesdeutschen Mängelliste nicht auf:

— In der DDR gab es nie eine „131er"-Gesetzgebung, d.h. eine Legalisierung der fast pauschalen Übernahme des NS-Verwaltungsapparates. Im Gegenteil: 12.300 Aburteilungen bis 1950 (darunter die umstrittenen Racheschnellverfahren der sog. Waldheimer Prozesse) bedeuteten sogar den Verzicht auf einen Wirtschafts"wunder"schub.

— In 40 Jahren wurden nie neonazistische Parteien oder SS-Nachfolgeorganisationen zugelassen bzw. ihnen auch wörtlich „Raum" gegeben zur öffentlichen Selbstdarstellung.

— Die erste Phase der „antifaschistisch-demokratischen Umwälzung" nach 1945 zeugt glaubwürdig von dem Versuch, im Gefolge des Potsdamer Abkommens die großindustriellen, großagrarischen, finanzkapitalistischen und funktionselitären Kräfte und damit den objektiven NS-Faktor zu demontieren.

Zweitens zeitgenössisch: Der „perverse Antikommunismus" speiste sich immer auch aus der „falschen Gleichung" (Helga Grebing) „rechts = links" oder „rot = braun".

Gegen voreilige Gleichsetzungen und Rechtfertigungsversuche halte ich mit Johannes Agnoli fest: „Die fast 40jährige Zwangsherrschaft der SED war gerichtet gegen die eigene Bevölkerung. Sie hat die gesellschaftliche Autonomie und das intellektuelle, wahrscheinlich auch das seelische Leben der eigenen Bevölkerung verdorben und geschädigt. Die Hitlersche Diktatur hat Europa mit weitgehender Zustimmung der eigenen Bevölkerung verwüstet. (...) Wenn man diesen wesentlichen Aspekt außer acht läßt, gerät der Vergleich in ein sehr gefährliches Fahrwasser der künstlich aufgebauten Kontinuität." (taz-Interview, 11.4.1990)

„Rowdytum" und „Stasi" – die siamesischen Zwillinge der Einfachstlösungen

Unser Wissen über tatsächliche Kontinuitäten mehrten die zahlreichen Mahn- und Gedenkstätten der DDR nicht. Dort wurde der „Buchenwald-Schwur" in seiner europäischen und parteiübergreifenden Dimension vergessen gemacht. Der Antifa-Monolog als staatsreligiöse Pflichtveranstaltung kannte nur eine „Tür zum Antifaschismus": das Monopol der Kommunisten. Keine offenen Fragen, wenig Irritation, dafür eine klare Gliederung in Phasen, welche die SED-Geschichtsschreibung dekretierte – und die Ästhetik des heroischen Kampfes gegen „Bestien". Als ginge es um heldenhafte Resistance gegen eine braune Besatzungsmacht und nicht um Fragen auch an die eigene Familie!

Eine ganze Generation wurde von diesem Ritual nicht mehr erreicht. Sie ging eigene, auch provokante Wege. Das Kartell des Schweigens hierüber zerriß, als vom Herbst 1987 bis zum Herbst 1989 nicht weniger als 17 Prozesse gegen rechtsradikale Skinheads bekannt gemacht werden mußten. „Sowohl die hohen Freiheitsstrafen als auch die einseitige Schuldzuweisung an den Westen für das Entstehen neonazistischer Umtriebe in der DDR deuteten eine unnachgiebige Haltung der Staats- und Parteiführung an. Sie begreift die Skinheads nicht als ein Problem auch der sozialistischen Gesellschaft, sondern lediglich als neue Form der Jugendkriminalität."[8]

Ab Mitte Dezember 1989 erfuhren wir von Hakenkreuzen in Frankfurt an der Oder, SS-Runen in Bautzen, „Türken raus!"-Schmierereien in Zügen der Reichsbahn und der Schändung des Geraer Soldatenfriedhofes. Trauriger Höhepunkt waren die Parolen am Treptower Ehrenmal. Die Nachrichtenagentur ADN meldete am 28. Dezember 1989, 1.100 Personen seien bislang rechtsextrem „in Erscheinung getreten" (von Sympathiekundgebungen bis zu Bombendrohungen), und benutzte das Selbstetikett „Faschos" für die Tätergruppen. Man forderte politische Konsequenzen: „Anderenfalls habe die DDR um ihre Zukunft zu fürchten."

In der FDJ-Zeitung „Junge Welt" bezifferte ein anonymer, weil vorgeblich ängstlicher Wissenschaftler „weit über 1.000 Neonazis" zwischen 18 und 26 Jahren. Der

Runde Tische betrachtete „mit ernster Sorge" die Zunahme von 44 „polizeilichen Ermittlungsverfahren" im Jahr 1988 auf 144 „neofaschistische Gewalthandlungen und Aktivitäten" (Stand: November 1989). Die SED-PDS rief für den 3. Januar 1990 zu einer Großdemonstration in den Treptower Park auf, und Ministerpräsident Modrow stellte in einer Volkskammerrede „Gewalttätigkeiten fest, Aktionen von Neonazis oder von Leuten, die es werden könnten, auch Ausländerfeindlichkeit. (...) Am 1. Januar war in Karl-Marx-Stadt zu hören: 'Kommunisten raus – Nazis rein'. Rufe der Schlägertrupps wie 'dreckige Kommunistenschweine' und 'Euch schlagen wir tot', zeigen den politischen Standort und die Gefährlichkeit bestimmter Gruppen von Extremisten. Gemeinsam müssen sich alle demokratischen Kräfte entschieden gegen solche Erscheinungen stellen. Ebenso ist es hier notwendig, die Organe der Staatsmacht konsequent einzusetzen."[9]

Merkwürdig war dieser Ruf nach den Staatsorganen schon – in einer Zeit, wo sich das Volk anschickte, die Hydra „Staatssicherheit" zu köpfen, ihre Bastillen zu stürmen und sie zu entwaffnen. So nannte der LDPD-nahe „Morgen" die Treptower Demonstration denn auch eine „inszenierte Manifestation alten Stils" und erhob den Vorwurf, die SED-PDS versuche, ihre politische Führungsrolle durch Kreierung einer antifaschistischen Einheitsfront zu erhalten.

Konrad Weiß, Mitbegründer der Bürgerrechtsbewegung „Demokratie jetzt", wurde noch deutlicher: „Es wird versucht, den Eindruck zu vermitteln: seitdem es keine Stasi mehr gibt, gibt es Neonazis. Aber die gab es eben auch schon, als es noch die Staatssicherheit gab." (taz, 9.1.1990) Er könne sich gut vorstellen, meinte Weiß, daß die Stasi selbst neonazistische Anschläge verübt habe. Als „ungeheuerlich" wies das „Neue Deutschland" ähnliche Kritik des CDU-Organs „Neue Zeit" zurück, die SED-PDS würde „faschistische und neonazistische Gespenster erfinden, wenn es sie nicht gäbe". Zum Neonazismus komme neben „Abwiegelung und Ignoranz" jetzt auch noch „übelste Verleumdung", empörte sich das einstige Staatsblatt.

Die empirische Basis gab im Frühjahr 1990 beides her: Alarmsignale und „Normalisierung durch Konstatierung". Für die nach oben hin offene Extremismusskala zwei Beispiele aus Thüringen:

Vor dem Runden Tisch Erfurt berichtete der Leiter des Volkspolizeikreisamtes, Oberst Johannes, man müsse „in Erfurt von sechs Gruppen mit insgesamt 60 bis 70 Personen ausgehen, die dem rechten Spektrum zugerechnet werden können. Fünf davon sind Anhänger der Skinheads, eine Gruppe davon lehnt sich sehr stark an das Gedankengut der 'Republikaner' in der BRD an. Die Skins unterscheiden sich in 'Altskins' und 'Babyskins' und versuchen verstärkt, an Schußwaffen heranzukommen, und 'predigen' u.a. Ausländerhaß." Eine weitere Gefahr bilde der Linksextremismus, an dessen Rand entlassene Mitarbeiter des ehemaligen Ministeriums für Staatssicherheit durch Abwehrreaktionen der Bevölkerung getrieben würden[10].

„Kennzeichen D" begab sich mit einem Magazinbeitrag am 10. Januar 1990 auf Spurensuche in Weimar, wo ein Zentrum des Rechtsradikalismus liegen soll. Besonders vom Jugendclub Weimar-West war immer wieder die Rede. Oberst Gödecke von der örtlichen Volkspolizei reduzierte das Problem jedoch auf 7 leibhaftige Skinheads in der 63.000-Einwohner-Stadt: „Fünf davon sind rübergemacht." Ins

Bild kamen 13/14jährige Babyskins, die ihren Frust über das Eingesperrtsein auskotzten: „1000 Meilen im Quadrat, Minen nur und Stacheldraht. Rate mal, wo ich wohne: Ich wohne in der Zone."

„Unsere Kinder"

Protest äußerte sich in der Sprache des Westens, einer verbotenen Sprache. Eine solche „Dauerschizophrenie" habe die Menschen ausgehöhlt, das Dogma von den Siegern der Geschichte „dazu beigetragen, das Verstehen zwischen den Generationen in unserem Lande zu erschweren. (...) Die Sieger der Geschichte hörten auf, sich mit ihrer wirklichen Vergangenheit der Mitläufer, der Verführten, der Gläubigen in der Zeit des Nationalsozialismus auseinanderzusetzen."[11] So zeigten „Fackelzüge und gymnastische Massendressuren" lediglich „ein geistiges Vakuum" an und vergrößerten es.

In diesem vergletscherten gesellschaftlichen Klima wirkten zwei Publikationsereignisse wie Eisbrecher:

Auf dem Evangelischen Kirchentag 1989 hielt der schon erwähnte Regisseur Konrad Weiß ein spektakuläres Referat (vgl. ZEITmagazin 6/1989). Weiß sprach von vereinzelten Skinheads zu Beginn der 80er Jahre, die auf ein gewisses Rechtspotential schließen ließen. Aber: „Es schien undenkbar, daß junge, in der DDR erzogene Menschen zu neuen Trägern einer faschistischen Ideologie werden könnten." Doch hätten sich die Neuen Rechten gegen Mitte des Jahrzehnts zusammengeschlossen und am Ende der Dekade ca. 1.000 Jugendliche „in rechtsradikalen Cliquen organisiert". Der Hauptteil dieser Personen rekrutiere sich aus den Jahrgängen 1962–1970, stärkster Zuwachs komme von den 14/15jährigen. „An Berufsschulen rechnet man mit zwei Rechtsradikalen pro Klasse." Sie terrorisierten die Punk-Szene und „andere Bunte": Ausländer, Farbige, Mitglieder gewaltfreier Gruppen.

Neben den martialisch auftretenden Skins gebe es eine zweite, gefährlichere Gruppierung, die der Faschos. „Sie dürften die eigentlichen Träger der faschistischen Ideologie sein. Nach außen hin geben sie sich unauffällig, erscheinen angepaßt, sind gute Arbeiter. Insgeheim aber basteln sie in geschlossenen Zirkeln an ihrer alten Weltanschauung." Beiden Gruppen gemeinsam sei, „daß sie ihre Identität aus dem Prinzip Gewalt beziehen" – dem „Recht des Stärkeren" und des „Herrenmenschen". Sie lehnten es konsequent ab, in den Westen auszureisen: „Hier, in der Beseitigung der sozialistischen Gesellschaft und im Kampf um ein vereinigtes Großdeutschland, sehen sie ihr Wirkungsfeld."

Ihre Werte (gegen: Null-Bock-Mentalität; für: körperliche Ertüchtigung, gesunde Lebensführung, Elitebewußtsein, Personenkult, Bewährungsrituale, Mutproben, Disziplin, Gehorsam, wehrmachtsbezogene Kameradschaft, Märtyrerverehrung) ähneln denen westdeutscher „Identitätssucher", doch wie konnte „die schreckliche Saat" in einem „antifaschisch tradierten Staat" aufgehen? Weiß begründet sozialpsychologisch:

— Viele DDR-Bürger seien „nicht wirklich umgekehrt", manche hätten „zwar

Fahnen, Uniformen und Parteibücher gewechselt", seien im Innern jedoch „die alten" geblieben.

— „Das übermenschliche Maß der Schuld wie der Scham hat eine wirkliche Auseinandersetzung mit der Vergangenheit erschwert."
— Weder die Kirche noch der Staat gab die „Möglichkeit zum öffentlichen Bekenntnis"; Verbrecher wurden bestraft, aber die Mitläufer blieben „zum Schweigen verurteilt".
— Die sowjetische Besatzungsmacht und die Kommunisten beanspruchten für sich eine „übermenschliche Reinheit und Edelmenschlichkeit": „Dem verkündeten humanistischen Anspruch aber stand der stalinistische Terror der Nachkriegsjahre entgegen."

Ausschlaggebend war für Weiß jedoch die Lebenswelt, in die man hineingeboren wurde und die nicht an die 1848er oder andere demokratische Traditionen anknüpfte: „Eine antifaschistisch-demokratische Gesellschaftsstruktur formte sich nur in Ansätzen. Die kommunistische Kaderpartei beförderte nicht die Ausbildung demokratischer Tugenden, sondern belohnte durch neue Privilegien Untertanengeist und Parteigehorsam. Das Führerprinzip (...) erlebte unter anderen Vorzeichen eine Wiedergeburt." Dasselbe traf für das Gewaltprinzip zu: „Auch die sozialistische Gesellschaft nimmt für sich das Prinzip Gewalt in Anspruch, anerkennt und praktiziert es. Immer wieder wurden Konflikte gewaltsam gelöst: Kritiker wurden ausgebürgert, Andersdenkende eingesperrt, Bücher, Filme, Zeitungen verboten. (...) Die Mauer endlich war die perfekte Materialisierung des Prinzips Gewalt."

Hinzu traten das „gestörte Nationalgefühl" der Deutschen, der Rückzug in private Nischen, Doppelzüngigkeit bis Doppeldasein und die „abendliche Massenemigration per Fernsehen". „Junge Menschen, die in unserem Land aufwachsen", konstatierte Weiß, „sind von Kindheit an diesen sozialen Defekten ausgesetzt." Weiß sah die Gefahr, „auf absehbare Zeit mit einem gewissen rechten Potential politisch motivierter Gewalttätigkeit" leben zu müssen. „Staatliche Gegengewalt jedenfalls ist kein brauchbares Therapeutikum. Es wird darauf ankommen, dem Rechtsradikalismus die schillernde Verführungskraft zu nehmen und jungen Menschen Alternativen zu bieten."

Vergleichbare Kraft der Selbstkritik und einer kathartischen Perspektive brachte Roland Steiner mit seinem programmatisch „Unsere Kinder" betitelten Dokumentarfilm auf, der (nach großen Mühsalen während der Produktion) ab Dezember 1989 in DDR-Kinos zu sehen war. Rückblickend meint der Filmschaffende: „In der DDR wurde der ökonomische Hintergrund des Faschismus ziemlich genau herausgearbeitet, auch in den Schulen. Aber die psychologisch-moralisch-ethischen Aspekte haben wir außer acht gelassen. Und das nicht zufällig, sondern weil man wußte, das wird schwierig." (taz, 28.11.1989)

Als Künstler bewies Steiner ein hohes Maß an Sensibilität dafür, wie sich rechtsradikale Ästhetik *innerhalb* bestimmter verordneter Rituale (z.B. disziplinierter FDJ-Fackelzug) entwickeln kann, und er gelangte zu dem Schluß, daß Skinheads und „Faschos" nicht imaginär außerhalb der Gesellschaft als Norm stehen, sondern Teil der Jugendszene und ihrer Kultur, eben „unsere Kinder", sind. Gegen den

„normativen Antifaschismus" (Arno Klönne) argumentiert Steiner: „Ein Problem von der Straße zu nehmen, bedeutet nicht, es gelöst zu haben."

Im Januar 1990 erklärte der Kriminologe Reiner Gelbhaar im Rahmen eines Urania-Vortrages „Neofaschismus in der DDR", eine sachliche und politische Auseinandersetzung mit dieser Erscheinung habe es nicht gegeben: „Wo der Faschismus in den letzten drei bis vier Jahren sein Haupt erhob, hat immer nur Repression eingesetzt." Arbeitsgruppen an den Universitäten oder in Kripo-Dienststellen sei die Beschäftigung damit untersagt worden. Der Soziologe Ray Kokoschka sagte, der Ausstieg aus dem Zwangsalltag sei zu Beginn der 80er Jahre eine Protestbewegung gegen die „Lüge von der Wunderwelt des real existierenden Sozialismus" gewesen. „Was als Freizeitgruppe begann, endete als hierarchisch straff geführter Verband." Der „nationalistische Knall", der über die DDR hinwegdonnere, sei die Quittung dafür, daß sich unter der SED die „nationale Identität eines DDR-Bürgers nach 1945 gar nicht erst entwickeln konnte." (taz, 20.1.1990)

„Mündel, die nicht gewohnt sind, ihre Zukunft selbst zu gestalten" (Lothar de Maizière)

Die erste Phase, in der sich unser Thema mühsam Bahn brach, wurde im Frühjahr/Sommer 1990 durch eine zweite Periode abgelöst. Öffentliche und veröffentlichte Meinungen „normalisierten" sich mit dem Werden einer „offenen Gesellschaft" in dem Sinne, daß nicht mehr Gestus und Tenor des „Unerhörten" (im Goetheschen Sinne als des „noch nie Dagewesenen") überwiegen, sondern – in Blochscher Diktion – das „Unabgegoltene" als Aufforderung zum demokratischen Konfliktaustrag und zum Meinungsstreit um die kulturelle Hegemonie in den Blick gerät.

Das Nachrichtenmagazin „Der Spiegel" rechnete im Mai 1990 mit dem „roten Hexeneinmaleins" ab. An bemerkenswerten Stimmen wurden zitiert: Jürgen Kohler (Spurensicherung „Faschismus in uns" mit dem Ziel, „Unterschiede und Ähnlichkeiten zwischen den Strukturen des faschistischen und kommunistischen Systems" zu ergründen) und Irene Runge, Ethnologin und Mitbegründerin des jüdischen Kulturvereins in Ost-Berlin, die mahnt, der heutige Umbruch dürfe „nicht wieder so falsch verlaufen wie der nach 1945".

Eine „Stern"-Reportage berichtet im selben Monat über die Grabschändungen auf dem Brecht-Friedhof in Ost-Berlin, der Hoyerswerdaer Massenschlägerei vor einer Unterkunft von Afrikanern und Fußballrandale, die an der Tagesordnung sei. Zu Wort kommt Pastor Friedrich Schorlemmer, der die Anfälligkeit vieler DDR-Jugendlicher für Faschistoides damit begründet, daß sie „unter einem völligen Idealverlust leiden, und zwar plötzlich, von einem Tag zum anderen. Und wer kommt in dieses Vakuum hinein, wenn sie jetzt auch keine Lehrstelle, keinen Studienplatz mehr bekommen sollten?" Rudi Pahnke, Leiter der Kommission für Jugendarbeit der Evangelischen Kirchen der DDR, warnt davor, die DDR-Skins pauschal als Faschisten zu bezeichnen, und betont, „daß die sich rechtsradikal artikulierenden Jugendlichen zunächst ja keine Nazis sind, sondern Schüler, Lehrlinge, junge Facharbeiter unserer Gesellschaft (...). Sie sind normaler, als viele es wahrhaben wollen;

sie sind auch gefährlich normal. Sie sind normal in ihrer Fremdenablehnung, mit ihrem Bewußtsein, wertvoller zu sein und Bedeutenderes zu können, als sie im Augenblick zu zeigen imstande sind."

Auf einem ersten interdisziplinären Seminar über „Neofaschismus in der DDR" sprachen leitende Mitarbeiter des Innenministeriums Ende Mai 1990 von „rund 30.000 potentiellen Rechtsextremisten".Die Teilnehmer waren sich einig, daß rechtsextreme Positionen nicht durch „ideologische Verführung", sondern durch die Alltagserfahrungen der zumeist jungen Leute und ihre gesellschaftliche Vereinzelung bedingt seien. Wieder warb Pahnke um Verständnis: Die junge Generation, durch Krippenerziehung, Schule und Pionierorganisation zur Anpassung genötigt, sei in ihrem Lebensgefühl zutiefst verletzt. „Sie schlagen andere und meinen sich – und eigentlich ihre Eltern, Lehrer, die Gesellschaft." (Glaube und Heimat, 21.5. 1990)

Nach den Straßenschlachten in Berlin-Friedrichshain und Gera zu Pfingsten äußerten sich die Kirchenleitungen „besorgt" über Angriffe auf Ausländer: „Auch wenn angesichts der sich schnell vollziehenden ökonomischen und sozialen Prozesse bei vielen unserer Bürger ebenfalls Verunsicherung und Sorge zu finden sind, kann diese nicht Aggressivität und Unduldsamkeit gegenüber Menschen anderer Hautfarbe oder Nationalität rechtfertigen."[12] Die Ausländerbeauftragte des Ostberliner Magistrats, Anetta Kahane, schlug gleich mehrfach Alarm wegen eines „katastrophalen Bewußtseinszustandes" der DDR-Bürger im Umgang mit Ausländern. „Rassistisch sein ist doch jetzt erlaubt", sei die verbreitete Ausrede für „Pöbeleien und Übergriffe". Ein „Rechtsnihilismus übelster Sorte" (Rolf Henrich) verquicke sich mit solcher Bagatellisierung und verschärfe die Konflikte.

Selbstaufklärung scheint nicht gefragt zu sein. Vor der Evangelischen Akademie in West-Berlin berichtet der Hallenser Psychiater Hans-Joachim Maaz, in der DDR schlage ihm zunehmend Feindseligkeit entgegen[13]. Gefragt sei Optimismus, nicht Rückschau und Besinnung. Konflikte auszutragen sei nie erwünscht gewesen: „Der autoritäre Staat hat nicht nur alles bis ins kleinste reglementiert, sondern beispielsweise auch Neid und Rivalitäten unter der Decke gehalten und notwendige Aggressionen behindert. Nach der gewaltfreien Revolution sieht der Psychiater nun einen 'Gefühlsstau' riesigen Ausmaßes bei den Bürgern der DDR."

„Pamjat" oder Wie „Gedächtnis" verkommen kann

Die ehemalige DDR ist nicht nur mit der Bundesrepublik, sondern auch mit ihren früheren „Bruderländern" in Osteuropa zu vergleichen, wo die Politik der Öffnung ein „dumpfes, irrationales, rechtsextremistisches Ideengemisch aus der Tiefe an die Oberfläche gespült" hat[14]. Symptomatisch steht dafür in der Sowjetunion „Pamjat". Was wörtlich „Gedächtnis" bedeutet und Rückgewinnung/Wiederaneignung von Geschichte jenseits verordneter Scheinharmonie ermöglichen könnte, verkommt durch die enge „Verbindung zwischen rechtsextremer Bewegung und den parteiinternen stalinistischen Antiperestroikakräften" (Karla Hielscher) zu einer chauvinistischen Vereinigung. Die sowjetische Bürgerrechtlerin Jelena Bonner bezeichnet „Pamjat" als „aggressiv-patriotisch",[15] und Apoldaer Exilanten schildern ihre Gefühle nach antisemitischen Exzessen: „Wir haben Angst vor Pogromen und Gewalt. In Moskau, Leningrad oder Odessa ist es noch nicht so schlimm. Aber in den kleineren Städten gibt es bereits Ausschreitungen, und wir haben Angst davor."[16] Aggressivität, Roheit und Gewalt sind alltäglich geworden: „Jahrzehntelang hat der autoritäre Erziehungsstil die Seelen der Kinder in gleichem Maße verheert, wie er es mit der ganzen Gesellschaft getan hat", sagt der Moskauer Kinderarzt Stanislaw Jakowlewitsch[17].

„Neostalinistischer Nationalismus" findet sich auch in Polen; „Polityka" verortet ein „regelrechtes Gedränge auf der Rechten", und wegen gewalttätiger Schlachtenbummler gibt es im Polnischen ein neues Lehnwort: „Chuliganie". Gemeinsame Prügelkommandos von Skinheads und Punks betreiben „Romajagd" in Nordböhmen[18], nationalistische Gruppen der Slowakei die Rehabilitierung Josef Tisos, einer Hitler-Marionette, zum Nationalhelden[19].

Das „Spiel mit der nationalen Flamme" kann Flächenbrände verursachen[20]. Nationalistische Schlagwörter sind in einer politisch offenen und ökonomisch instabilen Situation riskant.

Individualisierung – Modernisierung: Opfer, die ihre Identität suchen

Säkulare Prozesse der Individualisierung und Modernisierung generieren „Vertriebene im eigenen Land" (Claus Leggewie), Opfer, die ihre Identität suchen und in der Erfahrung steter Konkurrenz, des Zwangs, sich flexibel auf wechselnde Anforderungen einzustellen, auch die Erfahrung zu machen glauben: Der Stärkere wird/muß siegen!

Mit solchen Orientierungen und den sie stiftenden rechtsextremen Potentialen muß jede Demokratie rechnen. Was kann man, muß man dagegen tun?
Drei Maximen erscheinen konzeptionell tragfähig:

— Politische Bildung ist ganzheitlich anzulegen als Förderung nicht nur des normativen Wissens, sondern vor allem auch als Förderung sozialen Verhaltens.
— Es müssen Formen gefunden werden, die dem politischen Identifikationsbedürfnis der Jugendlichen entsprechen.
— Lebenswelt, Schule, Berufschancen, Beteiligungsmöglichkeiten müssen so strukturiert sein, daß Ausschlußerfahrungen minimiert werden („strukturelle Gewaltlosigkeit").

Für ein solches demokratisch offenes Menschenbild hat die erste frei gewählte Volkskammer der DDR am 12. April 1990 mit ihrer Erklärung zur Verantwortung für die deutsche Geschichte ein unverzichtbares Fundament gelegt: „Durch Deutsche ist während der Zeit des Nationalsozialismus den Völkern der Welt unermeßliches Leid zugefügt worden. (...) Die Schuld darf niemals vergessen werden." – Das wissen wir. „Mit der unrechtmäßigen militärischen Intervention wurde den Menschen in der Tschechoslowakei großes Leid zugefügt und der Prozeß der Demokratisierung in Osteuropa um 20 Jahre verzögert. (...) Wir haben in Angst und Mutlosigkeit diesen Völkerrechtsbruch nicht verhindert." – Die Bereitschaft dazu brauchen wir! Ein guter Vor-Satz...

Siegfried Wolf

Antifaschismus in der DDR – Versuch einer Bilanz

Dies ist ein Plädoyer. Angeklagt sind die Historiographie und auch der Geschichtsunterricht der DDR schwerer Versäumnisse bei der antifaschistischen Erziehung der Jugend. Dieser Vorwurf ist nicht in Zweifel zu ziehen. Wissenschaftler und Lehrer akzeptieren ihn expressis verbis, so auch ich. Er kann auch durch den Verweis auf Defizite und Versäumnisse anderer nicht relativiert werden. Der Prozeß kann indes einen Dialog stiften, der unabdingbar ist zur Erfüllung der gemeinsamen politischen Gestaltungsaufgabe im künftigen europäischen Deutschland.

Bevor ich bei der Schuldzumessung für eine differenzierte Ausgewogenheit plädiere, muß ich wichtige Begriffe klären.

In letzter Zeit ist der Antifaschismus in Zweifel gezogen worden. Nicht in Italien, wo er der konstituierende Verfassungsgedanke von 1946 und Grundkonsens jenes Parteienbogens ist, der von der rechtsgerichteten PLI bis zur PCI reicht. Anders in Deutschland, insbesondere in der DDR. Unbestreitbar gibt es dafür akzeptable Gründe. Sie sind vor allem politischer Natur und liegen in seiner legitimatorischen Funktionalisierung begründet. Für Historiker wie mich sind die Schwierigkeiten beim Gebrauch des genannten Begriffs jedoch noch elementarer – sie beginnen im Sachbereich. Ich gestehe offen, je tiefer ich in die Materie eindringe, desto schwerer fällt es mir, die vielfältigen Fließformen systemabträglichen Verhaltens gegenüber nationalsozialistischer Gewaltherrschaft auf einen eindeutigen Begriff zu bringen. Umfaßt dieser doch sowohl die unterschiedlichsten nichtkonformen Verhaltensweisen als alltägliche Überlebensstrategie als auch den bewußten politischen, ökonomischen und militärischen Widerstand mit dem Ziel der Schädigung bzw. Vernichtung des Naziregimes.

Motivationsgefüge, Selbstverständnis und Zukunftserwartungen eines jeden Widerstandskämpfers waren zutiefst individuell geprägt, und die Behauptung eines monolithischen, einheitlich geführten Widerstandes von Deutschen gegen den Faschismus ist einfach eine Legende. Eine weitere Problemschicht bei der Widerstandsrezeption sei hier erwähnt: Auch diese hat inzwischen schon eine jahrzehntelange Geschichte, in der das Widerstandsverständnis der Zeitzeugen und der Nachgeborenen gravierende Wandlungen erfahren hat. Ich plädiere dafür, nicht einfach unsere heutige Sicht auf die Vergangenheit zurückzuprojizieren, sondern gegenwärtige Befunde als Entwicklungsergebnis zu betrachten.

Befragen wir die Quellen, so finden wir den Begriff des Antifaschismus vor allem im kommunistischen, sozialdemokratischen und gewerkschaftlich motivierten Widerstand. Da sich jedoch selbst innerhalb der Linken mit dem Sturz des Faschismus recht unterschiedliche Zukunftsprojektionen verbanden, muß man schon, wenn man unter den Begriff des Antifaschismus z.B. auch den Widerstand religiöser und kirchlicher Kreise oder auch der Militäropposition gegen Hitler subsumieren will, genau sagen, in welchem Sinne der Begriff gebraucht wird. Ich meine mit

Ger van Roon: „Die Grundrechte des Individuums und der Gesellschaft wurden wiederentdeckt. Worte, die für uns heute vielleicht vage erscheinen, hatten damals sehr konkrete Bedeutung. Sie begleiten die ganze Geschichte des Widerstandes, vom Aufruf Julius Lebers Mitte Februar 1933 (...) bis in die letzten Minuten des Regimes."[1]

Arnold Pauker, ein Überlebender des jüdischen Widerstandes in Deutschland, zieht den Kreis seiner Kampfgefährten weit und versteht Antifaschismus so: „Heute, im Abstand eines halben Jahrhunderts, dürfen wir sie alle in Anspruch nehmen, können wir mit Fug und Recht sagen: Ein zionistischer Funktionär, der freiwillig nach Kriegsausbruch in der Hechaluz-Arbeit verblieben und mit seinen Kameraden elend zugrunde ging, der Rabbiner, der den Weg der Emigration ausschlug und mit seiner Gemeinde den schweren Gang in die Vernichtungslager antrat, ein liberaler jüdischer Emigrant wie Otto Hirsch, Direktor der ersten Reichsvertretung, der sich den ersten Deportationen entgegenstemmte und in Mauthausen umkam, der kommunistische Aktivist Herbert Baum, Märtyrer des deutschen und des jüdischen Widerstands, der in Plötzensee zu Tode gefoltert wurde – sie alle sind für das jüdische Volk gestorben, sie alle sind im Kampf gegen den deutschen Faschismus gefallen."[2]

Und schließlich noch ein zeitgenössisches Zeugnis über den Sinn antifaschistischer Arbeit aus einem in seiner Art seltenen Dokument von Ernst Fraenkel, Syndikus des Deutschen Metallarbeiter-Verbandes: „Das also ist der Sinn der illegalen sozialistischen Arbeit im Dritten Reich: den Arbeitenden Kraft, den Schwankenden Vertrauen, den Leidenden Hoffnung und den Herrschenden Furcht einzuflößen."[3]

Wie unterschiedlich die Perspektive der Zeugen auch sein mag – und die Belege ließen sich endlos fortsetzen –, sie alle finden sich in einem Wert und Ziel: Schutz des Lebens und der Würde des Menschens vor einem barbarischen Regime. Dazu noch einmal Ger van Roon: „Aus dieser Sicht ist es sicher berechtigt, den deutschen Widerstand mit den Freiheits- und Protestbewegungen des 19. und 20. Jahrhunderts und mit dem heutigen Kampf für die Menschenrechte in Verbindung zu bringen."[4]

In eben diesem Sinne gebrauche ich den Begriff des Antifaschismus. Manch einer stört sich heute an der in dem „Anti" involvierten Intoleranz. Welch ein Phantast, der meint, der Faschismus hätte aus der Welt heraustoleriert werden können!

Auf ein weiteres Problem der Begrifflichkeit sei verwiesen, das zumindest in der DDR bislang m.W. überhaupt nicht thematisiert wurde. Was verstehen wir unter antifaschistischer Erziehung? An welchen Gegenständen und mit welchem Ziel wird diese von dem Zeitpunkt an betrieben, wo der Faschismus, auf den sie bezogen ist, gar nicht mehr existiert? Verweise auf zeitgenössische Faschismen können hier nur Hilfskonstruktionen sein, die kaum verhaltenswirksam sind.

Natürlich bedeutet antifaschistische Erziehung zuerst, die Voraussetzung für eine diesbezügliche Sozialisation zu schaffen, d.h., ein zutreffendes Wissen von Faschismus und Antifaschismus zu vermitteln, das Andenken des Widerstandes zu bewahren und ein Vergessen der Schuldigen und ihrer Verbrechen nicht zuzulassen.

Dies schafft jedoch noch keine antifaschistische Verhaltensdisposition. Die Frage also ist, wie der entsprechende Erbebestand verinnerlicht wird. Das kann m.E. nur als eine Form der Friedens- und Demokratieerziehung geschehen, die den einzelnen und die Gesellschaft befähigen, sich mit der aktuellen Bedrohung des Lebens und der Würde auseinanderzusetzen. Die dramatische Geschichte von 1933 bis 1945, Bewährung und Versagen, Heldenmut und Verbrechen der Protagonisten sind dabei ein Feld der Selbstbegegnung des Rezipienten, das zu einer zwingenden Erziehungssituation geführt werden muß. Billiger geht es nicht, denn die Geschichte ist ein harter Lehrmeister.

Thesen

1. Dem deutschen Volk wurde von den Siegermächten Antifaschismus verordnet. Wie hätte es auch anders sein können? Angesichts der Mitverantwortung der meisten Deutschen für den Faschismus, der Unfähigkeit der Deutschen, das nationalsozialistische Gewaltregime aus eigener Kraft zu beseitigen, aber auch vorhandener Unwilligkeit, sich zu ihrer Mitverantwortung zu bekennen, war diese Pädagogik der Sieger nicht nur unabdingbar. Sie war in vollem Wortsinne berechtigt und auch psychisch verständlich, wenngleich heutige Generationen die archaische Brutalität der Sieger erschrecken mag. Sie vergessen dabei: Dieser Krieg barbarisierte auch die Befreier, und mit Auschwitz war die ganze Welt aus den Fugen geraten.

Wenn Ilja Ehrenburg 1944 unkommentiert die Aussage eines Leutnants der Roten Armee wiedergibt: „Nach meiner Meinung gibt es gute Deutsche – wenn sie tot sind" und in einem weiteren Aufsatz einen britischen Major zitiert, der in Westdeutschland kämpft: „Ich hoffe, daß die Soldaten in Aachen und Ostpreußen der gleichen Meinung sind – Tod den Deutschen",[5] so kann das nur jemanden erschrecken, zu dessen persönlicher Erinnerung der Zweite Weltkrieg nicht mehr gehört. Wenn amerikanische Soldaten gegenüber ausgewählten Weimaranern in Buchenwald oder britische Soldaten in Westdeutschland auch durch physischen Druck die Ansehung faschistischer Verbrechen verordneten, so muß man bedenken, daß diese Soldaten vorher das STALAG Ohrdruf oder Bergen-Belsen gesehen hatten.

2. Dieser verordnete Antifaschismus traf auf eine sehr komplizierte, zutiefst widersprüchliche und teilweise unkalkulierbare öffentliche Erziehungssituation in Deutschland. Bekanntlich wirken, so das Grundgesetz des Determinismus in der Psychologie, äußere Umstände über die inneren Bedingungen. Wie aber war 1945 die kollektive Psyche des deutschen Volkes, dem von den Siegern der Antifaschismus auferlegt wurde? Wohl nicht weniger verwüstet als das Land.

Über Jahre zu einer militanten Intoleranz gegen Andersseiende und Andersdenkende erzogen, im Kriege auf die Regeln der elementaren Existenzerhaltung verpflichtet, jeglichem Rechtsempfinden entfremdet, von berechtigter Furcht vor Vergeltung gepeinigt, komplizenhaft in Naziverbrechen verstrickt und von dem millionenfachen Erlebnis des Imperativs „Wehe den Besiegten!" geprägt, waren m.E. die Persönlichkeitsdispositionen für eine tiefinnerliche Annahme der Mitverantwortung und für eine echte Trauerarbeit denkbar schlecht. Mochte ein System, das immerhin eine totale Lebensregulierung der Deutschen darstellte, auch krachend zusammengestürzt sein – die meisten Deutschen empfanden dies nicht als Befreiung, sondern als Niederlage, die Verzweiflung und Angst gebar.

Furcht ist aber ein schlechter Pädagoge. Und so waren viele Deutsche schnell geneigt, sich opportunistisch dem Recht des Siegers anzupassen und dessen antifaschistische Argumente lediglich nur deshalb zu akzeptieren, weil er die Macht hatte. Dies wurde – wir wollen nicht ungerecht sein – für viele auch einfach zu einer gebotenen Verhaltensweise im Überlebenskalkül, aber weniger zur intensiven Auseinandersetzung mit der eigenen Vergangenheit.

Die Verkümmerung von Schuldgefühlen, Mitleid und Solidarität habe ich häufig genug in dieser Zeit erlebt. Ein Beispiel: Natürlich wußten die Dörfer Thüringens vom sowjetischen Internierungslager in Buchenwald, gab es doch überall z.B. die Festsetzung der Ortsbauernführer. Die Reaktion, so wie ich sie erlebt habe, reichte von Schadenfreude bis hin zu der Erleichterung: „Ein Glück, daß es mich nicht erwischt hat.“ Mehr noch: Manch einer neigte dazu, sich dadurch der Besatzungsmacht anzudienen, daß persönliche Rechnungen mit dem Nachbarn auf dem Weg der antifaschistischen Säuberung beglichen wurden. Dies war jedoch keine ostdeutsche Spezifik.

Aus Frankreich oder der Tschechoslowakei war bekannt, auf welch jämmerliche Art und Weise sich mancher Kollaborateur bei den Siegern dadurch ein antifaschistisches Alibi verschaffen wollte, daß er die besiegten Landsleute terrorisierte.

Diese psychische Desorganisation der Kriegsgeneration ist also unbedingt in Rechnung zu stellen, wenn über Nachkriegserziehung befunden werden soll. Weil der Historiker allein überfordert ist, bedarf es, wie P. Knoch in seiner Studie zum Kriegsalltag zeigt, der interdisziplinären Komparatistik von Agressionsforschung, Friedensforschung, Theologie, Psychohistorie, Völkerpsychologie, Literaturwissenschaft, Volkskunde, Soziologie, Erziehungswissenschaft und nicht zuletzt Geschichte[6].

Meine Befunde sind lediglich die eines Historikers, durchwoben mit persönlich Erfahrenem. Ich glaube, daß die Kinder der Bombennächte eine existentiell andere Grunderfahrung haben als später Geborene und damit auch einen spezifischen Zugang zum Antifaschismus, der ihnen zuallererst einmal Frieden bedeutete, den nachfolgende Generationen nicht haben kommen sehen, sondern der für diese einfach da war.

Ich nehme an, daß sich die kurz skizzierte geistige Verfassung in den vier Besatzungszonen kaum voneinander unterschied. Bis dahin reicht unsere gemeinsame Geschichte. Von nun an liefen bekanntlich unsere Geschichte und unser Schicksal auseinander, was nicht ohne Folge für die antifaschistische Erzie-hung bleiben konnte. Ich will mich im folgenden auf die SBZ bzw. die DDR beschränken, aber schon an dieser Stelle eine künftig vergleichende Betrachtung anmahnen.

3. Die antifaschistische Erziehung in unserem Land verlief sowohl diskontinuierlich als auch stets ambivalent und widerspruchsvoll. Diese komplizierte Geschichte ist noch nicht geschrieben worden. Einerseits gab es nicht wenige Offiziere der Besatzungsmacht, überlebende Antifaschisten und Verfolgte des Naziregimes, Vertre-

ter der neuentstandenen politischen Parteien und auch Angehörige der pädagogischen Intelligenz, die Antifaschismus als Beitrag zur Humanisierung des deutschen Volkes, seiner Wiederaufnahme in die Gemeinschaft der zivilisierten Völker und als Wiedergutmachung gegenüber den NS-Opfern verstanden. Dies zu leugnen hieße, an die Stelle einer Legende eine andere zu setzen.

Die Schimäre von den „Siegern der Geschichte", die der Verantwortung für deutsche Schuld und der Wiedergutmachung enthoben seien, gab es in den ersten Nachkriegsjahren nicht. Alle führenden Parteien der Sowjetischen Besatzungszone äußerten sich unmittelbar nach Kriegsende eindeutig zu Schuld und Sühne. So erklärte Otto Grotewohl, Vorsitzender des SPD-Zentralausschusses und später erster Ministerpräsident der DDR, am 17. Juni 1945 in Berlin: „Vor uns steht die große Aufgabe der Wiedergutmachung jener Schäden und Verwüstungen, die das Hitlerregime über alle Staaten Europas gebracht hat. Wir anerkennen diese Pflicht, die das deutsche Volk nach Maßgabe der Leistungsfähigkeit aller seiner Schichten zu tragen hat."[7]

Andererseits bestand die Tragik der Entwicklung darin, daß Entnazifizierung und antifaschistische Erziehung nicht einhergingen mit der Demokratisierung der gesellschaftlichen Zustände, sondern durch zunehmende Stalinisierung im wachsenden Maße konterkariert wurden. Entnazifizierung degenerierte zum Instrument des Klassenkampfes, antifaschistische Erziehung zum Mittel totalitärer Indoktrination. Und selbst die subjektiv ehrlichen Bemühungen vieler Erzieher um historische Aufklärung und antifaschistische Persönlichkeitsentwicklung wurden durch die politischen Wirkungsbedingungen der Grundintention des Antifaschismus entfremdet und letztendlich in ihr Gegenteil verkehrt. Die Verschärfung des Ost-West-Gegensatzes und der beginnende Kalte Krieg, aber auch die zunehmende Integration belasteter Naziaktivisten in das öffentliche Leben Westdeutschlands bewirkten sehr schnell eine Funktionalisierung des Antifaschismus im Rahmen des politischen Strafrechts der SBZ bzw. der DDR.

4. In den 60er Jahren wurde der Antifaschismus – bei fortwährendem individuellen Engagement für eine authentische antifaschistische Erziehung – mit zunehmender Stringenz in das Herrschaftssystem der SED einfunktioniert. Zumindest drei Fehlentwicklungen wurden damit forciert:

a) Der Antifaschismus wurde monopolisiert. Zum einen setzte man den Widerstand der KPD unkritisch als Bemessungsnorm für Widerstand (wohlgemerkt: Widerstand wurde niemals auf die KPD reduziert. Wer das heute behauptet, kann sich zumindest nicht auf historische Kompetenz berufen). Zum anderen reklamierte man – verbunden mit der von der nationalen Konzeption der SED ausgehenden Konstruktion vom „guten Deutschen" und „besseren Deutschland DDR" – das antifaschistische Erbe für die DDR und delegierte die Vergangenheitsbewältigung bzw. die Auseinandersetzung mit dem Neofaschismus an die BRD.

b) Der Antifaschismus wurde verwaltet und ritualisiert. Statt individuelle Trauerarbeit und einen Diskurs zwischen den Generationen zu leisten, wurde Antifaschismus zum Staatsfetischismus degradiert. Öffentliche Gedenkveranstaltungen gewannen teilweise monströse Dimensionen und wurden zu Anlässen der Selbstdarstellung der Staats- und Parteiführung. Gelegentlich streifte das Ritual geradezu die Geschmacklosigkeit.

c) Schließlich wurden der Antifaschismus und das engagierte Mühen vieler Erzieher dadurch diskreditiert, daß einige der staats- und parteiführenden Antifaschisten durch ihre anmaßende Hoffart, Intoleranz und Ignoranz ihre eigene Vergangenheit sowie das Andenken der unbekannten Widerstandskämpfer ins Zwielicht setzten. Nachgerade widerwärtig wurde das Andenken an den Antifaschismus dadurch geschändet, daß von einzelnen Opfern des Stalinismus das Schweigen durch eine Rente erkauft werden sollte, wie sie den Opfern des Naziregimes gewährt wurde[8].

Diese Deformationen wirkten bis in die jüngste Vergangenheit. In den 80er Jahren indes gewannen einige neue Tendenzen im Umgang mit Faschismus und Antifaschismus an Konturen. Nur auf zwei soll hier verwiesen werden.

a) Es entwickelte sich an der Basis der politischen Kultur der DDR ein Konsens, daß das ganze deutsche Erbe auf ihr lastet, wozu auch der Faschismus gehört. Die Erkenntnis, daß man diesem Erbe nicht entfliehen kann, gewann an Raum.

b) In der Staats- und Parteispitze dagegen wurde die Hilflosigkeit im Umgang mit dem Phänomen eines virulent werdenden Neofaschismus in der DDR immer offensichtlicher. Sie gipfelte in der Festlegung, daß die Ursache dieser Entwicklung außerhalb der Landesgrenzen zu suchen sei. Der Schaden dieser Verdrängung wurde allein dadurch gemindert, daß Lehrer, Seelsorger und Basisdemokraten diese Linie im Umgang mit der Jugend nicht nachvollzogen – ein Indiz dafür, daß auch die Kommando-Bildungspolitik in die Krise geriet.

Was geht nun als Soll und Haben antifaschistischer Erziehung in die Abschlußbilanz der DDR ein? Diese Frage wird nicht selten von einem recht subjektiv geprägten Ermessenshorizont aus beantwortet, die Geschichte von aktuellen Interessen ausgehend rekonstruiert. Schließlich prägen vor allem besonders gravierende Entäußerungen von Fehlentwicklungen gegenwärtige Befunde, wobei man das Befinden der „schweigenden Mehrheit" – weil nicht bekannt – kaum in Betracht zieht. Sicherlich ist letzteres wohl auch ein Ausdruck des Elends der DDR-Soziologie. Aber manche Wertung erfolgt nach meinem Empfinden heute einfach zu flink und oberflächlich.

Selbstverständlich ist auch meine Sicht subjektiv. Jedoch mache ich daraus kein Hehl, erhebe für mein Urteil nicht den Anspruch der Endgültigkeit.

Die Bilanz kann nicht anders als widersprüchlich sein:

a) Einerseits weist m.E. die verhaltenswirksame Verinnerlichung antifaschistischer Werte und Orientierungen aus den angeführten Gründen erhebliche Defizite auf. Diese Defizite bestehen vor allem in der unzureichenden persönlichen Betroffenheit gegenüber persönlicher Schuld des deutschen Volkes, in der mangelnden Sensibilität gegenüber aktuellen Menschenrechtsverletzungen und der unzureichenden Immunität gegenüber nationalistischen und im Extremfall neofaschistischen Entwicklungen.

Als besonders gravierend erweist sich das Defizit an Kenntnissen und an lebensregulierender Betroffenheit über den faschistischen Antisemitismus.

b) Andererseits zeigen die wenigen soziologischen Erhebungen, daß die Aufklärungs- und Erziehungsarbeit nicht ohne Folgen geblieben ist. So belegt eine Intervallstudie des Leipziger Instituts für Jugendforschung, daß vierzehnjährige Schüler durchaus den faschistischen Terror verabscheuen und zu dem Schluß kommen, daß „so etwas nie wieder passieren darf". Mehr kann man kaum erwarten, scheinen doch junge Menschen einfach überfordert, das ganze Ausmaß brauner Barbarei psychisch zu verarbeiten.

Eine weitere Studie belegt, daß einige Segmente faschistischer Vergangenheit tiefgründiger aufgearbeitet worden sind als in der Bundesrepublik, und dies nicht einfach per Gehirnwäsche. So hat Lutz Niethammer folgende Erfahrung mit DDR-Bürgern gemacht: „Die Erfahrungsmuster sind (...) differenzierter und werden auch meist in andere Zusammenhänge gestellt. Das beginnt damit, daß über die Fremdarbeiter anders gesprochen wird: Nie habe ich dort von ihnen in 'Stück'zahlen sprechen gehört; oft hatten die Befragten jedoch eine persönliche Begegnung mit einem von ihnen aus ihrem Gedächtnis parat; viele wußten, wo deren Lager waren – meist gibt es da heute einen Gedenkstein – oder sagten von sich aus etwas über deren miserable Lage, über wahrgenommene Transportkolonnen von Häftlingen, die in den letzten Kriegswochen durch den Ort geführt worden waren, oder die jüngeren berichteten von den rassistischen Bildern, mit denen sie in der Schule indoktriniert worden waren und denen gemäß sie nun von den herannahenden Russen ein Inferno der Unmenschlichkeit erwarteten."[9]

Schließlich sei gesagt: In der DDR ist nie eine Druckzeile verschwendet worden, um die „Auschwitzlüge" zu transportieren. Dies hätte kein, ich betone: nicht einer der Vertreter meiner Zunft auf seinen Namen genommen!

Das Fazit: Dies ist unser differenziertes Erbe. Es ist auf uns Ostdeutsche gekommen. Wir vor allem müssen dafür einstehen und es bewältigen. Dies muß unser originärer Beitrag für ein gemeinsames Deutschland sein, das seiner historischen Verantwortung gerecht wird.

Der Diskurs mit westdeutschen Fachwissenschaftlern ist angesichts unserer gemeinsamen Verantwortung unerläßlich. Deshalb richte ich noch einmal folgende Frage an die Kollegen aus der Bundesrepublik: Wie ist es zu erklären, daß in ihrem – demokratisch verfaßten – Staat der Neofaschismus nicht weniger virulent ist als in der staatlich beendeten DDR?

Diese Frage ist kein dialektischer Winkelzug, wie Peter Krahulec meint[10], sondern bezeichnet eine gesamtdeutsche Herausforderung. Man kann darüber streiten, ob Neofaschismus ein „normales" Phänomen der modernen Gesellschaft ist, muß sich jedoch darauf einrichten – im Sinne einer Langzeitstrategie, die nicht bloß auf die Sanierung einer Deformationserscheinung am rechten Rande der Gesellschaft gerichtet ist.

Die ehemalige DDR birgt, wie Wolfgang Frindte überzeugend nachweist[11], rechtsextremistische Entwicklungen in der Mitte und Tiefe. Solche Tendenzen einfach auf einen (denunziatorisch, nicht analytisch gebrauchten) Begriff des Stalinismus zurückzuführen, ist jedoch zu einfach und vordergründig.

Nachdem die antifaschistische Substanz des vergangenen Herbstes aufgezehrt war, kam es im Frühjahr 1990 kraft der existentiellen Verunsicherung besonders von Jugendlichen zu einem extremistischen Schub. Dieser Prozeß glich einer Rekonquista, die natürlich auch in der DDR-Geschichte wurzelt, aber eben nicht nur.

Wilhelm Heitmeyer

Einig Vaterland – einig Rechtsextremismus?

Sortierungsüberlegungen zu unübersichtlichen Rechtsextremismuspotentialen im vereinten Deutschland

Die politischen Veränderungsprozesse insbesondere in jenen Ländern, die ehedem als „Ostblock" firmierten, und die technologischen, ökonomisch-sozialen Wandlungsprozesse, die eher ihren Boden in den westlichen Industriegesellschaften haben, erreichten binnen kurzer Zeit eine solche Dynamik wechselseitiger Beeinflussung, daß relativ klar erscheinende Fragestellungen und Deutungen von politisch-sozialen Abläufen durcheinandergewirbelt wurden und werden. Dies trifft zweifellos vor allem die ehemalige DDR und die Bundesrepublik hinsichtlich politischer Orientierungen, Wahlpräferenzen, Mitgliedschaften in politischen Organisationen – insgesamt die politische Kultur und ihre Gefährdung, also den Rechtsextremismus[1].

Wenn die Feststellung stimmt, daß auch bezüglich seiner Potentiale einiges „durcheinandergewirbelt" ist, lohnt sich ein Versuch des Sortierens – auch deshalb, weil die Geschichte der Einschätzung des Rechtsextremismus im westlichen wie östlichen Teil Deutschlands eine Geschichte der Illusionen war und ist. Für den westlichen Teil ergaben sich – durchaus politisch kalkulierte – Illusionen durch die angebliche „Stunde Null", einen leicht zu identifizierenden Neonazismus als zentrales Problem, Reduzierung auf Mitgliedschaften in traditionell rechtsextremistischen Parteien (wie NPD und DVU) und neonazistischen Parteien (wie z.B. der FAP). Für den östlichen Teil war die Illusionsliste geprägt durch die Staatsdoktrin des per „Dekret" überwundenen Faschismus und neuerdings durch die Illusion, daß mittels Verbot der sog. Republikaner das Thema erledigt sei.

Sobald Erklärungsansätze für den heutigen Rechtsextremismus formuliert sind, werden sie daran gemessen, ob die benannten Ursachen sich auch als Erklärung des Nationalsozialismus bewährt haben. Dadurch wird die Erklärung heutigen rechtsextremistischen Potentials vorrangig an historische Vorgänge gekoppelt, implizit gesellschaftsstrukturell und subjektiv universalistische Ursachen werden angenommen. Dagegen stellt sich mehr denn je die Frage, ob dieses Untersuchungsparadigma umstandslos zu halten ist, denn es unterstellt, daß rechtsextremistische Konzepte ihre Erfolge nur an bestimmte, quasi bereits feststehende Ursachenkonstellationen (vor allem durch materielle Krisenlagen) binden können. Dadurch wird mit einem historischen Parallelisierungs-Paradigma gearbeitet, das m.E. gerade angesichts des „Durcheinanderrüttelns" neu überdacht werden muß.

Zum Beispiel läßt das Muster, nach dem es ein „geschlossenes rechtsextremistisches Weltbild" (Sinus-Institut) geben soll, leicht übersehen, daß der Rechtsextremismus gerade aus der widersprüchlichen Heterogenität (und hier sind in der Tat dann historische Anleihen möglich) seiner Versatzstücke die Gewinne ziehen kann, wenn es seinen Protagonisten gelingt, für Potentiale in der Bevölkerung Einzelelemente von Problemen oder Feindbildern zu einer Totalitätsperspektive zu formen, aus der heraus dann andere Problemlagen gedeutet, geordnet und bewertet werden können[2].

Heterogenität und Widersprüchlichkeit sind nur für jene ein Nachteil, die auf Konsistenz als Erfolgsmuster setzen. Der Rechtsextremismus weist nun aber dieses gerade nicht aus, was gegen seine Rationalität, aber nicht gegen seine sprunghafte Wirksamkeit spricht. Insbesondere dieser Umstand zwingt dazu, über die Parallelisierung von Ursachenkomplexen als „Meßlatte" für ihren Aussagewert neu nachzudenken. Denn auch die Veränderungen im Neorassismus, zu dessen Grundlagen nicht mehr biologisch definierte Rassen, also Ungleichheit und Minderwertigkeit, sondern Differenz zählt, zwingen dazu, alte Sichtweisen zumindest zu überprüfen.

Auch ein drittes Beispiel kann dieses Plädoyer untermauern. Gemeinhin gilt Arbeitslosigkeit immer noch (auch wieder in Parallelisierung zum historischen Nationalsozialismus) als zentrales Erklärungsmuster. Übersehen wird dabei offensichtlich, daß heute aufgrund von sozialen Sicherungssystemen, Veränderungen in der Bedeutung von Arbeit, internen Veränderungen von Arbeitstätigkeiten etc. weniger die formale Integration in den Arbeitsprozeß einen Wall gegenüber rechtsextremistischen Orientierungen bildet, sondern die Verbindung mit sachlich-inhaltlichen Arbeitsorientierungen. Rechtsextremismus ist daher heute mehr denn je ohne Arbeitslosigkeit (im klassischen Sinne) denkbar, koppelt sich vom alten Krisenbegriff ab und wandert gewissermaßen in die „Normalität" hinein.

Als kritischer Einwand dürfte der Vorwurf einer ahistorischen und unpolitischen Sichtweise nicht auf sich warten lassen. Er stößt aber ins Leere, wenn man sich z.B. den Folgen der Heterogenität rechtsextremistischer Konzepte stellt, die um so wirksamer sind, je populistischer sie vorgetragen werden. Ein gängiges Argumentationsmuster, das zwar die vielen schnellen und unvorhergesehenen Veränderungsprozesse in allen Lebensbereichen sieht, die Ursachenkomplexe für den Rechtsextremismus jedoch auf die Zeit im Vorfeld und bei der Machtdurchsetzung des historischen Nationalsozialismus „stillstellt", muß kritisch überprüft werden: genau dies wäre eine „aufgespaltene", selektiv-ahistorische Sichtweise.

Die Gefahr, daß neue Formen oder Ursachenzusammenhänge unterbewertet oder übersehen werden, liegt auf der Hand. Ein Beispiel dafür bildet die überraschende Entwicklung rechtsextremistischer Orientierungen in der ehemaligen DDR. Einerseits hat eine rigide Anwendung des historischen Parallelisierungs-Paradigmas dazu beigetragen, daß einiges übersehen worden ist. Andererseits gewinnt aber dieses Paradigma aufgrund des Modernitätsrückstandes im östlichen Teil – wie noch zu zeigen sein wird – wiederum eine partielle Bedeutung; allerdings nur unter Berücksichtigung der Verwerfung „Kapitalismus damals – Pseudo-Sozialismus heute".

Bevor Überlegungen zu Neukonstellationen angestellt werden, sind einige Vorbemerkungen zur Rechtsextremismusforschung in der DDR notwendig. Sie steht zweifellos vor großen Problemen, die jenseits staatlicher Unterdrückung auch in der schmalen Theorielinie entlang der Monopolkapitalismus-These gruppiert waren, nach der Neonazi-Kader für den Krisenfall benötigt werden. In dieser Sicht ist es nicht sonderlich überraschend, daß die prominenteste These vor der Wende die des „Westimportes" war, mit der das Aufkommen von jugendlichen Skinheads und „Faschos" erklärt wurde: Traditionelle Vererbung des Gedankengutes durch die Eltern, Einfluß neofaschistischer Gruppen in der BRD, gezielter Konsum von Radio- und Fernsehsendungen aus der BRD und anderen kapitalistischen Ländern sowie die Zugehörigkeit zu einer bestimmten Schicht waren die Elemente, die auf der fragwürdigen Datenbasis von kriminalpolizeilichen Vernehmungsprotokollen nach dem Überfall auf Teilnehmer einer Veranstaltung in der Ostberliner Zionskirche am 17. Oktober 1987 entstanden.

Konrad Weiß hat dieser These 1989 widersprochen[3], sich m.E. aber zu sehr auf eine Analogiethese hinsichtlich des Weiterlebens nationalsozialistischer Ideen, verbunden mit der Annahme der „Verschwörung" durch existierende Kommandozentralen, bezogen. Parallel zum Nachlassen der politischen Repression setzten sich dann auch jene Thesen durch, die den Anteil DDR-spezifischer Verdrängungs-, Unterdrückungs- und Zerstörungsprozesse aufnahmen. Charakteristisch war lange Zeit der Bezug auf informelle Jugendgruppen, wobei nach wie vor unübersichtliche Schätzungen und Hochrechnungen (selbst auf der fragwürdigen Basis kriminalpolizeilicher Angaben) die Interviews in Zeitungen und die Kurzberichte und Referáte durchziehen.

Immer noch fehlt eine breite Darstellung jener empirischen Daten, die durch die sog. „Panzerschrank"-Forschung erhoben worden sind (oder erhoben worden sein sollen). Die folgenden Annahmen – zumal „aus der Nähe eines fernen Beteiligten" – sind daher vorsichtig vorzutragen; versucht werden Aussagen über das Zusammenfließen von spezifischer DDR-Geschichte im Anschluß an das zumindest militärisch und wirtschaftlich 1945 beendete NS-System, ***aktuellen*** Aufbrüchen der existierenden „Zwei-Welten-Realität" des DDR-Alltags und Antizipationen ***zukünftiger*** Entwicklungen im Anschluß an die westdeutsche Industriegesellschaft im Hinblick auf Rechtsextremismuspotentiale.

Weder ein einfaches zeitbezogenes historisches Parallelisierungs-Paradigma noch eine getrennte Betrachtung in westlichen wie östlichen Teilgebieten reicht hin, auch nicht ein additives systembezogenes West-Ost-Parallelisierungs-Paradigma von vermutlichen Ursachenkomplexen oder Wahlpotentialen. Versucht werden muß vielmehr, Ungleichzeitigkeiten, Ungleichwertigkeiten und Ungleichwirksamkeiten von individuellen, sozialen, politischen, ökonomischen Faktoren herauszuarbeiten, um zumindest vorläufige Sortierungsthesen zu formulieren im Hinblick auf aktuelle gesellschaftliche und historisch-politische Verdrängungsprozesse, politische und kulturelle Unterdrückungsprozesse sowie individuelle und soziale Zerstörungsprozesse, die Rechtsextremismus begünstigen.

Über rechtsextremistische Organisationen und Wahlerfolge gibt es eine Fülle einschlägiger Veröffentlichungen, während bei den Orientierungsmustern große Lücken klaffen. Dies ist politisch durchaus funktional, weil solche Untersuchungen auf unbequeme Alltagsursachen verweisen könnten, unter denen viele Menschen leiden, von denen aber auch viele (weil „stärker“) profitieren. Die Aufmerksamkeitslinie führte von den Mitgliedschaftszahlen in traditionell rechtsextremistischen Parteien wie NPD und DVU und neonazistischen Parteien wie der FAP und Aktionsgruppen wie der NF zu den Wahlergebnissen vor allem der REPUBLIKANER, bricht allerdings an jener politisch besonders sensiblen Stelle ab, wo sie die Ebene des konventionellen Politikverhaltens verläßt und ein verfassungsrechtlicher Rechtsextremismus-Begriff nicht mehr greift, weil der soziologische Rechtsextremismus beginnt und sich mit dem sozial akzeptierten Alltag in Deutschland vermengt, also in Normalisierungsprozesse einmündet.

Eine weitverbreitete These im politischen Establishment läuft derzeit auf die Behauptung hinaus, das Problem des wahlpolitisch relevanten Rechtsextremismus sei wieder einmal – ähnlich wie 1966/67 – bewältigt. Als Beleg werden die letzten Wahlergebnisse und Meinungsumfragen herangezogen, in denen die traditionell rechtsextremistischen und neonazistischen Parteien gar nicht auftauchen, aber auch die „Republikaner“ unter die für Politiker so magische Grenze von 5 Prozent abgesunken sind.

Für diese These spricht nun zunächst die parteiinterne Entwicklung bei den sog. Republikanern. Diese „Wiedervereinigungspartei“ sieht sich am Ziel wesentlicher Wünsche („Deutschland, Deutschland über alles“) – und scheint doch gleichzeitig die große Verliererin des Vorganges zu sein.

Emotionsbeladene alte Feindbilder, über die sich Sympathisanten- und Wählerpotentiale binden ließen, verschwinden zusehends. Dies gilt zumindest außenpolitisch gen Osten, und auch innenpolitisch gibt es neue Verwerfungen, weil die ethnisch gleichen Aus- und Übersiedler nun schlecht als „Fremde“ bekämpft werden können, obwohl sie auf dem Wohnungs- und Arbeitsmarkt als Konkurrenz zu der bereits ansässigen Klientel auftreten. Feindbilder, die der Rechtsextremismus mehr als alle anderen politischen Formationen braucht, müssen also neu justiert werden. Dies wird eine Zeit dauern; aufgrund zu erwartender sozialer und politischer Verwerfungen dürften sie aber wieder auftauchen.

Eine eher parteiinterne Irritation über „führende“ Personen, ihre teilweise Rekrutierung aus traditionellen rechtsextremistischen oder neonazistischen Parteien und ständige Absplitterungen haben ebenfalls zu einer momentanen öffentlichen Stillegung beigetragen.

Hinzu tritt ein weiterer Grund: Die „Republikaner“ formulieren aus vorrangig verfassungsrechtlich-strategischen Gründen ein Programm, das sie auf einem Parteitag öffentlich zur Schau stellen – und gleichzeitig vor ihrer eigenen Wählerschaft verstecken müssen, weil es nur eine zugespitzte bundesweite CSU-Version und vor allem auf drei Zielgruppen zugeschnitten ist:

— die den sozialen (!) Berufen zugeordnete Polizei, die an mehreren Stellen des Rosenheimer Programms immer wieder mit fürsorglicher Zuwendung und entsprechender Interessenwahrnehmung bedacht wird;
— den Mittelstand, den die REPUBLIKANER auch als das Opfer der Ausbeutung durch Randgruppen darstellen;
— die Bauern, die im Sinne von Autarkie „unsere Ernährung sichern und uns vor politischer Abhängigkeit und Erpressung bewahren (sollen)."

Dagegen werden die in Wahlanalysen immer wieder als REP-Potential auftretenden Arbeiter nicht nachdrücklich angesprochen: Gegen deren Verunsicherung vorgebrachte restriktive Auffassungen zur Frauenrolle sind programmatisch ersatzlos gestrichen, und auch die aus Gründen der Konkurrenzvermutung für sie zentrale „Ausländer-Problematik" wurde verpackungssprachlich behandelt.

Wohl bedeutet das Programm auf der verfassungsrechtlichen und verfassungsschützerischen Seite für die REPUBLIKANER eine gewisse Entlastung; auch mag die „Intellektualisierung" das Selbstgefühl führender Funktionäre geliftet haben – gleichzeitig entstehen aber ganz neue Probleme, die sich zum einen aus dieser Programmatik, zum anderen aus politischen Entwicklungen speisen, denn die bisherige Klientel kann nicht mehr bei der (deutschen) Fahnenstange gehalten werden, weil andere Parteien in nationaler Euphorie bereits an ihr vorbei"marschiert" sind.

Damit ist für die politische Kultur der Bundesrepublik wenig gewonnen, denn autoritär-nationalistische Orientierungsmuster und latente Gewaltakzeptanz bleiben erhalten, suchen nur wieder neue Anbindungsmöglichkeiten, wenn der „Nationalismus der Mitte" im politischen Alltag seine Attraktivität verliert. Bis zu diesem Zeitpunkt hat sich die politische Kultur allerdings schon wieder verschoben. Insgesamt leisten die REPUBLIKANER mittels ihrer programmatischen Orientierung einen nicht zu unterschätzenden Beitrag für den Machterhalt konservativer Parteien in der Bundesrepublik. Die parteipolitische Zurückdrängung des Rechtsextremismus wäre zu begrüßen, Grund für Jubel über die hier diskutierte mögliche politische Entwicklung gibt es nicht.

Die Verortung der sog. Republikaner als „Brückenpartei" zwischen den konservativ-demokratischen Parteien und den traditionell rechtsextremistischen bzw. neonazistischen Parteien hat dazu beigetragen, daß die Partei „aufblühen" konnte. Das Sympatisanten- und Wählerpotential kann jedoch von den konservativ-demokratischen Parteien auch wieder „aufgesogen" werden – wobei sich diese Parteien auch selbst verändern. Die im Vergleich mit anderen Parteien des rechtsextremistischen Spektrums relativ „moderate" Kontur der REPUBLIKANER vereint somit Vorteile und Nachteile. Ihr Sympathiesanten- wie Wählerpotential verfügt zwar weitgehend über stabile autoritär-nationalistische Orientierungsmuster, aber gleichzeitig über stimmungsabhängige Wahloptionen. Insofern ist die politische „Umschlag"-Gefahr unter den heutigen Bedingungen größer denn je, weil ein parteipolitisches Angebot selbst für die geringsten „Stimmungsumschwünge" zur Verfügung steht. Das wahlpolitische Verschwinden der REPUBLIKANER basiert wesentlich darauf, daß die etablierten Parteien einen Gewinn aus Stimmungsumschwüngen ziehen, die sie durch deutschlandpolitische Melodien mit bewirken.

Gleichwohl wird dies weitgehend abgestritten und der „Erfolg" der „Auseinandersetzung" mit dem Rechtsextremismus zugeschrieben. Auseinandersetzung muß auch heißen, daß sie mit den „anderen" stattfindet, die solche Positionen vertreten am Arbeitsplatz, im Stadt- oder Wohnviertel, in der Straßenbahn, in der Schule etc. Das Rechtsextremismus-Thema ist nicht ausschließlich ein Wissens- und Einstellungsproblem, sondern ein Erfahrungsproblem. Betrachtet man unter diesem Gesichtspunkt die Szenerie beispielsweise in jenen Stadtvierteln der Großstädte, in denen die „Republikaner" besondere Wahlerfolge erzielen konnten, etwa Berlin-Gropiusstadt, München-Hasenbergl oder Frankfurts Wohnsiedlung Am Bügel, wo die NPD erfolgreich war, oder Bremens Neue (Heimat) Vahr, wo die DVU zum Zuge kam, so läßt sich unschwer feststellen, daß sich die Verhältnisse, also die sozialen und ökonomischen Erfahrungen der Menschen, nicht geändert haben. Erfolgreich war der politische Trick, soziale Probleme in nationale Probleme umzudefinieren.

Vor dem Hintergrund dieser Erfolgsstrategie der populistischen Umdefinition von Problemlagen, die nur kurzfristig gelingt, weil Euphorie etwas sehr Flüchtiges ist, übersieht man leicht, daß Stimmungsumschwünge sehr schnell verlaufen können. Die etablierten Parteien ignorieren, daß eine Auseinandersetzung, die diesen Namen verdient, erst erfolgreich ist, wenn sich neben den Wahloptionen und -entscheidungen die auf Alltagserfahrungen basierenden Orientierungsmuster geändert haben. Was nützt es, wenn rechtsextremistische Orientierungen sich mit den staatstragenden Parteien verbinden – aber unbeobachtet im Alltag weiterwuchern?

Hier wird eine machiavellistische Kalkulation in den etablierten Parteien sichtbar, die eine Verschiebung oder Zerstörung der politischen Kultur in Kauf nehmen, wenn nur die wahlpolitische „Oberfläche" ihren Interessen entspricht.

Was passiert, wenn das emotionsbindende Thema des DDR-Anschlusses nicht mehr zur Verfügung steht? Treten neue emotionsgebundene Themen in den Vordergrund, beispielsweise das der ethnischen Homogenität – allen Einwanderungen zum Trotz? Ich fürchte, daß sich ein materieller Nationalismus nach innen verschärft und die Fremdenfeindlichkeit Auftrieb erhält, sobald die nationale Euphorie verweht ist.

Dagegen wird eingewendet, daß der Wirtschaftsboom eine solche Entwicklung ausschließe, da Faschismus bzw. Rechtsextremismus sowohl vor 1933 als auch um 1966/67 herum mit Wirtschaftskrisen bzw. -rezession einhergegangen sei. Der wahlarithmetische „Flickenteppich" der „Republikaner"-Erfolge auch in Regionen, in denen die traditionellen Krisenelemente nicht anzutreffen waren, deutet darauf hin, daß eine solche Annahme und entsprechende Gegenstrategien allein nicht mehr weiterhelfen. Da es nicht nur (reale und potentielle) *materielle* Modernisierungsverlierer, sondern auch (reale und potentielle) *sozialkulturelle* Modernisierungsverlierer gibt, ist eine Erweiterung des Krisenbegriffs nötig.

Wenn die bereits aufgeführte „neue" Konstellation des Zusammenhanges von wirtschaftlicher Situation und politischer Reaktion zutrifft, daß im westlichen Teil heute eher eine Kombination von Wirtschaftsboom und soziologischem Rechtsextremismus (der vornehmlich im Alltag wirksam ist) auftritt, so wird damit nicht nur die Monopolkapitalismus-These absurd, wonach rechtsextremistische oder neonazistische Parteien zur Sicherung der Verwertungsinteressen bereitgehalten werden, sondern auch der Blick für die sozialen Zerstörungsprozesse bei relativem materiellem Wohlstand und entsprechenden Konsumchancen geschärft.

Einige Hinweise zu den individuellen, sozialen und politischen Zersplitterungspotentialen mögen genügen:

— Die Zersplitterung des Arbeitsmarktes in Teil-Arbeitsmärkte erzeugt auf der biographischen Ebene für Teilgruppen der Arbeitnehmer eine Zerstückelung von kontinuierlichen beruflichen Normalbiographien mit entsprechenden Statusängsten.

— Die sich widersprechenden Erwartungen aus unterschiedlichen Handlungs- und Lebensbereichen mit ihren je unterschiedlichen Sanktionsmechanismen erzeugen den Zwang zu einer „patchwork"-Identität, die nicht selten bei einer in sich zerrissenen Persönlichkeit steckenbleibt und Verständigungsschwierigkeiten mit anderen erzeugt.

— Die Kulturindustrie entwirft kulturelle Orientierungsangebote ständig neu und muß sie zugleich – industrieller Verwertungslogik folgend – immer schneller sofort wieder entwerten, was eine gerade für Umbruchzeiten stabilisierende Traditionsbildung (etwa einer demokratischen politischen Kultur) gar nicht mehr zuläßt und den ohnehin leicht aufkommenden Glauben befördert, „daß früher alles besser war", zumindest aber wachsende Orientierungsprobleme schafft.

— Die forcierte intergenerative Abschottung unterläuft altersheterogene Verständigungsprozesse und führt entlang bröckelnder Versorgungssysteme zu neuen Gegensätzen.

— Die isolierenden Wohnformen etwa in den verschiedenen Großstadtquartieren bewirken, daß Menschen nicht nur wohnhaft sind, sondern sich zum Teil in von jeder sozialen Infrastruktur abgeschnittener Wohnhaft befinden.

— In den intrafamiliären Auflösungstendenzen tritt die Ambivalenz von Emanzipation deutlich hervor, indem z.B. bei alleinstehenden oder alleinerziehenden Frauen (vor allem mit niedriger Berufsqualifikation) aufgrund fehlender politischer Stützungen die alten Erniedrigungen in der Familie und Ehe gegen neue Formen von Vereinsamung und materieller Not eingetauscht werden.

— Die sozialen Milieus mit ihren – trotz der Begrenzung – auch Sicherheit gebenden Zugehörigkeitsmöglichkeiten zerbröseln, ohne daß hinreichend vergleichbare Formen derzeit – mit wenigen Ausnahmen etwa spezieller Jugendkulturen (ohne längere Stabilität) – gelebt werden könnten.

— Lebensrhythmus und ökonomischer Rhythmus fallen aufgrund neuer Produktionsformen (z.B. „just-in-time"-Produktion) auseinander. Der Flexibilitätsdruck führt zu neuen Stufen der Zurichtung des Menschen nach ökonomischen Erfordernissen. Überdeckt wird dies derzeit durch eine „Ideologie der freien Zeit". Die Zeiterfahrung, die immer auch eine „soziale Beziehungsform" (Norbert Elias) darstellt, erhält unter diesen Bedingungen eine politische Aufheizung, deren Gradzahl nur grob einzuschätzen ist und deren politische Auswirkungen im Hinblick auf eine „Ent-Gesellschaftung" des Menschen nicht abzusehen sind[4]. Die individuell verfügbare Zeit nimmt rechnerisch zu – die kollektiv geteilte Zeit, sei es in „IC-Familien", „Spagat-Ehen" oder in politischen Großgruppen, dürfte dagegen nach und nach abnehmen bzw. nur noch mit hohem Koordinationsaufwand herstellbar sein.

Wie sollen sich unter diesen Bedingungen konfliktfähige politische Großgruppen formieren, die sich dem Kapitalismus und seinen Großvorhaben, etwa der Gentechnologie, entgegenstellen? Woher können sie ihre Stabilität beziehen, wenn selbst die Grundvoraussetzung einer gemeinsam geteilten Zeiterfahrung zerstückelt ist?

Die Folgen für das Aufwachsen von Kindern und Jugendlichen bekommen unter dieser Zeit-Perspektive ebenfalls problematische Züge, wenn deren Probleme, Nöte und Wünsche nur noch in die von den „flexibilisierten" Erwachsenen übriggelassenen Zeit-Lücken hineingestopft werden. Ein Entlastungsargument, daß auch „früher" die Väter nicht anwesend gewesen seien, mithin die Situation nicht erheblich verändert sei, verkennt den Umstand, daß unter den jetzigen Bedingungen der Auflösung von belastenden Rollenbildern etc. die jeweiligen Handlungsweisen kommunikativ „ausgehandelt" werden müssen, während sie zu früheren Zeiten trotz Abwesenheit der Väter über Traditionen etc. irgendwie Orientierungsrelevanz hatten. Die Offenheit der Aushandlung mit ihren neuen Chancen ist gegeben – aber auch hier fehlt jetzt eine um so nötiger werdende Voraussetzung, ein Mehr an gemeinsam geteilter Zeit.

Die Chancen der Aushandlung von neuen Verhaltensweisen enden in den Verhängnissen der Leere. Übrig bleibt womöglich nur noch das, was als Zunahme ausgeprägten Konkurrenz- und Dominanzstrebens bei gleichzeitiger Abnahme der sozialen Orientierung auf andere hin feststellbar ist: blanker Machiavellismus, modernisierter Sozialdarwinismus unter der Schirmherrschaft einer sozial verkürzten Selbstdurchsetzung[5]. „Republikaner"-Anhänger zeichnen sich demnach durch Merkmale aus, die im Zeittrend liegen, gewissermaßen eine Vorhut in der Richtung bilden, in die sich der Durchschnitt (insbesondere der Männer, aber zunehmend auch der Frauen) seit 1975 allgemein bewegt. Gleichzeitig sind diese Personen jedoch aufgrund ihres Dominanz- und Konkurrenzstrebens sowie des daraus erwachsenden Mißtrauens nicht in der Lage, sich dauerhaft zu Gruppierungen zusammenzuschließen – wenn sie sich nicht gegen Außenfeinde stärker solidarisieren können.

Selbst wenn die sog. Republikaner schon deshalb keine Partei von Dauer sind, wäre es von weitreichender Bedeutung, würde sich das „REP-Syndrom" als machiavellistischer, herrschaftsfunktionaler Typus ausbilden und mit derzeit dominierenden Modernitätsprozessen positiv in Verbindung gebracht – mit sozial desintegrierenden Wirkungen.

Hier liegen zentrale politische Krisenherde, die mit zunehmender Modernisierungsgeschwindigkeit mehr Virulenz entfalten dürften. Das „Durcheinanderwirbeln der Individuen“ (Ulrich Beck) in sozialer Hinsicht mit ihren Statusbedrohungen, in räumlicher Hinsicht durch den Mobilitätsdruck (etwa demnächst auch durch die europaweite Verlagerung von Produktionsstätten), in zeitlicher Hinsicht etwa durch Abkoppelung des tagtäglichen Lebensrhythmus vom ökonomischen Rhythmus setzt Ambivalenzen frei, die von Menschen nicht mehr einfach nur als Sonnen-, sondern als Schattenseiten wahrgenommen werden.

Dort, wo sich die aufgeführten Phänomene bereits brennglasartig verdichtet und mit entsprechenden individuellen politischen Verarbeitungsweisen verbunden haben, also z.B. in den angeführten Stadtvierteln, sind sie nach wie vor auf der individuellen und sozialen Ebene virulent, wenngleich derzeit durch politische Umdefinitionsprozesse „stillgestellt“. Diese Stillegung gelingt um so leichter, je weiter die Individualisierungsprozessen inhärente Subjektivierung gesellschaftlicher Probleme vorangeschritten ist, die den Stabilisierungsmechanismus der „Psycho-Somatisierung“ enthält.

Rechtsextremismuspotentiale und parteipolitische Bündelungen im westlichen Teil werden m.E. erklärbar durch eine Kombination der Erfahrung bzw. Antizipation von sozialen Kontinuitätsbrüchen als Ausfluß der Schattenseiten von Individualisierungsprozessen einerseits und historisch-politischen Kontinuitätsbezügen (zu denen u.a. auch „entsorgte Geschichte“ gehört) andererseits, die im Neokonservatismus dazu benutzt werden, um die desintegrierenden Wirkungen der sozialen Kontinuitätsbrüche zu verschleiern bzw. nationale Stimmungen als soziale Bindemittel einzusetzen[6].

So kritisch eingangs das historische Parallelisierungs-Paradigma betrachtet wurde, so vorsichtig ist m.E. auch mit einer West-Ost-Parallelisierung umzugehen. Ich warne vor einer „Verwestlichung“ wissenschaftlicher Konzepte, ihrer umstandslosen Übernahme im östlichen Teil Deutschlands zur Interpretation von „dortigen“ Ereignissen, Prozessen, Verarbeitungen etc. Das gilt auch für das Individualisierungstheorem, das im Zuge des wissenschaftlichen Modernisierungszwanges schon deshalb attraktiv erscheinen könnte, weil es im westlichen Teil intensiv (und kontrovers) diskutiert wird.

Um auf weitere Problemlagen hinzuweisen, werden im folgenden Ungleichzeitigkeiten und Ungleichwirksamkeiten beschrieben.

Unterschiedliche gesellschaftsstrukturelle Verhältnisse und Rechtsextremismuspotentiale

Einerseits gibt es einen angeblich sozial abgefederten Kapitalismus, mit, unter und von dem Menschen im westlichen Teil Deutschlands leben, andererseits gab es den stalinistisch geprägten „Sozialismus“ in den DDR-Farben, mit, unter und von dem Menschen im östlichen Teil gelebt haben. Im westlichen Teil gibt es eine lange und wechselvolle Geschichte des parteipolitisch-organisatorischen Rechtsextremismus, seiner Wahlerfolge und Potentiale, zu deren neueren Erscheinungsweisen ein Erklärungsangebot formuliert worden ist. Demgegenüber gab es im östlichen Teil in der Öffentlichkeit und der veröffentlichten Meinung keine Darstellung und Diskussion dieser Phänomene.

Dies ändert sich zunächst auf der Ebene der Potentiale. Fremdenfeindlichkeit, Rassismus und Gewalt nehmen zu[7]. Wie erklären sich solche Orientierungen und Handlungsweisen im östlichen Teil Deutschlands?

Eine Variante besteht in der eher psychologistischen Annahme, daß es Orientierungsänderungen gibt aufgrund von veränderten politischen Verhältnissen, sozialen Lagen usw. Diese Annahme scheint auf den ersten Blick plausibel, hat aber ihre Tücken, weil ausgerechnet ein struktureller Freiheitszuwachs für das Anwachsen rechtsextremistischer Orientierungen verantwortlich gemacht würde. Dies wäre ein Hinweis auf die Erklärungskraft des klassischen Autoritarismus, etwa in Gestalt einer „Angst vor der Freiheit" (Erich Fromm).

Eine solche Annahme hätte auf der Ebene politischer Gegenstrategien die fatale Konsequenz, daß entweder neue straffe Verhältnisse notwendig würden, die gewissermaßen solche Orientierungsänderungen „zurückwenden", so daß sich autoritär disponierte Persönlichkeiten in diesen Verhältnissen, die „sicher" und einfach strukturiert sind, wieder „wohlfühlen". Oder es würde naheliegen, daß durch solche Orientierungsänderungen auftretende Positionen unterdrückt würden mittels Etikettierung, Stigmatisierung oder Gewalt (wie in manchen Varianten „antifaschistischer" Strategien, womit eine verschwiegene psychologistische Sichtweise des Problems deutlich wird). Dabei dürfte sehr schnell die Kontraproduktivität dieses autoritären Antifaschismus deutlich werden, denn diskriminierend angelegte Etikettierungs- und Stigmatisierungsprozesse ohne andere Erfahrungsmöglichkeiten lassen in dem Moment an unterdrückender Wirkung nach, wo es den so scheinbar Diskriminierten gelingt, ihr negatives Rollenbild umzuformen z.B. in ein besonderes Elitebild.

Eine zweite Möglichkeit bildet die Annahme, daß es sich um Orientierungsfreisetzungen aufgrund des Wegfalls von Repression handelt. Damit würde die Aufmerksamkeit von einer psychologischen zu einer soziologischen Erklärungsvariante gelenkt, weil diese Orientierungen relativ unabhängig von kapitalistischer oder stalinistisch-sozialistischer Gesellschaftsform mitsamt ihren oft zum Angelpunkt erhobenen Eigentumsgrundlagen zu sehen und eher in der beiden Formationen gemeinsamen industriegesellschaftlichen Produktionsweise mit ihren gleichermaßen die Lebenszusammenhänge zerstörenden Wirkungen begründet wären.

Die Horkheimersche These „Wer vom Kapitalismus nicht reden will, soll auch vom Faschismus schweigen" wird durch die politischen Ereignisse im ehemaligen Ostblock und insbesondere im östlichen Teil Deutschlands nicht falsch, büßt aber erheblich an Reichweite ein. Dies verdankt sich nicht etwa Veränderungen im Kapitalismus mit seinen Widersprüchen bzw. Gewalt hervorbringenden und verschleiernden Verhältnissen, sondern dem Zusammenbruch eines stalinistisch deformierten „Sozialismus in den Farben der DDR".

Eine solche Annahme hätte nun ebenfalls ihre Tücken. Zwar würde die Aufmerksamkeit auf strukturelle Verhältnisse des Industrialisierungsprozesses mit seinen ambivalenten Folgen auf der Ebene der Individualisierungsprozesse gelenkt – gleichzeitig müßte eine solche Annahme insoweit nachdenklich stimmen, als selbst ein Nachlassen von Repression keineswegs repressionsarme oder gar repressionslose Orientierungen hervorbringt, sondern in hohem Maße solche Positionen, die das Umlenken der Erfahrung machtvoller Systemrepression in die eigene Repression gegenüber machtlosen Fremden ermöglichen. Die optimistische Annahme schneller wie positiv menschenfreundlicher Orientierungsänderungen bekommt damit einen erheblichen Dämpfer.

Die aus westlich-demokratischer Sicht begrüßten „Befreiungsbewegungen" vom „kommunistischen Joch" bringen z.T. unter einem formaldemokratischen Dach einen scharf ausgeprägten Nationalismus hervor, der nicht mehr Andersdenkende an den Pranger stellt, sondern Anders-Zugehörige oder Anders-Aussehende. Dies ist eine – im formaldemokratischen Blickwinkel häufig gar nicht mehr wahrgenommene – schärfere Diskriminierung, denn Überzeugungen und Gedanken kann man bekanntlich ändern, die Anders-Zugehörigkeit oder das Anders-Aussehen (als wahrgenommene oder feststehende Naturkategorie) dagegen nicht.

Gemeinsamkeiten und Verwerfungen alltäglicher und politischer Inkonsistenz

Im Zuge einer Abwendung vom verfassungsrechtlichen Begriff des Rechtsextremismus, der die Mitgliedschaft in einer entsprechenden Organisation zum Angelpunkt macht, hin zu einem soziologischen Verständnis stößt man auf einen Umstand, der kaum beachtet wird: die Inkonsistenz zwischen alltäglichen politischen Orientierungen und Wahlentscheidungen (als Ausdruck konventionellen politischen Verhaltens). So muß es bedenklich stimmen, daß im östlichen Teil Deutschlands ein rasanter Anstieg von Fremdenfeindlichkeit und Gewaltakzeptanz zu verzeichnen ist, bei der Volkskammerwahl im März 1990 aber eine große Mehrheit für demokratische Parteien (oder die als solche gelten) gestimmt hat. Hier wiederholte sich die auch aus dem westlichen Teil bekannte Kombination von Fremdenfeindlichkeit und formaler Demokratieakzeptanz.

Hinter dieser Gemeinsamkeit verbergen sich im Hinblick auf die Sprengkraft der Inkonsistenz, die im Zusammenspiel des Verlustes der Orientierungsrelevanz von Parteien und Orientierungslosigkeit von Personen zu suchen ist, durchaus unterschiedliche Quellen.

Im westlichen Teil wird diese Inkonsistenz u.a. befördert durch die bekannten negativen parteieigenen politischen Entfremdungsprozesse, aber auch die an sich positiven Wertpluralisierungen auf seiten der Bürger, die wiederum Parteien, welche die Individualisierungsprozesse forcieren, zusätzlich in das Dilemma einer „strukturellen Unglaubwürdigkeit" manövrieren.

Wertpluralisierungen offenbaren die Dialektik von Modernisierungsprozessen, indem sie zunehmende Freiheitsspielräume des einzelnen und abnehmende politisch-kollektive Bündelungsmöglichkeiten untrennbar verbinden. Dies könnte als Vorteil interpretiert werden von jenen, die endlich das Parteiensystem herrschender Prägung hinter sich lassen wollen. Das wäre plausibel, wenn sich nicht über die durch Wertpluralisierungen mit erzeugten Kontingenzen gleich zwei Probleme einnisten würden. Potentiell ist die Gefahr nicht zu übersehen, daß bei hoher Inkonsistenz gerade die Anknüpfungschancen des Rechtsextremismus besonders hoch sind, weil – die eigene Inkonsistenz nutzend – an beliebigen Stellen populistisch angeknüpft werden kann. Real liegt bereits ein Problem darin, daß die „Partei der Nicht-Wählerinnen und Nicht-Wähler" immer größer zu werden scheint und selbst im östlichen Teil bereits nach drei Wahlen (vor allem bei Jüngeren) ein erheblicher Rückzug in die Nicht-Wählerschaft stattfindet. Die von herrschenden politischen Gruppierungen z.T. durchaus begrüßte Apathie gewinnt allerdings spätestens dann problematische Züge, wenn sich die These erhärten läßt, daß vor allem rechtsextremistische Parteien am ehesten in der Lage sind, aus dem diffusen Nicht-Wählerpotential zu „schöpfen".

Betrachtet man die Seite der Parteien, so ist im östlichen Teil der langwährende Verlust von akzeptierter Orientierungsrelevanz der Partei wohl eher auf immer leerer gewordene Autorität bei gleichzeitig aufrechterhaltenen autoritären Strukturen bzw. Repressionen zurückzuführen. Wechselt man auf die Seite der Personen, dann zeigt sich im westlichen Teil eine – wiederum den Individualisierungsprozessen innewohnende – Tendenz zu Wertpluralisierungen (weniger von Wertwandel). Dieser positive Trend zu mehr Freiräumen hat gleichzeitig auf der „Angebotsseite" von Parteien die Konsequenz der Verwaschenheit zur Folge, weil letztlich alle pluralisierten Werthorizonte von Menschen „ausbalanciert" werden sollen zwecks Machterwerbs. Dagegen ist im östlichen Teil wohl eher die „Zwei-Welten-Realität", also die scharfe Diskrepanz zwischen der Sicht und Erfahrung von privater und öffentlich-politischer Realität, für diese Inkonsistenz heranzuziehen. Inkonsistenz ist – gewissermaßen gesellschaftsstrukturell verankert – in Persönlichkeiten eingewandert aufgrund von alltäglichen Erlebnissen; sie war paradoxerweise gleichermaßen eine öffentliche Überlebensstrategie und persönliche Zerstörungsbedrohung oder gar -vollzug.

Offen ist, wie das eingeübte Leben in einer „Zwei-Welten-Realität" verbunden wird mit dem Zusammentreffen von Wertpluralisierungen und damit teilweise einhergehenden Undeutlichkeiten bzw. Unklarheiten über die Gültigkeit von Werten. Unklarheiten, Interpretations- und Entscheidungszwänge, die insbesondere autoritär sozialisierte Personen in Turbulenzen stürzen, weil der Alltag nicht mehr reibungslos funktioniert, erhöhen die Attraktivität scheinbar klarer Ordnungsschemata und Zugehörigkeiten und könnten die Chancen entsprechend auftretender Parteien steigern.

Ungleichwirksamkeit von politischen Unterdrückungs- und sozialen Zerstörungsprozessen

Wenn Menschen auch deshalb rechtsextremistische Orientierungen entwickeln, weil sie sich im Nationalbewußtsein und Nationalstolz unterdrückt fühlen, ergeben sich Ungleichwirksamkeiten.

Während im westlichen Teil eine positive Entwicklung in Gang kam, so daß nach und nach Verdrängungsprozesse gegenüber der NS-Zeit freigelegt werden konnten, um sich der Verantwortung zu stellen, war den jeweils Betroffenen eine umstandslose Identifikation mit der Nation verbaut. Damit aber wurden diese Prozesse von Teilen der Bevölkerung nicht als Möglichkeit zur „Befreiung der Köpfe" wahrgenommen, sondern eher als Zwang zur Unterdrückung von Nationalstolz interpretiert.

Demgegenüber waren die Unterdrückungsprozesse „nationalen Bewußtseins" im östlichen Teil einfacher und simpler: die nackte Repression versperrte jeglichen „Stolz, ein Deutscher zu sein". An dessen Stelle sollte eine politisch erzwungene DDR-Identität treten, die aber wohl neben der aus der „Zwei-Welten-Realität" hervorgehenden Selbstentfremdungsgefahr auch eine politische Entfremdung mit sich brachte und bei nachlassender Repression durch autoritäre Strukturen systematisch erzeugte individuelle Unterlegenheitsgefühle in „deutsche" Überlegenheit umformt.

Daß im westlichen Teil subtile Unterdrückungsprozesse ablaufen, wird im Siegeszug des Kapitalismus nicht mehr wahrgenommen, obwohl eine repressive Durchkapitalisierung und -industrialisierung aller Poren privaten und öffentlichen Lebens den sozial zerstörerischen Zwang zur strategischen Kommunikation im Sinne einer ständig auf Konkurrenzgewinn ausgelegten Beziehungsform auferlegt, die intersubjektive Verständigung zerstört und u.a. die Grundlagen liefert für das, was z.B. Skinheads in das Motiv der „Wiederherstellung der Gemeinschaft" kleiden; eine Form der Gemeinschaft, die auf Homogenität setzt, also Fremde ausschließt.

Demgegenüber waren die Unterdrückungsprozesse im östlichen Teil, dort wo sie kritische Sichtweisen enthielten, offener; weniger auf Konkurrenzzugewinn angelegt als auf selbstentfremdendes „Durchwursteln" mit seinen sozialzerstörerischen Effekten, die u.a. dazu führten, daß Skinheads dem Staat diese Verletzungen heimzahlen wollten mit der politisch sensibelsten Parole: „Ich bin stolz, ein Deutscher zu sein".

Auch ein Blick in soziale Lebenszusammenhänge zeigt Beispiele von Ungleichwirksamkeiten, z.B. Auflösungen bzw. Neukonstellationen von Familien, die oft von Kindern als Zerstörung etwa in Hinsicht auf selbstverständliche Zugehörigkeiten und individuellen Selbstwert, von Erwachsenen dagegen als Befreiungen und Chancen zum Neuaufbau eigenen Selbstwertgefühls gedeutet werden. Sie lassen sich im Westen – im Gefolge der Individualisierungsprozesse – weniger auf materiellen Mangel, sondern eher auf die Auflösung fester Rollenbilder und von Verhaltensweisen zurückführen, was einerseits zwar mehr Freiräume, andererseits aber u.U. ein Ansteigen von zerstörerischem Konfliktpotential beim Zwang zur Aushandlung von Handlungsweisen, Zielen etc. beinhaltet.

Ein Wechsel in den östlichen Teil bringt andere Wirksamkeiten von Zerstörungsprozessen zutage, etwa dort, wo sie schon strukturell in die Einstiegsmotive von Ehe- und Familienleben eingelagert waren, soweit diese vorrangig darauf ausgerichtet wurden, die hohen Zugangshürden zu einer eigenen Wohnung zu überwinden. Bedingungen wie diese ließen unter dem Druck mangeldurchsetzten Alltags schnell Ausstiegsmotive entstehen.

Ungleichwirksamkeiten arbeitsplatzbezogener Belastungen

Im Zuge der „gewollten Vereinnahmung" durch das westliche Gesellschaftsmodell kommt es im östlichen Teil zu einem Individualisierungsaufprall auf einen gesellschaftsstrukturellen Scherbenhaufen, der mit Hilfe der Durchkapitalisierung „neu" errichtet wird. Da es keine unsichtbare politische „Endlagerung" dieses Scherbenhaufens gibt, schon gar nicht in der politischen Sozialisation, wird dieser Aufbau auch nicht dem westlichen „Modell" gleichen.

Individualisierungsprozesse hier und Individualisierungsaufprall dort weisen auf eine Ungleichzeitigkeit der Belastungen hin. In vielerlei Hinsicht ist der Individualisierungsaufprall (rapide Vermehrung der Konkurrenzmuster etc.) belastend; zumindest im zentralen Bereich von Arbeit und Arbeitslosigkeit erweist sich der gesellschaftsstrukturelle Scherbenhaufen gleichwohl zunächst als entlastend.

Im westlichen Teil hat man bei Arbeitslosigkeit selbst „auf das falsche Pferd gesetzt", so lautet jedenfalls in der Logik der Individualisierungsprozesse die häufige internale Zuschreibung und damit die belastende Anerkennung von individuellem Versagen, damit einhergehender Verunsicherung und entsprechenden Verarbeitungsformen, unter denen neben zahlreichen anderen auch die vorurteilsbesetzten Strategien sind, die in fremdenfeindliche Richtungen weisen.

Im östlichen Teil ergeben sich gewissermaßen mit zeitlichem Verzögerungseffekt noch Rationalisierungen, daß man „auf das falsche Pferd gesetzt" wurde. Die Ursachenzuschreibungen sind öffentlich und privat (noch) eindeutig entlastend external. Offen ist die Frage, was geschieht, wenn dieser Verzögerungseffekt aufgebraucht ist und erhebliche Deprivationen zusätzlich oder neu auftreten. Insofern bildet der gesellschaftsstrukturelle Scherbenhaufen paradoxerweise noch einen „antifaschistischen" Schutzwall, der für die ältere, aber demnächst immer weniger für die jüngere Generation hilfreich sein wird. Ob mit dem Aufbrauchen dieses zeitlichen Verzögerungseffektes auch ein Auftrieb für das rechtsextremistische Potential einhergeht, bleibt offen.

Ungleichzeitigkeiten in Verdrängungsprozessen gegenüber der NS-Zeit

Das Verhältnis zur NS-Vergangenheit ist von Ungleichzeitigkeiten bezüglich individueller und kollektiver Verdrängung gekennzeichnet. Obwohl im westlichen Teil massive Verdrängungsprozesse gegen Ende der 60er Jahre ansatzweise aufgebrochen wurden, blieben sie durch vorrangig privat kultivierte zählebige Legendenbildungen und andere Abschirmungsversuche latent vorhanden, so daß daraus auch immer wieder neue Relativierungstendenzen entstehen konnten. Dazu zählt als gefährlichster Versuch der sog. Historikerstreit, weil er nicht mit der Auschwitz-Lügen-Taktik verbunden und von machtvollen neokonservativen Interessengruppen zur Wiederherstellung einer „nationalen Identität" nutzbar war.

Zwar kann man heute wohl davon ausgehen, daß die Durchsetzung dieses Relativierungsversuches gescheitert ist; allerdings ist dieses Muster auch politisch gar nicht mehr vonnöten, weil sich eine neue Legende von der „Stunde Null", gewissermaßen römisch II, an ihre Stelle schieben läßt, wenn das „neue" Deutschland durch die gewollte Vereinnahmung der DDR entsteht. Die Schlagzeile „Der Krieg ist zu Ende" (DER SPIEGEL) kann dann ergänzt werden durch die Feststellung, daß dies auch das Ende der Folgen der NS-Zeit bedeute, was wiederum politisch nützlich wäre für die Umdefinition von sozialen Fragen in nationale mit dem Ziel, Protestpotential über kollektives Selbstbewußtsein – zumindest vorübergehend – stillzustellen.

Demgegenüber gab es im östlichen Teil die Situation der staatlich rituell gelenkten kollektiven Formierung gegenüber der NS-Zeit. Während im westlichen Teil zwar die militärische Diskontinuität, aber ökonomische und auch sozialisatorische Kontinuitäten sichtbar wurden, war im Osten zwar die militärische und ökonomische Diskontinuität sichtbar, nicht aber die sozialisatorische. Die Köpfe wurden also nicht erreicht, sondern nur mit einem ideologischen Überlegenheitsanspruch autoritär ummantelt, deren autoritärer Kern gleichwohl in Persönlichkeitsstrukturen aufscheint. Eine Sensibilität für jene komplizierten wie schrecklichen historischen Prozesse, die sich aus der Verbindung von Volkswohlfahrtsideologie und Unmenschlichkeit ergaben, wurde so nicht geschaffen. Diese Verbindung, die historisch so effektiv die Köpfe durchdrungen hatte, wurde – aufgesplittet und ausschließlich ritualisiert – auf die Verbrechensseite reduziert und mittels der Durchsetzung der Monopolkapitalismus-These als überwunden dargestellt. Der Auseinandersetzungsprozeß fand gerade wegen des oktroyierten Antifaschismus noch weniger als im westlichen Teil statt.

Die Bearbeitung per Oktroy statt durch einen Prozeß stellt alle Annahmen von sozialisatorischen Abläufen der Entstehung von ideologischen Mustern auf den Kopf. Nicht Auseinandersetzung, sondern Verdeckung ist auffindbar, deren weitreichende Folge auch durch die – im Vergleich zum westlichen Teil – durchgreifende Entnazifizierung nicht aufgewogen wird, da die alten autoritären Strukturen beibehalten und zur Formierung von Gesellschaft nur mit anderen Inhalten aufgefüllt wurden. Man habe den Faschismus „überwunden", heißt es offiziell; übersehen wurde offensichtlich der banale Umstand, daß dies nicht nur eine Systemfrage, sondern zentral eine Frage von Personen und Abläufen im ökonomisch-sozialen Alltag ist. Die rigide Verordnung eines Geschichtsbildes, dessen angebliche Übernahme vielfach nur auf oberflächlicher, brüchiger Anpassung oder Angst basierte, korrespondiert nicht nur historisch, sondern auch aktuell mit der autoritären Einübung von Freund-Feind-Schemata, die vor allem entlang von Systemgrenzen kultiviert worden sind.

Dieser Aufklärungsrückstand kann Folgen haben. Er erhöht u.U. – im Gegensatz zum westlichen Teil, wo neonazistische Gruppen wahlpolitisch und selbst auf der Ebene der Orientierungsmuster keine Chancen haben – zunächst im östlichen Teil ihre – nicht wahlpolitischen – Möglichkeiten, so daß Kalkulationen eines Michael Kühnen, wenn auch nur vorübergehend, nicht ganz unrealistisch zu sein scheinen.

Ungleichzeitigkeit im Hinblick auf Modernitätsprozesse im östlichen Teil in zahlreichen gesellschaftlichen und politischen Bereichen würde sich insofern auch im Modernitätsrückstand eines östlichen Rechtsextremismus wiederfinden.

Ungleichgewichtigkeit von politischen Erklärungsansätzen

Auch das prominente Erklärungskonzept des klassischen Autoritarismus ist im Hinblick auf Ungleichgewichtigkeit zu befragen. So werden insbesondere im Zuge von gesellschaftlichen Individualisierungsprozessen auf der „Sonnenseite" für den einzelnen Zugewinne an Freiheitsräumen in der frühkindlichen Erziehung, in der schulischen Sozialisation, der Freizeit, der Stilbildung etc. eröffnet. Insofern scheinen zentrale „alte" autoritäre Sozialisationsbedingungen im westlichen Teil nicht mehr in dem bisher gekannten Maße vorhanden. Gewissermaßen auf der „Schattenseite" der Individualisierungsprozesse entwickeln sich allerdings Konkurrenzverhältnisse, denen der Zwang für die einzelnen innewohnt, sich durchzusetzen – auch um den Preis, je nach Kalkulation und Strategie im Umgang mit anderen Werte und Normen jeweils so „hinbiegen" zu müssen, daß mittels Bedenkenlosigkeit die eigene Stärke siegt: dies bringt einen Machiavellismus zutage, der gerade nicht mit Ich-Schwäche im klassischen Sinne des Autoritarismus-Konzepts verbunden ist, sondern mit Überlegenheitsgefühl. Machiavellismus, das zeichnet seine Flexibilität im Gegensatz zur Rigidität des klassischen Autoritarismus aus, mündet zwar keineswegs quasi automatisch in einen modernen Sozialdarwinismus, ist aber prinzipiell offen dafür – ohne allerdings (und das macht das Problem aus) in seiner potentiellen Affinität zum Rechtsextremismus erkannt zu werden.

Trifft die Annahme zu, daß der klassische Autoritarismus unter den Bedingungen der Individualisierungsprozesse im westlichen Teil eher von machiavellistischen Orientierungsmustern abgelöst wird, dann haben auch die „klassischen" Formen des Rechtsextremismus als Neonazismus zumindest im westlichen Teil immer weniger Chancen.

Anders dürfte derzeit das Gewicht des klassischen Autoritarismus im östlichen Teil ausfallen. Das Aufwachsen in autoritären Sozialisationsstrukturen, wie z.B. der Schule, und das öffentliche Kultivieren von Freund-Feind-Schemata haben Identitätsspuren hinterlassen – einschließlich der durch autoritäre Erniedrigungen erzeugten Unterlegenheitsgefühle.

In diese Schemata wurde auch die Unterdrückung nationaler Zugehörigkeit integriert, so daß die Zuordnungsmöglichkeit zu einer Nation ebenso unterbunden wurde, wie eine Folge der internationalen Abschottung darin bestand, daß es keine freie und offene Einübung von Umgangsweisen mit Fremden und Fremdheit gab. Statt dessen wurden solche Möglichkeiten DDR-intern eingeschränkt durch die weitgehende Rechtlosigkeit, Kasernierung und Unterprivilegierung bei gleichzeitiger fassadenhafter „Völkerfreundschaft" gegenüber Polen, Vietnamesen, Mosambikanern usw.

Diese Kombination mehrerer Faktoren des klassischen Autoritarismus konnte sich solange diszipliniert und sozial orientiert „verpuppen", wie die Repression andauerte. Mit ihrem Wegfall wird das autoritätsfixierte Freund-Feind-Schema quasi von der Systemebene umgelenkt und lädt sich mit personenbezogenen „Sündenbock"funktionen auf. Das Unbehagen an der eigenen Lebenslage als Ursprung solcher Freund-Feind- und Vorurteils-Schemata wird sowohl aus den aufgezeigten Quellen gespeist als auch durch Umstände, die aus Antizipationen der westdeutschen Industriegesellschaft und dem dominierenden Lebensstandard entstehen.

Es zeichnet sich ein permanenter Vergleich ab, der in ein Unterlegenheitssyndrom gegenüber der westdeutschen Bevölkerung einmündet. Dies geschieht auf zwei Ebenen: Einerseits findet ein Selbstvergleich statt, so daß eine Unterwürfigkeit auftritt, wie sie z.B. der frühere DSU-Vorsitzende Wilhelm Ebeling mit seinem Spruch „Wir sind noch Kinder..." auf den Punkt gebracht hat, und die damit einhergeht, daß die materielle Kompensation durch besondere Betonung des Nationalen erfolgt, z.T. mit antisemitischen und rechtsextremistischen Versatzstücken aufgefüllt (Volkskammer-Wahlkampf der DSU). Hier zeichnen sich politische Folgen des Unterlegenheits-Syndroms ab. Andererseits gibt es einen vermuteten Fremdvergleich, weil angenommen wird, DDR-Bürger würden in den Augen der Fremden in einen Statusvergleich mit den „Wessis" gebracht, so daß sie selbst nur noch als „schwache", als Deutsche 2. Klasse gelten könnten.

Fremdheitsgefühle, die sich über Distanz und eine Mischung von Toleranz und Vorurteilen fast in jeder Gesellschaft als Massenphänomen zeigen, spitzen sich hier nicht wie im westlichen Teil vorrangig entlang von Fremdenangst („Es sind zu viele") zu, die auf materieller und kultureller Konkurrenz basiert, sondern münden auf der Basis von Selbstvergleich und vermutetem Fremdvergleich in Haßgefühle und Feindschaftshaltungen, die individueller Gewalt und politischem Kampf zu bedürfen scheinen. Die klassische Sündenbockrolle, vorrangig um materielle Konkurrenz und Ursachenverschiebung gruppiert, bekommt durch diese intranationalen Vergleichsprozesse und Syndrome von „Unterlegenheit im eigenen Deutsch-Land" eine weitere Facette.

Antreibende Widersprüche in der jeweils herrschenden Politik

Geht man von der These aus, daß Rechtsextremismus nicht an den Rändern der Gesellschaft entsteht, sondern in zentralen Bereichen, und folgt man der Annahme, daß Widersprüche als Triebkraft von Prozessen besonders wirksam sind, dann läßt sich – zumindest am Beispiel von Fremdenfeindlichkeit – aufzeigen, wie sich Unterschiede in herrschender Politik manifestiert haben bzw. weiterhin manifestieren, die auf ein ähnliches Ergebnis hinauslaufen können.

So existiert in der offiziellen Politik des westlichen Teils der Widerspruch zwischen dem Vorantreiben der Internationalisierung der Märkte und dem gleichzeitigen Versprechen einer Homogenität der „einheimischen" Bevölkerung zwecks Sicherung von Vorrechten, Sozialräumen etc. Dieser Widerspruch kann nicht übertüncht und politisch reguliert werden, löst aber bei bedrängten Bevölkerungsteilen Unbehagen aus und wird u.U. in Fremdenfeindlichkeit umgelenkt, die zugunsten jener politischen Gruppierungen ausfällt, welche die Auflösung des Widerspruchs versprechen.

Demgegenüber existierte im östlichen Teil ein zentraler Widerspruch, der in seinen Folgen mit dem Wegfall der Repression offenkundig wurde und m.E. ebenfalls als Antriebskraft für fremdenfeindliche Positionen fungiert. Gemeint sind die Folgen des Widerspruchs zwischen dem ritualisierten „Internationalismus der Völkerfreundschaft" und der Hermetik einer Gesellschaft, die nach innen durch die Abschirmung von alltäglichen Kontakten zu Fremden und nach außen durch die bekannten Reiseverbote hergestellt wurde.

Eine Überdeckung dieser Fremdenfeindlichkeit antreibenden Widersprüche wurde im östlichen Teil durch Repression, im westlichen Teil mit der Markt-Strategie neokonservativer Prägung angegangen, die sich dann als wenig zugkräftig erwies, wovon die „Republikaner" profitierten.

Sortierungsthesen

Während die westlichen Individualisierungsprozesse aufgrund ihres Flexibilitäts- und Mobilitätszwanges vor allem das politisch flexible machivellistische Orientierungsmuster als herrschaftsfunktionalen Typus hervorbringen, entstand in den östlichen Formierungsprozessen aufgrund offener oder subtiler Repression eher das rigide autoritäre Orientierungsmuster als herrschaftsfunktionaler Typus.

Offen ist die Antwort auf die Frage, welche politischen Ergebnisse im Hinblick auf die Entwicklung eines Rechtsextremismuspotentials dann auftreten, wenn im Prozeß der „gewollten Vereinnahmung" ein Aufprall von hohen Individualisierungschancen wie -zwängen einerseits und formiert autoritär sozialisierten Personen einschließlich ihrer Alltagsroutinen, Gewohnheiten des Umgangs mit Zeit, Konkurrenz etc. andererseits erfolgt.

Verdoppelungsthese: Im Zuge der „gewollten Vereinnahmung" führen „neue" westliche Ursachenkomplexe (z.B. Schattenseiten der Individualisierungsschübe), aktuelle materielle Deprivationen (Arbeitslosigkeit) und „alte" sedimentierte autoritäre Sozialisationserfahrungen zu einer Verdoppelung und verschärfen so die Entstehungsbedingungen und Anschlußmöglichkeiten für rechtsextremistische und populistische Parteien und Gruppierungen. Dahinter steht die Annahme, daß die Umbruchphase die Entstehung des Rechtsextremismuspotentials und des organisierten Rechtsextremismus begünstigt, dann aber alles seinen ruhigeren Gang gehe. In dieser These spiegelt sich die westlich wie östlich weitverbreitete präventive Selbstberuhigung.

Als Kritik einer solchen Vorstellung kann erstens das Argument vorgebracht werden, daß sich dahinter ein zu einfaches Additionsmodell von sozialen Prozessen verberge, nach dem eine verdoppelte Anzahl von Faktoren entsprechend verdoppelnd wirke. Ein weiteres Gegenargument betrifft die darin enthaltene mechanistische Sichtweise, daß die Summe der Benachteiligungen schnurstracks in rechtsextremistische Gefilde führe, etwa nach dem einfachen Muster erfahrener Arbeitslosigkeit. Drittens ließe sich der Vorwurf hinzufügen, daß damit auch ein „Unterschichten-bias“ transportiert wird und zu einer Überbewertung der Anfälligkeit jener Sozialgruppen führen kann, weil dort durch die Einführung der westlichen Ungleichheitsverteilung Probleme gehäuft auftreten, während andere Schichten nur deshalb aus dem Blick geraten, weil solche Situationen, derzeit nicht erfahrbar, gleichwohl antizipiert werden und insofern in ihren latenten Vorformen auch zu bedenken wären.

Austauschthese: Sie hebt darauf ab, daß durch die gewollte Vereinnahmung und damit einhergehende Einführung westlicher Strukturen, Arbeitsverhältnisse etc. die östlichen Ursachenkomplexe beiseite geschoben werden, wozu von östlicher Seite insbesondere die Versuche bruchartigen Identitätsaustausches unterstützend wirken, so daß keine Verschärfung auftritt.

Die Kritik an einer solchen These liegt auf der Hand, denn sie müßte mit der Annahme operieren, daß diese vielfach zu beobachtenden Identitätsaustauschversuche („Bloß nicht wie ein DDR-Bürger aussehen“, „Bloß schnell ein West-Auto, wenn es geht mit Westberliner Kennzeichen“) individuell und sozial kostenlos wären, obwohl es sich zunächst nur um Stiländerungen handeln dürfte, unter deren Oberfläche sich um so schärfere Verdrängungsprozesse abspielen (gewissermaßen eine doppelte Verdrängung der nicht bearbeiteten NS- und DDR-Vergangenheit), die u.U. in Bedrängnissituationen aufbrechen. Eine solche These muß also mit der optimistischen wie unrealistischen Annahme des folgenlosen Austausches von sedimentierten Sozialisationserfahrungen arbeiten, obwohl die Annahme einer Verstärkung von Irritationen angemessener wäre.

Zur Stützung der These könnte angeführt werden, daß dies ein schneller Weg in die „Normalität“ sei, wenn die erprobten westlichen Strukturen erst eingeführt und mit entsprechenden individuellen Verhaltensweisen (mittels Austausches der Identität) durch die Menschen im östlichen Teil ausgefüllt werden. Die damit verbundene Annahme, daß das Gröbste hinsichtlich der Entstehung eines umfangreicheren Rechtsextremismuspotentials überstanden wäre, wenn erst einmal die Umbruchphase überstanden sei und sich vieles „normalisiert“ habe, übersieht, daß es im westlichen Teil ja gerade die dort herrschende „Normalität“ (einschließlich eines Wirtschaftsbooms) war, die dazu beigetragen hat, daß der Rechtsextremismus auf dem Weg zur Normalisierung zu sein scheint, indem die „Brückenpartei“ der sog. Republikaner es Bürgerinnen und Bürgern aufgrund sozialer Akzeptanz der Positionen ermöglichte, den Weg ins rechtsextreme Lager Schritt für Schritt – ohne abrupten, durch offene NS-Vergangenheit belasteten Sprung – zu tun.

Verbindungsthese: Die Wirkungsweisen der Schattenseiten „neuer“ westlicher Individualisierungsschübe werden gebremst durch die festgezurrten, eingeschliffenen „alten“ autoritären Alltagsstrukturen, so daß ein Verbindungsprozeß von alten östlichen und neuen westlichen Verursachungselementen in Gang kommt, die aber zunächst keine zusätzlichen Verschärfungen des Problems erzeugen, weil z.B. noch die Markt-Strategie funktioniert, die Aufbruchshoffnungen (trotz der Ängste) noch tragen und subjektive Rationalisierungsstrategien für externale Ursachenzuschreibungen z.B. bei Arbeitslosigkeit noch bremsend greifen.

Diese These würde also entgegen bisher gängigen Annahmen davon ausgehen, daß der Anstieg rechtsextremistischer Orientierungen nicht schon in der Umbruchphase zu erwarten ist, sondern erst, wenn die östlichen Bundesländer zu einem ganz „normalen" Teil des vereinten Deutschland geworden sind. Sie müßte sich dem Vorwurf aussetzen, daß die derzeit wahrnehmbaren Fremdenfeindlichkeiten und gewaltakzeptierenden Verhaltensweisen nicht hinreichend in ihrer Bedeutung gewürdigt werden.

Dagegen ließe sich u.a. mit der Annahme antworten, daß diese Verhaltensweisen eher einen auf fremde Individuen umgelenkten, „stellvertretenden" Abrechnungsmodus mit dem SED-Staat darstellen (was für die Betroffenen wenig tröstlich ist), der sich in seiner Stärke und in seinen offen brutalen Ausdrucksformen eher abschwächt, wenn zunächst Markt-Strategie und subjektive Rationalisierungen noch „funktionieren", aber in neuen Varianten „modernisiert" verstärkt auftreten, wenn der „Gehalt" von Markt-Strategie und subjektiven Rationalisierungen zur befriedigenden Gestaltung des „neuen" Alltags aufgezehrt ist. Ein solcher Verschleiß der DM-Identifikation ist deshalb problematisch, weil er (noch) nicht durch politisch-demokratische Identifikation (jenseits formaler Zustimmung) aufgefangen wird, sondern entweder in Apathie (wofür vieles spricht) oder in Turbulenzen einmündet, weil ein Weg nach „links" für viele versperrt zu sein scheint, so daß sich als „dritter Weg" das nationale „Deutschland über alles" als attraktives soziales Kompensations- und Bindemittel anbietet. Welche Entwicklungen sich abzeichnen, hängt wesentlich – wie im westlichen Teil – von regierenden (neo-)konservativen Gruppierungen ab.

Diese Sortierungsthesen sind zunächst nur auf die Folgen der „gewollten Vereinnahmung" des östlichen Teils durch den westlichen Teil zugeschnitten. Völlig unbearbeitet sind die Fragen, die sich aus den Rückwirkungen auf den westlichen Teil ergeben, wenn z.B. Finanzmittel größeren Ausmaßes etwa aus westdeutschen Sozialetats verschoben werden. Welche Thesen genauer verfolgt oder durch andere ersetzt werden müssen, um Neukonstellationen analytisch zu begleiten, wird im wesentlichen von Politikangeboten, ihrer Realisierung und Wirkungsweise abhängen.

Politikangebote und -strategien

Mit der Unübersichtlichkeit sowohl in der organisatorischen Struktur als auch im potentiellen Umfeld des Rechtsextremismus wird auch das Problem von Politikangeboten und Politikstrategien schwieriger. Im westlichen Teil dominieren drei Strategien: Zum einen die schon beschriebene machiavellistische Saldo-Kalkulation unterhalb der 5-Prozent-Hürde des konventionellen politischen Verhaltens, die über alle politischen und gesellschaftlich relevanten Gruppierungen streut. Zweitens eine konservative Markt-Strategie und drittens eine Antifaschismus-Strategie, die alle in unterschiedlichen Varianten nur die Folgen von Ursachen im Visier haben.

Im östlichen Teil zehrt man immer noch von jenem Kommando-Antifaschismus, den die PDS zur eigenen Lebensrettung kurzfristig noch einmal funktionalisieren wollte und der am 18. März 1990 in Verbotsform im Hinblick auf die REPUBLIKANER zur Verdeckung des autoritär-nationalistischen und rechtsextremistischen Potentials „wirksam" wurde. Die Markt-Strategie über konservative Regierungsmacht (abgeschirmt durch SPD-Beteiligung) läßt sich ebenso feststellen wie das klassische Antifaschismus-Repertoire, das – zumindest in Ost-Berlin – mit Westberliner Hilfe durch „autonome" Kreise eingeübt wird.

Was das Ansetzen auf der Ebene von Symptomen betrifft, gibt es einen bemerkenswerten Gleichklang: die machiavellistische Saldo-Kalkulation will umlenken, ohne sich um die Motive und Folgen für das eigene Lager zu kümmern; die neokonservative Markt-Strategie will nur beschäftigen und besänftigen; die „linke", klassische Strategie des Antifaschismus will wegdrücken und verdecken: unterschiedliche Facetten, gleiche Ebenen: Ursachen werden umgangen.

Die riskanten Kompensationsangebote des Konservatismus

Ein Antwortversuch, der von besonderer Brisanz ist, gewinnt im Spektrum des Konservatismus zunehmend an Gewicht. Er besteht darin, die emotionalisierte Abschirmung der Ökonomie (die über die technokratische Variante von Markt und Konsum nicht mehr gelingen wollte) durch Funktionalisierung von Religion und Nationalstolz in den Mittelpunkt zu stellen. Ein zweites Standbein besteht in einer machiavellistischen Abschirmung durch Neuforcierung der Autoritäts- und Elitediskussion. Entsprechend müssen die Thesen vom Autoritätsverfall des Staates (Günter Rohrmoser) verstanden werden. Wie beides miteinander verbunden wird und gleichzeitig in politische Risikozonen hineingerät, zeigt sich an den Positionen Elisabeth Noelle-Neumanns, die sie in dem Buch „Die verletzte Nation" präsentiert, wo Nationalstolz als innenpolitischer „Alleskleber" propagiert wird[8]. Aufgrund von Befragungen geht die Meinungsforscherin davon aus, daß es einen engen Zusammenhang zwischen nationalem Stolz und Verteidigungsbereitschaft, Vertrauen in die Institutionen und Einordnung in übergeordnete Zusammenhänge gibt, so daß der Staat geradezu zwingend die Idee der („verletzten", unverschuldet zum Opfer gewordenen) Nation aufgreifen muß. Gegen die Zersplitterung von Lebenszusammenhängen sollen auf der einen Seite mit erhöhter staatlicher Autorität (die nicht über Rechtfertigung etc. hergestellt werden soll) und zum anderen mit politischer Liturgie, politischem Ritual und Symbolik die übergeordneten Zusammenhänge hergestellt werden, in die es sich einzuordnen gilt. Mit Hilfe dieser Mechanismen würden Gleichgestimmte geschaffen, nicht Denkende.

Klassische antifaschistische Strategien

Aus einer anderen politischen Ecke stammen vier verschiedene Strategievarianten, die sich als antifaschistisch verstehen. Ihr entscheidendes Problem, an Symptomen und Erscheinungsformen des Rechtsextremismus anzusetzen, ist jedoch gleichfalls nicht zu übersehen.

Verbote: Alle historischen Erfahrungen zeigen, daß ein Verbot nicht oder nicht in der gewünschten Weise durchsetzbar ist. Das galt bereits für die Republikschutzgesetzgebung von 1923 und gilt heute für den § 130 StGB, für ein Verbot nach Art. 21 Abs. 2 oder Art. 139 des Grundgesetzes. In der Verbotsforderung kommt der hilflose Antifaschismus zum Vorschein, der politische Überzeugungarbeit durch die staatliche Repression ersetzt und damit ein Instrumentarium bevorzugt, das gegen die selbstgesetzten Ziele (z.B. Demokratisierung) steht.

Gewalt: An zahlreichen Auseinandersetzungen läßt sich erkennen, daß mangels Konzept zur schlichten Gewalt gegriffen wird. Einmal abgesehen davon, daß Gewalt allemal Gewalt bleibt und daß derjenige, der Gewalt anwendet, immer auch sich selbst verletzt, ist zentral, daß damit in erster Linie Eskalationsprozesse in Gang gesetzt werden. Gewalt nutzt nur den national-populistischen, traditionell rechtsextremistischen oder neonazistischen Parteien, weil sie öffentlich via Massenmedien verbreiteter Beleg für entsprechende „Law-and-Order-Forderungen" (etwa der REPUBLIKANER) zu sein scheint oder als Nachweis der These rechtsextremistischer Theoriezirkel dient, daß letztlich alle Vorgänge in Natur und Gesellschaft über Gewalt geregelt werden (müssen). In der Gewalttendenz kommt der kontraproduktive Antifaschismus zum Vorschein, weil ein solches Vorgehen die Normalisierung der Gewalt fördert.

Resolutionen und Demonstrationen: Sie sind sicher nicht überflüssig, erhalten aber erst dann einen Sinn, wenn sie verknüpft werden mit Änderungen der Erfahrungen im Alltag – und zwar jener Erfahrungen, die erst dazu geführt haben, daß ein Einverständnis mit Ideologien der Ungleichheit und Gewalt bei den Menschen entstanden ist. In den gängigen Resolutionen und Demonstrationen kommt der ritualisierte Antifaschismus, der weitgehend auf Selbstbestätigung reduziert ist und Selbstkritik ausklammert, insbesondere dann zum Vorschein, wenn er vor allem diejenigen, die etwa zur Gruppe der Verunsicherten oder der vorsichtig Zustimmenden gehören, nicht erreicht, da die Änderung alltäglicher Erfahrungen im Hinblick auf berechenbare Lebensperspektiven, Statussicherheit, Gemeinsamkeitserlebnisse etc. ausbleibt.

Aufklärung: Noch immer dominiert die einfache Gleichung „Je mehr Jugendliche über Auschwitz wissen, desto resistenter sind sie gegenüber dem heutigen Rechtsextremismus". Diese Gleichung geht so nicht mehr auf. Die Frage „Gibt es eine zeitgemäße antifaschistische Erziehung?" muß gestellt werden, denn die Gefahr eines blinden Antifaschismus, der Inhalts- und Formenwandel modernisierter rechtsextremistischer Entwicklungen übersieht und immer noch in erster Linie auf die selbstredende Wirkungsweise von Informationen über die End- und Extremformen des historischen Faschismus setzt, ist groß. Er erreicht Jugendliche immer weniger, weil viele von ihnen – und auch dies ist ein deutlicher werdender, schmerzhafter Tatbestand – den historischen Faschismus auf ihre Weise „historisiert" haben, also als abgeschlossene Phase ohne eigenen Lebens- und Verantwortungsbezug sehen.

In Kenntnis dieser Probleme wird hier der Versuch unternommen, eine Vorstellung davon zu gewinnen, wie die vielfältigen Ideen, Handlungsweisen, Konzepte gegen rechtsextremistische Entwicklungen mit einem integrativen Begriff „gebündelt" werden können. Welche politischen Alternativen sind benennbar, die auf den hier als Kern betrachteten sozialen und politischen Zerstörungsprozeß zielen und einen erweiterten Krisenbegriff zugrunde legen?

Die Wiederherstellung bzw. Neuentwicklung von Lebenszusammenhängen ist von zentraler Bedeutung, der Rückgriff auf surrogathafte kollektive Ersatz-Identitäten überflüssig. Insofern erscheint auch eine Besetzung des Themas „Nation" von links surrogathaft, weil es zu stark verankert ist in konservativer bzw. rechtsextremistischer Tradition. Der akzeptable Versuch des Gegenbegriffs „Verfassungspatriotismus" (Dolf Sternberger/Jürgen Habermas), also die Anbindung an die demokratischen Errungenschaften des Grundgesetzes, erscheint zwar hilfreich, aber nicht hinreichend, da er die emotionale Reichweite der Nation-Thematik mit ihren Ritualen, Symbolen und Liturgien nicht erreicht.

Auch eine „soziale Entspannungspolitik", in der SPD diskutiert, erscheint nicht weitgehend genug, denn was heißt unter dem anhaltenden Modernisierungsdruck schon „Entspannung"? Kann es sie überhaupt noch geben angesichts des machiavellistisch abgeschirmten und mit immer höherer Durchschlagskraft ausgestatteten Industriekapitalismus und seiner sozial zerstörerischen Mechanismen? Ist „soziale Entspannungspolitik" nicht zu sehr auf den kritisierten Krisenbegriff fixiert, also auf schnellen Wohnungsbau etc? Diese Politik ist sicher notwendig, aber keineswegs hinreichend, schon gar nicht, wenn es sich nur um Sozialpopulismus handelt.

Wenn unser Erklärungskonzept zutrifft und die bisher dargestellten Strategien problematisch oder unzureichend sind, dann muß politische Phantasie darauf verwendet werden, wie eine Lebenszusammenhangs-Politik entwickelt werden kann. Hier liegt m.E. das zentrale Defizit der politischen Linken (wer immer sich unter den heutigen Bedingungen dazurechnen mag). Politische Maßnahmen müßten auf den Prüfstand dieses Begriffs: Was leisten die einzelnen Ideen und überlegten Maßnahmen für die Verhinderung der Zersplitterung von sozialräumlich-zeitlichen Lebenszusammenhängen in biographischer, sozialer, politischer Hinsicht durch die derzeit dominierenden Formen der auf immer höhere Touren gebrachten Modernisierungsprozesse?

Hans-Gerd Jaschke

Politischer Konservatismus im vereinten Deutschland

„Deutschland" heißt das neue politische Programm hüben wie drüben. Nichts deutet darauf hin, daß es auf absehbare Zeit vom Spielplan abgesetzt werden könnte. Die nationale Frage, von links zumeist ignoriert, übersehen, geringgeschätzt, von rechts immer hochgehalten, scheint jetzt und künftig das politische Projekt schlechthin zu sein. Die staatliche Vereinigung der beiden deutschen Staaten ist ein historischer Triumph der Konservativen. Im günstigen Augenblick des Zerfalls der östlichen staatssozialistischen Systeme und einer wohlwollenden internationalen Großwetterlage haben Helmut Kohl und Lothar de Maizière diplomatisch geschickt und entschieden die Weichen auf „Deutschland" gestellt. Damit erfüllt sich ein Programm, ja ein weltanschauliches Bekenntnis, das im westdeutschen konservativen Lager nach Kriegsende nachdrücklich und beharrlich gegen alle Widerstände auf der Tagesordnung verblieben ist. Während die bundesdeutsche Linke spätestens seit der Entspannungspolitik der Brandt/Scheel-Regierung mit der fortwährenden Zweistaatlichkeit sich einzurichten begann, gehörte die „Wiedervereinigung" zu den obersten Zielen konservativer Politik in der Bundesrepublik. Der neue, vereinte Staat ist das Ergebnis eines jahrzehntelangen, auf der nicht aufgegebenen Nationalstaatsidee basierenden konservativen Projekts.

Jenseits tagespolitischer, kurz- und mittelfristiger Ereignisketten stellt sich die Frage, ob es auch längerfristig zu einer gesamtdeutschen politischen Hegemonie des Konservatismus kommen könnte und welche Folgen sich für die politische und gesellschaftliche Entwicklung daraus ergeben. Im Zusammenhang damit muß die Frage aufgeworfen werden, wo die Grenzen nach rechts innerhalb des deutschen Konservatismus liegen. Wird er, angesichts eines zeitweiligen parlamentarischen Durchbruchs der „Republikaner" im Jahr 1989 in der Bundesrepublik und absehbarer, aber noch wenig durchsichtiger und politisch kaum kalkulierbarer rechtsextremer Orientierungen in der DDR, eine starke integrative rechte Komponente hervorbringen? Geraten durch einen breiten, das Rechtsaußen-Spektrum umfassenden Konservatismus vor- und antidemokratische Strömungen gleichsam zum Bestandteil christdemokratischer Politik? Verläßliche Prognosen darüber sind kaum möglich. Eine historisch-politische Vergegenwärtigung der Grundstrukturen des politischen Nachkriegskonservatismus scheint noch am ehesten geeignet, künftige Entwicklungen andeuten zu können[1].

Dazu ist es notwendig, das historische Wurzelgeflecht und die ideologischen Triebkräfte hinter der CDU/CSU (West) und der CDU/DSU (Ost) wenigstens in Umrissen vorzustellen. Nur so wird es auch möglich, den nicht unproblematischen Begriff „Konservatismus" in seinen wichtigsten Spielarten und Schattierungen auf seine Perspektiven hin zu befragen. Ich möchte meinen Überlegungen eine These voranstellen: Der politische Konservatismus in einem vereinten Deutschland wird eine Synthese hervorbringen aus den nationalistischen, deutschnationalen Traditionen der deutschen Rechten und denjenigen eines fortgeschrittenen, neokonservativen Impulsen folgenden „technokratischen Konservatismus", wie er sich beispielhaft zeigt im Konzept einer modernen „Versöhnungsgesellschaft" (Lothar Späth). Er könnte dazu tendieren, die politische und ökonomische Vorrangstellung Deutschlands in Europa und auf den Weltmärkten voranzutreiben auf Kosten von demokratischer Partizipation und historischer Aufklärung und bei fortgesetzter Politik der sozialen Ungleichheit.

Wollte man die Entstehung des westdeutschen Konservatismus in den 50er und 60er Jahren mit einigen Stichworten versehen, so böten sich folgende an: Ökonomischer Ordoliberalismus in Verbindung mit der katholischen Soziallehre, Antikommunismus und Westbindung sind die Grundströmungen in der ersten Nachkriegszeit. Die Kanzler Adenauer und Erhard haben sie politisch repräsentiert. „Nach dem Zweiten Weltkrieg", notiert Eike Hennig, „war der Konservatismus zunächst wegen seiner Teilhabe an der schrittweisen Machteinsetzung des deutschen und italienischen Faschismus kompromittiert, als pragmatische Handlungsorientierung und Betonung integrativ-bewahrender Werte bei gleichzeitiger Modernisierung der Produktion hat er diese Belastung überwunden, präsentiert er sich in der liberal-konservativen ordopolitischen Verfassung Ludwig Erhards als Vater des 'Wirtschaftswunders' und im Pragmatismus Konrad Adenauers als derjenige der Westorientierung."[2] Er zehrt von den Möglichkeiten des Machbaren, verstärkt die restaurativen Tendenzen der „Ohne-Mich-Gesellschaft", vertraut auf die Idee des ökonomischen Fortschritts, auf die Ordnungsfunktion der Institutionen und die Notwendigkeit politischer und gesellschaftlicher Eliten. Martin Greiffenhagen hat darauf hingewiesen, daß die Europa-Orientierung des frühen Konservatismus aus der Verlegenheit resultierte, sich, wenige Jahre nach Hitler, nicht auf nationale Traditionen berufen zu können[3]. Aus diesem Umstand folgt sowohl die Westorientierung der Konservativen wie auch das zeitweilige Abwandern nationalistischer Traditionen in die Randzirkel der Deutschnationalen, der Vertriebenenverbände und noch weiter rechts stehender Kreise. Die „nationale Enthaltsamkeit des Nachkriegskonservatismus" beruht Armin Mohler zufolge auf einer „eigenartigen Mischung aus betulicher Gärtnerei, betroffener Zerknirschung und richterlichem Zorn", er kulminiert in „Demuts-" und „Wiedergutmachungskonservatismus".[4]

Bevor in den 80er Jahren der nationale Imperativ eine Renaissance im konservativen Lager – und nicht nur dort – entfaltete, hatte sich die andere, ideologisch und politisch zunächst bedeutsamere Strömung herausgebildet. Mohler nennt sie den „Einzug der Wissenschaftler",[5] Greiffenhagen prägt dafür den entscheidenden Begriff „technokratischer Konservatismus".[6]

Es sind Wissenschaftler wie Arnold Gehlen, Ernst Forsthoff oder auch Helmut Schelsky, die dem neuen konservativen Denken die Richtung weisen: Unter dem modernen Diktat des „Sachzwangs" von technischer und ökonomischer Realität und Rationalität gehe es darum, die Funktionsanforderungen eines weitgehend entpolitisierten Staates zu bestimmen, die Institutionen auf politische und gesellschaftliche Erfordernisse abzustimmen, um so der Idee des Fortschritts effiziente Geltung zu verschaffen. Franz Josef Strauß' Wort, Konservatismus bedeute, an der

Spitze des Fortschritts zu stehen, symbolisiert den Abschied dieser Strömung vom älteren Kulturpessimismus und die Wende von einem bewahrenden hin zu einem gestaltenden konservativen Denken. Technischer Fortschritt und ökonomisches Wachstum – darin liegen dem „technokratischen Konservatismus" zufolge die Steuerungsimperative einer modernen Politik.

In der Nachgeschichte der Studentenbewegung, seit 1968, unter Bedingungen parlamentarischer Opposition der Union, einer sozial-liberalen politischen und kulturellen Hegemonie, zerfasern und diffundieren die heterogenen konservativen Strömungen. Sie werden mehr und mehr unübersichtlich. CSU-Freundeskreise, die „Konservative Aktion", diverse Zirkel einer intellektuellen „Neuen Rechten" und Kulturkritiker wie Armin Mohler oder Günter Rohrmoser vereint das Bemühen, die politische und kulturelle Hegemonie des sozial-liberalen „Modells Deutschland" zurückzudrängen. Dabei geht es vor allem um die Rehabilitation bürgerlicher Werte in Erziehung, Justiz, veröffentlichter Meinung, um das Projekt einer „geistig-moralischen Wende". In Kreisen der „Neuen Rechten" wird Nationalismus nicht mehr nur zentriert um die alt-rechte Reichsidee; hinzu tritt das Modell eines Nationalismus „von unten", das Bemühen um „nationale Identität" als Instrument der Befreiung von einer politisch-kulturellen Übermacht der USA und der Sowjetunion[7].

Im Umfeld der CDU/CSU setzte sich die Ansicht durch, die sozial-liberale Entspannungspolitik sei „Verzichtspolitik", sie leiste der Breschnew-Doktrin Vorschub und gebe Grundpositionen der deutschen Einheit auf[8]. Insbesondere die Debatte um die „Regierbarkeit" moderner westlicher Industriegesellschaften beseitigt die technokratische Illusion, ein quasi-neutraler Staat werde allein durch die Regulative des Sachzwangs in seinen Funktionsnotwendigkeiten bestimmt. Das Postulat „geistig-politischer Führung" gehört heute zu den Grundorientierungen des Bundeskanzleramtes[9]. Den Impulsen des amerikanischen Neokonservatismus folgend, sind „think tanks", sog. Denkfabriken, heute Instrumente für den Entwurf politisch-kultureller Leitbilder und Orientierungen[10].

In den 80er Jahren entsteht eine neue Konfiguration: Die älteren Strömungen des nationalen wie auch des technokratischen Konservatismus re-formieren sich auf einer erweiterten reflexiven Ebene. Während die ersteren sich als neokonservative Geschichtspolitik zusammenfinden, gehen die anderen paradigmatisch im Konzept einer Informations- als „Versöhnungsgesellschaft" auf. Lothar Späth entwirft die Konturen einer Gesellschaft, welche die Modernisierung mittels der Hochtechnologien akzeptiert und beschleunigt fortsetzt. Nötig sei eine Infrastrukturpolitik, meint der CDU-Politiker, die auf allen Ebenen den objektiven Wandel zur „Informationsgesellschaft" aktiv unterstütze. Als Voraussetzung dafür erachtet Späth eine neue „Versöhnungsethik":[11] Sie umfaßt nach außen die Internationalisierung des Handels und den Abbau von Spannungen, nach innen eine „hohe Interessenidentität zwischen Arbeitgebern und Arbeitnehmern",[12] das Zusammenwirken von Politik und Medien zur Überwindung der Technikkritik und die Umorientierung der Geistes- und Sozialwissenschaften hin zu einer identitätsstiftenden, technikfreundlichen Haltung. Es gelte, von der alten Industriegesellschaft auch geistig und kulturell Abschied zu nehmen. Als hinderliche und hemmende Faktoren auf dem Weg in die „Versöhnungsgesellschaft" betrachtet Späth die „gespaltene gesellschaftspolitische Diskussion" und „die Zersplitterung in politische Kulturen, die zum Dialog nicht mehr fähig sind".[13]

Späths Modell erhebt die Macht des Computers und der Informationsverarbeitung zum neuen technokratischen Sachzwang. Es setzt darauf, die Produktivkraftentwicklung der nachindustriellen Gesellschaft auf allen Gebieten so zu fördern und voranzutreiben, daß die Investitionsströme möglichst ungehindert fließen. Nicht der Staat, sondern die Gesellschaft soll diesem Modell zufolge entpolitisiert werden: Technikkritisches Unbehagen an der Informationsgesellschaft, das Einklagen von Partizipation und sozialen Leistungen mindert die Investitionsbereitschaft und die industriepolitische Modernisierung und wird nur noch als Störfaktor einer Gesellschaft begriffen, die auf reibungsarmes Funktionieren ausgerichtet ist. Das konservative Element dieser Modernisierungstheorie besteht vor allem in ihrem organischen, harmonistischen, alle Konfliktkultur letztlich negierenden Gesellschaftsbild. Das Konzept der „Versöhnungsgesellschaft", das unausgesprochen Impulse des amerikanischen und westdeutschen sozialstaatskritischen Neokonservatismus aufgreift[14], ist ökonomische wie auch politische Theorie. Ökonomisch setzt es auf die hochtechnologische Entfesselung der Produktivkräfte, auf die Gesetze des Marktes, und verbindet ordoliberale wie technokratische Traditionen des Konservatismus. Politisch setzt es auf einen Typus von „Gemeinschaft", der nicht der völkischen Variante entspringt, sondern dem angepaßten, unpolitischen Leitbild der 50er Jahre. Demokratie im Sinne von politischer Partizipation ist eng gefaßt, auf Verfassungsgarantien und Institutionen beschränkt.

Im Gegensatz zum Konzept der „Versöhnungsgesellschaft", das auf eine strategische Entpolitisierung der Gesellschaft abzielt, auf industriepolitische Modernisierung und Eindämmunng sozialstaatlicher Erwartungshaltungen, ist die geschichtspolitische Version des neuen Konservatismus darauf aus, eine spezifische Politisierung herbeizuführen: Es geht im Kern darum, „nationale Identität" als kollektive Orientierung „von oben" zu entwerfen und zu verankern. Am Beispiel von Hellmut Diwalds „Thesen zur nationalen Identität" läßt sich diese Stoßrichtung exemplarisch verdeutlichen[15]. Deutschland schleppe sich seit mehr als 30 Jahren, so Diwald, „im würdelosesten Zustand seiner Geschichte dahin". Die „Umerziehung" der Alliierten habe den Deutschen das Selbstbestimmungsrecht geraubt, „Selbstzerfleischung" sei an der Tagesordnung. Immer noch sei das deutsche Volk mit der Hypothek der „Besiegten von 1945" belastet. Diwalds Forderung nach „Neuentdeckung unserer Geschichte" umfaßt das Denken aus der Perspektive des „Volkes" – freilich nicht im Sinne einer mündigen, partizipativen Staatsbürger-Gemeinschaft, sondern im Sinne ethnischer und schicksalhaft zusammengebundener nationaler Ganzheit. Es komme darauf an, „die Stärkung und Erhaltung aller Momente, die uns zu einem Volk, zum deutschen Volk machen", voranzutreiben. Seine Einbettung in Heimat und Vorfahren, Überlieferung und Geschichte, sei Fundament jeder Politik. Nicht „rationalistische Leitsätze", sondern „Zuneigung in allen Schattierungen, Gefühle des Leidens und des Glücks" seien historisch-politische Antriebskräfte, denen es Platz zu schaffen gelte.

Diwald, rechtskonservativer Grenzgänger und Mitverfasser der „Republikaner"-Programmatik[16], Erlanger Geschichtsprofessor und Kuratoriumsmitglied der REP-nahen „Carl-Schurz-Stiftung", formuliert hier bereits frühzeitig eine geschichtspolitisch-kulturkämpferische Perspektive, die in den 80er Jahren im Spektrum zwischen der „Frankfurter Allgemeinen Zeitung" (dort vor allem in den Leitartikeln von Michael Stürmer) und den „Republikanern" aufgegriffen und weiter propagiert wird. Sie zielt auf das Rückgängigmachen des sozial-liberal-grünen Reformklimas, auf die Relativierung der aus dem „Dritten Reich", seiner Vor- und Nachgeschichte resultierenden politisch-moralischen Verpflichtungen und die Rehabilitierung des nationalen Selbstbewußtseins der Deutschen. Sie führt lebensphilosophische, völkische und deutschnationale Aspekte der Weimarer „konservativen Revolution" fort. In den Debatten über den 40. Jahrestag des Kriegsendes (Niederlage oder Befreiung?), Bundeskanzler Kohls und US-Präsident Reagans Besuch auf dem Bitburger Soldatenfriedhof im Mai 1985 und im darauffolgenden „Historikerstreit" hat sie sich lautstark zu Wort gemeldet[17]. Ihr geht es um nichts weniger als um „Tabula rasa", d.h. um die Beendigung der Nachkriegsgeschichte einschließlich ihrer sozialliberalen, basisdemokratischen und emanzipativen Entwicklung, um die Aufhebung angeblicher „ideologischer Verwüstung" (Karl Steinbuch), das Ende aller „Vergangenheitsbewältigung" und die Aufwertung des Deutschtums, der Nation, der Stellung Deutschlands in der Weltpolitik. Organisatorische und politisch-weltanschauliche Schnittmengen mit rechtsextremen Strömungen im Umfeld von NPD und „Republikanern" werden in Kauf genommen, in bezug auf die nationale Frage lassen sich trennscharfe Grenzlinien zwischen Konservatismus und Rechtsextremismus kaum noch ziehen.

Triebkräfte der neueren konservativen Geschichtspolitik sind nicht allein Entwicklungen innerhalb der rechten Theoriedebatten. Das zunächst der Wahlkampfrhetorik der Union entspringende Schlagwort von der „geistig-moralischen Wende" emanzipiert sich bald von machttaktischen Kalkülen und gerät zum dauerhaften Forderungskatalog rechtskonservativer Intellektueller[18]. Es basiert auf einer Krisendiagnose, die den Verlust von personaler und kollektiver Identität im Prozeß der Modernisierung ausmacht. Hermann Lübbe etwa, einer der reflektiertesten Neukonservativen, diagnostiziert „Zukunftsgewißheitsschwund, Erfahrungsverluste, erreichte oder bereits überschrittene Grenzen unserer individuellen und institutionellen Kapazitäten zur Innovationsverarbeitung" und folgert daraus ein Nachdenken darüber, wie sich „handlungsleitende kulturelle Selbstverständlichkeiten neu bilden lassen".[19]

Solche Tendenzen resultieren aber auch – worauf Arno Klönne frühzeitig hingewiesen hat – aus einem Zeitklima, in dem die Friedensbewegung Fragen der nationalen Souveränität aufgeworfen hat, in dem auch die Linke den Mythos gegen die Ratio auszuspielen beginnt, in dem auf vielfältigste Weise Fragen der Identität von Individuen und Gemeinschaften an Dringlichkeit gewinnen[20].

Heute ließe sich anfügen, daß nationale Fragen im Zusamenhang des politischen Bankrotts der osteuropäischen staatssozialistischen Systeme als Instrument der Befreiung eine herausragende Bedeutung gewonnen haben – man denke etwa an die

Autonomiebestrebungen der sowjetischen Republiken –, und der Fall der Mauer hat Ende 1989 die nationale Frage auch in Deutschland auf die Tagesordnung gesetzt. Ist also der neue geschichtspolitische Diskurs des Konservatismus auf der Höhe der Zeit, vermag er künftige Orientierungen zu prägen, geistig-politische zu begleiten? Auf den ersten Blick scheint Lothar Späths „Versöhnungsgesellschaft" vor allem im Hinblick auf die internationale Perspektive unvereinbar mit allen Versuchen einer Re-Nationalisierung. Auch Kurt Biedenkopfs – Späth nicht fernstehende – Position betont die Notwendigkeit, politische Zukunftskosten zu verringern, „indem maßgebliche Entscheidungen aus der nationalen Souveränität auf die neu entstehende Souveränität eines geeinten Europa" übertragen werden[21]. Bei näherem Hinsehen verblaßt jedoch der scheinbare Gegensatz. Bezieht man beide Strömungen, das Konzept der „Versöhnungsgesellschaft" wie auch die geschichtspolitische Perspektive, auf die Entwicklung eines vereinten Deutschland, so zeigen sich Ansatzpunkte, die beide Konzepte weniger in Gegensatz zueinander, sondern eher in ein komplementäres Verhältnis, in eine arbeitsteilige Orientierung bringen könnten.

Aus dem Konzept der „Versöhnungsgesellschaft" lassen sich zentrale Legitimationsgrundlagen einer künftigen, konservativen Ordnungsprinzipien verpflichteten Gesellschaft im vereinten Deutschland entwickeln: Förderung der Investitionen, Aufbau zukunftsorientierter Technologien im Zusammenspiel mit „Leistungsbereitschaft", „Opferbereitschaft", Befriedung von Gewerkschaften, von Politik, Medien und Wissenschaft. Die konservative Geschichtspolitik liefert dazu die re-nationalisierende Begleitmusik: Stolz auf „Deutschland", Verzicht auf jegliche weitere „Vergangenheitsbewältigung", Anerkennung politischer und gesellschaftlicher Eliten, Diskreditierung kritischer Gesellschaftswissenschaften.

Eine derartige konservative gesamtdeutsche Grundorientierung strebt nach der politischen und kulturellen Deutungsmacht, die bedeutsame Aspekte einer demokratischen Entwicklung vernachlässigt oder umdeutet in konservative Politikstrategien: Die Transformation der sozialen in die nationale Frage untergräbt Fragen nach sozialer Gerechtigkeit, das Denken und Handeln in Kategorien des „deutschen Volkes" unterbindet die Perspektive einer chancengerechten multikulturellen Gesellschaft und verleiht der Nation eine diffuse historische Mission, und soziale Protestbewegungen können nur noch als Störfaktoren eines effizienten Investitionsklimas gedeutet werden. Indem rechtsstaatlich-partizipative und sozialstaatliche Teilhaberechte und Anspruchsniveaus zurückgedrängt werden, verschärfen sich sozialstrukturell und regional bedingte soziale Ungleichheiten, wird der Weg in die „Zwei-Drittel-Gesellschaft" weiter fortgesetzt. Und schließlich: Die ohnehin porösen Grenzlinien zwischen einem aufgeklärten, demokratischen Konservatismus und einem offenen, politische und soziale Teilhaberechte der Verfassung mißachtenden Extremismus von rechts verlieren ihre inhaltliche Trennschärfe und existieren nur noch auf der Ebene politischer Hygiene.

Die Realisierungschancen eines solchen Szenarios hängen auch ab von den Entwicklungschancen des Konservatismus in der ehemaligen DDR. Dort gibt es keine der Bundesrepublik vergleichbare Ideengeschichte des konservativen Denkens, dafür freilich eine – mehr und mehr verschwiegene – Tradition der CDU als Blockpartei, als Teilhaberin an der Macht der SED. Auch auf dem Gebiet der politischen Ideen und Programme konnte in der DDR in einem Jahr nicht nachgeholt werden, was in 40 Jahren unterdrückt worden war. Die bis Ende März 1990 vorgelegten Programme der konservativen Parteien ließen kaum eigenständige Überlegungen erkennen. Bei NDPD, CDU, Demokratischem Aufbruch und DSU gab es, abgesehen von der Bezugnahme auf die revolutionären Veränderungen im Herbst 1989, kaum genuine Vorstellungen[22]. Zu stark haben sich die westlichen und bundesdeutschen Vorbilder durchgesetzt.

Bei aller Ungewißheit künftiger Entwicklungen finden sich in den lebensweltlichen Strukturen des Alltags in der früheren DDR vielfältige Hinweise dafür, daß konservative Deutungsmuster auf breite Resonanz stoßen könnten. Dazu gehört nicht nur ein durch den Umbruch freigelegter und jetzt offen zutage tretender Antikommunismus, sondern auch verbreitete kleinbürgerliche, politisch-passive, autoritäre und paternalistische Verhaltensweisen[23]. Nicht zuletzt das offenbar breite Potential fremdenfeindlicher Orientierungsmuster – im Zusammenspiel mit der Aufwertung der eigenen nationalen Bezugsgruppe – unterstützt unsere Vermutung, daß konservative Politikmuster in der Ex-DDR durchaus Fuß fassen können[24].

Die Entwicklungsgeschichte moderner Gesellschaften lehrt zweierlei: Systemwandel und politisch-kultureller Wandel erfolgen nicht zeitgleich. „Ungleichzeitigkeiten", Restbestände vorgängiger Orientierungen verbleiben auf unabsehbare Zeit als Bestandteile kollektiver Orientierungen, und beschleunigte Modernisierung ruft immer auch Gegenkräfte auf den Plan; insbesondere „Modernisierungsverlierer" tendieren zu konservativ-reaktionären Deutungsmustern. So gesehen ist das konservative Potential in der ehemaligen DDR beachtlich. Umgekehrt käme es darauf an, die kurze Tradition der demokratischen Bürgerbewegungen in der DDR fortzuführen und ihren Geist – nicht nur parlamentarisch – mit einer politischen Kultur zu verbinden, welche rechts- und sozialstaatliche Garantien wirksam einzufordern gelernt hat und aus der deutschen Geschichte ein Aufklärungswissen zu gewinnen vermag, das nicht in deutschnationaler Volkstümelei endet, sondern in der vernünftigen Autonomie des Subjekts aufgeht.

Benno Hafeneger

Rechtsextremismus: Herausforderung für Pädagogik, Jugendarbeit und Schule

Die Auseinandersetzung mit der Zeit des Nationalsozialismus hat in der Geschichte der Bundesrepublik eine Tradition, die sich für die historisch-politische Bildung, Pädagogik und Jugendarbeit grob in vier Perioden unterteilen läßt:

1. Die Zeit bis 1960 kennzeichnet eine personalistische, entpolitisierte und zugleich streng antikommunistische, totalitarismustheoretische Darstellung der NS-Zeit. Wiederkehrend waren „Anklagefiguren" mit Begriffen wie Mißbrauch, Verführung, Instrumentalisierung von jugendlichem Idealismus – also mehr psychologisierende und pädagogisierende Deutungsweisen. Jugendarbeit und Schule verstanden sich als Träger der parlamentarischen Demokratie und kapitalistisch verfaßten Leistungsgesellschaft, eingebunden und anerkannt als Träger von Erziehung und Bildung.

2. In den 60er Jahren machte sich der Einfluß kritischer Sozialwissenschaft und Theorie bemerkbar, was sich an der Rezeption Theodor W. Adornos mit seinen Überlegungen zur „Aufklärung" bzw. zur „Auseinandersetzung mit der Vergangenheit" zeigte. Politische Bildung wurde Bestandteil einer schulischen und außerschulischen Erziehung/Bildung, die sich gegen Vorurteils- und Stereotypenbildung richtet, Klischees und Antisemitismus bekämpfen will.

3. Diese Entwicklung setzte sich während der 70er Jahre mit einer starken sozial- und strukturgeschichtlichen Orientierung und Verwissenschaftlichung fort. Aufklärung, Demokratisierung und Emanzipation avancierten zu generellen Leitmotiven vor allem in der Jugendarbeit, und die NS-Zeit wurde zu einem zentralen „Thema".

4. In den 80er Jahren läßt sich der Trend mit den Stichworten „Geschichte von unten", „Spurensuche in den eigenen Lebensorten" bzw. „Oral History" charakterisieren. Biographische Schicksale, Alltags- und Lokalgeschichte gewannen in der Jugendarbeit und Schule als forschendes, handlungs- und erfahrungsorientiertes Lernen an Bedeutung.

Jugendarbeit und Schule waren in der Nachkriegsgeschichte – aufgrund ihres jeweiligen Bildungsauftrages, andersgearteter Strukturen und Interessen – unterschiedlich akzentuiert in diese geschichtsdidaktischen Perioden eingebunden. Sie waren Akteure und wesentliche Träger entsprechender Konzeptionen bzw. von Praxis – geleitet vor allem von aktuellen Entwicklungen, historischen Daten, jugend- und bildungspolitischer Verortung bzw. Selbstvergewisserung.

Über die Möglichkeiten und Grenzen von Pädagogik, Schule und Jugendarbeit in der Auseinandersetzung mit autoritären, fremdenfeindlichen, nationalistischen und rassistischen Orientierungen bei Jugendlichen erschienen in den letzten Jahren viele Publikationen mit theoretischen und konzeptionellen Begründungen sowie praktischen Vorschlägen. Neben Untersuchungen zu den organisierten Gruppen und Parteien im rechtsextremen Lager, biographischen Berichten, Analysen des Wahlverhaltens und Wählerpotentials sowie Studien zur Modernisierung von Ideologie, zum Verbreitungsgrad rechtsextremistischer Orientierungen und Haltungen unter Jugendlichen konzentrierte sich die Debatte vor allem auf vier thematische Zentren:

- die normativen und allgemeinen Begründungen, Anforderungen und Zielbestimmungen zum Stellenwert und zum möglichen Beitrag in der Auseinandersetzung mit, der Abwehr von bzw. der Immunisierung gegenüber autoritären bis rechtsextremistischen Orientierungen bei Jugendlichen;
- die vielfältigen Praxiserfahrungen, Lern- und Erfahrungsangebote, Begründungen für eine anregende Didaktik historisch-politischen Lernens, Aktivitäten in Schule und Jugendarbeit als Beitrag und Beleg der Auseinandersetzung;
- die Kritik eines traditionellen und hilflosen (weil ausgrenzenden) Antifaschismus, der ein politisch-historischer Kampfbegriff der Zwischenkriegszeit, aber weder ein erziehungstheoretischer Grundbegriff ist, noch eine aktuelle praxisanleitende Funktion hat;
- die Kritik von bornierten („kopflastigen") Lernkonzepten und verkürzter Aufklärungspädagogik in lediglich historischer Perspektive sowie Versuchen, ein differenziertes Verständnis von (projekt-, erfahrungs- und erlebnisorientiertem) Lernen, Erziehung und Bildung zu begründen und Abschied von engverstandenen „antifaschistischen", historisch fixierten Konzeptionen zu nehmen.

Diese Auseinandersetzung trug zu wesentlichen Differenzierungen bei, blieb für die alltägliche Praxis in Schule und Jugendarbeit jedoch weitgehend folgenlos und ohne Resonanz. Als Resümee der über 10 Jahre lang geführten Diskussionen und der praktischen Erfahrungen in Jugendarbeit und Schule läßt sich formulieren: Es gibt viele hehre Ansprüche und schlüssige Begründungen, pädagogisch-politisch plausible Anregungen und Aufforderungen, auch eine Reihe wiederkehrender Lernangebote, aber kaum spannende, experimentelle und ausgewertete Praxen, kaum neue Zugänge zu „anfälligen" Jugendlichen – die dann mit begründeten, notwendigen Veränderungen institutioneller Rahmenbedingungen, Förderungsmaßnahmen und Handlungsmöglichkeiten zu verknüpfen wären.

Dies verweist auf Defizite und Dilemmata, die in der Frage gipfeln, was pädagogische Praxis derzeit in den unterschiedlichen Handlungsfeldern wirklich leistet oder leisten kann. Welche Begründungen erreichen die Institutionen bzw. ihre Akteure und motiviert sie zu Auseinandersetzungen? Welche Konsequenzen ergeben sich für die Veränderung von Binnenverhältnissen (innere Reformen) und Rahmenbedingungen (äußere Reformen) pädagogischer Institutionen?

Denkt man über Lernkonzepte und Praxisdimensionen nach, gibt es aus der neueren Pädagogikgeschichte Anregungen, die auch heute nicht veraltet sind und durchaus wichtige Orientierungen geben können. Für die derzeitige Auseinandersetzung scheinen mir in der Pädagogik, in Jugendarbeit und Schule mehrere

Aspekte wesentlich bzw. klärungsbedürftig, wenn Grenzen und Handlungsmöglichkeiten bestimmt bzw ausgelotet werden sollen.

Selbstverständnis von Institutionen und Mitarbeiter(inne)n

Die Begründung, Verortung und Selbstdefinition von Lehrer(inne)n und hauptamtlichen Mitarbeiter(inne)n in der Jugendarbeit, als personelle Träger im Entwicklungs- und Sozialisationsprozeß von Kindern und Jugendlichen, gilt es mit ihrem abstützenden und begleitenden Beitrag neu zu plazieren bzw. auszuweisen. Es geht um vor allem empirisch schwierige Fragen: Welche prägende Bedeutung, welchen Einfluß und Stellenwert haben Schule und Jugendarbeit als Lebens- und Lernorte, ihre personellen Träger für das Aufwachsen, die Such- und Orientierungsbewegungen von Kindern und Jugendlichen heute?

Strukturell müssen sich die pädagogischen Institutionen und ihre Akteure – auf dem Hintergrund von veränderten Lebensbedingungen (Individualisierung/Pluralisierung) und neuen Sozialisationsinstanzen (vor allem Markt und Medien) – als ein Angebot, als eine Option für die Entwicklung von Kindern und Jugendlichen und damit ihre neuen Begrenzungen akzeptieren. Es gilt, unpathetisch Abschied zu nehmen von der selbstlegitimierenden „institutionellen Rolle" und der Annahme, für Kritik und Engagement des imaginären Adressaten „Jugend" weitgehend allein zuständig zu sein; dennoch diese Perspektive aber nicht gänzlich aufzugeben. Das hätte zwei Konsequenzen: diese Relativierung nicht resignativ, entmutigt und desillusioniert hinzunehmen, sondern als produktive Herausforderung zu sehen, die auch von „pädagogischem Ballast" und politischen Überfrachtungen befreit; damit gleichzeitig den Blick freizumachen für Innovation und Experimentierfreudigkeit, für die Neubegründung von (nicht)pädagogischen Beziehungen, für eine jugendpolitische Streitkultur.

Es geht um eine paradox-optimistische Grundhaltung: auf der einen Seite das Eingeständnis pädagogischer Ohnmacht und Ratlosigkeit, das Eingeständnis, daß es keine Rezepte, eindeutigen Lösungen gibt – auf der anderen Seite Offenheit, Bereitschaft zum Experimentieren, zum Hinhören und Hinschauen, zum Auf-Jugendliche-Zugehen. Grundlage dafür sind unabdingbar: Empathie, Anteil-nehmen und Interessiert-sein, verknüpft mit einer antipädagogischen Grundhaltung, Kinder und Jugendliche so anzuerkennen und anzunehmen, wie sie sind.

Ernstnehmen und Zulassen

Die wiederholt gestellte pädagogisch-politische Frage bezüglich unterschiedlicher Äußerungsformen der Jugendlichen im Kontext autoritärer bis rechtsextremistischer Orientierungen (z.B. Schmierereien, Computerspiele, Aufkleber, Haarschnitt, Kleidung: Bundeswehrstiefel, schwarz-rot-goldene Hosenträger o.ä., Fragen zur Zulässigkeit des Hitler-Grußes und von Nazi-Symbolen, Mitgliedschaft in Parteien, situativ-spontane Sprüche, gezielte verbale Provokation von Lehrern, gelegentliche Aggressionen gegen ausländische Jugendliche und offene Vertretung von NS-Gedankengut) lautet: Wie sollen, können wir in den pädagogischen Arbeitsfeldern damit umgehen?

In der Polarisierung zwischen dem Verbot, klarer Gegenposition und Abwehr einerseits und dem Zulassen, Ernstnehmen als pädagogischem Verhalten andererseits hat sich in den letzten Jahren weitgehend als Konsens herausgebildet: Aufgrund komplexer und widersprüchlicher gesellschaftlicher Entwicklungs- und Modernisierungsprozesse mit ihren Konsequenzen für die anstrengende, und gefährdete, möglicherweise mißlingende Identitätsarbeit werden autoritäre und rassistische Orientierungen auch Bestandteil der politischen Angebote und Kultur (unter Jugendlichen). Nur wenn die Äußerungsformen Jugendlicher ohne Sanktionen zugelassen werden, gibt es Chancen eines ernsthaften Dialogs, von Auseinandersetzung, Streit und Lernen – dazu bedarf es einer toleranten Kultur.

Auseinandersetzung und Streit dürfen nicht vorschnell einsetzen, Ansichten, Vorurteile und Mentalitäten sollten nicht unterdrückt und ausgrenzt, die belehrende Attitüde muß möglichst vermieden werden. Diese Verhaltensstrategie erreicht ihre Grenzen bei organisiert-verfestigten, gewaltsamen und diskriminierenden Vorgehensweisen gegenüber anderen Jugendlichen. Diese Gratwanderung zwischen Toleranz und Formulierung einer Gegenposition gilt es auszuhalten bzw. immer wieder herzustellen, wenn inhaltliche, personale und pädagogische Angebote Jugendliche wirklich erreichen sollen.

Gezielte Praxis und thematische Angebote

Es gehört zu den originären Bildungs- und Erziehungsaufgaben, überlegte, wohl durchdachte und gutvorbereitete Lernangebote zu machen, diese ggf. mit den Jugendlichen gemeinsam zu entwickeln und tragfähig zu gestalten. Das Bestehen auf der historischen Wahrheit (Kriegsschuld, Zerstörung des Rechts, Völkermord u.v.a.), die Auseinandersetzung mit aktuellen gesellschaftlichen Entwicklungen und die pädagogischen Angebote in der „Zukunftssuche" von Jugendlichen haben ihre orientierenden, leitenden Prinzipien in Aufklärung, Vernunft und Humanität. Gezielte Angebote, aufklärende, thematische und projektbezogene Ansätze, motivierende Lernformen, die historisch-politisches Lernen intendieren, beziehen sich auf Seminare, Spurensicherung, Oral History, Besuche und Workcamps in Gedenkstätten, Gespräche mit Zeitzeugen, lokale Initiativen für die Errichtung von Mahnmalen, Stadtrundfahrten, Filme, Literatur, Besuche in Archiven und Museen.

Solche Angebote und Aktivitäten erreichen – bei freiwilliger Teilnahme – vor allem motivierte, interessierte und bereits engagierte Jugendliche; ihnen stabilisierendes und anregendes Lernen – d.h. Auseinandersetzung mit Geschichte und Gesellschaft – anzubieten, kann ein bedeutsamer Beitrag in der Entwicklung von Identität und politischem Bewußtsein, für Aktivität und organisierte Mitarbeit sein. Man muß jedoch den Trugschluß vermeiden, daß Jugendliche so lernen, wie es pädagogisch geplant und intendiert wäre. Ihre Motive und Interessen liegen quer zu den (curricular) eindeutig vorgestellten, technologisch-kausalen Lernstrategien. Die Frage, warum, wie und was Jugendliche lernen, ist weitgehend ungeklärt. Daher sollten sich Lehrer/innen und Mitarbeiter/innen in der Jugendarbeit bei diesen Lernangeboten nicht nur auf die engagierten Jugendlichen konzentrieren, sondern mehr auf Jugendliche, die eher am Rande stehen, passiv sind, sich entziehen oder auch stören.

Pädagogisches Verhältnis

Die Geschichte von Pädagogik und Jugendarbeit war immer durchzogen von falsch verstandenen Gegenüberstellungen: entweder Fachmann/-frau oder Pädagoge zu sein; mehr auf Strukturen und die Sache zu achten oder die konkreten Subjekte zu sehen. Mit dem Abschied von der ideologisch aufgeladenen, geisteswissenschaftlich inspirierten optimistischen Reform- und Subjektpädagogik der Weimarer Republik wurden auch Dimensionen verschüttet, die den pädagogischen Alltag – unter veränderten historischen Konstellationen – nach wie vor konstituieren. Es bleiben die Fragen nach dem (pädagogischen) Verhältnis, der tragfähigen Zwischenmenschlichkeit, den kohärenten Gruppenerfahrungen, der Glaubwürdigkeit im Gespräch, der Begegnung und Aktion, die sich heute in Begriffen wie „Ernstnehmen", „Zuhören" und „Verstehen" ausdrücken, aber in ihrer Bedeutung (und Begrenzung) aktuell keiner profilierten Diskussion unterliegen.

Es geht nicht um den Abschied von einer kritischen Pädagogik und Jugendarbeit, um die Wiederbelebung geisteswissenschaftlicher Pädagogik, sondern um tragfähige Alltagsbeziehungen, die Bedeutung einer neuen Solidarität und gelebter Gemeinschaftserfahrungen mit (interessanten) Erwachsenen als Beitrag für den Entwicklungs- und Identitätsbildungsprozeß von Kindern und Jugendlichen. Es geht um Lebenszusammenhänge und Erzieher/innen, die nicht gleichgültig, lustlos und demotiviert sind, sondern an denen man sich orientieren kann, die einen stützen, mit denen man streiten und die man ablehnen kann; es geht um Beteiligung, Angenommenwerden und Sich-einbringen-können in Gruppenerfahrungen (als Jugendgruppe, informelle Gruppe, Clique oder Klasse) und alltagsweltliche, sich verortende Zugehörigkeiten, die es auch pädagogisch zu organisieren gilt.

Pädagogik und Jugendarbeit als demokratischer Alltag

Schule und Jugendarbeit müssen in ihren Binnenstrukturen und ihrer Eigendynamik reflektiert, Handlungsmöglichkeiten für Lerngebote vielfach überhaupt erst durchgesetzt werden. Aber nicht primär das konkrete, möglicherweise einmalige oder auch ritualisiert (aufklärende) wiederkehrende Gespräch, das interessante und spannende – aber einmalige – Seminar oder Projekt ist der entscheidende Beitrag für demokratisches Lernen, solidarisches Verhalten, historische Einsichten, sondern es sind die Institutionen mit ihren Lernformen, Inhalten, in ihrer Lernorganisation und demokratischen Struktur (themenunabhängig) insgesamt. Ihren Beitrag zu solidarischen Lebensformen, als sozialer Erfahrungsraum und multikulturelle Alltagskultur, als Zusammenleben unterschiedlicher Kulturen mit Gemeinschaftserlebnissen und produktiver Begegnung, die Rassismus und Ausländerfeindlichkeit nicht dulden, gilt es zu würdigen. Erziehung, Bildung und Lernen finden im Schnittpunkt unterschiedlicher gesellschaftlicher und politischer Interessen statt.

Die beharrliche politische und pädagogische Arbeit an inneren Reformen (Demokratisierung, Dezentralisierung, Partizipation), an demokratisch-anregenden Lernformen, die Bedürfnisse nach Experimentieren, Augenblicksorientierung und Gegenwartserleben, Körpererfahrung u.a.m. aufnehmen, ist eine schul- und jugendpolitische Herausforderung. Sie erst zeigt die Ernsthaftigkeit, nicht einmalig oder rituell über einmalige Angebote (Unterricht, Seminare, Projekte, Resolutionen) das Thema „Rechtsextremismus" abzuhandeln, sondern themenunabhängig „Demokratie im Alltag" im Kontext und Prozeß von Reform und innerer Ausgestaltung der pädagogischen Realität, von Strukturen und Beziehungen zu praktizieren.

Fragen zur geschlechtsspezifischen Sozialisation verdeutlichen dies: Inwieweit stabilisieren Schule und Jugendarbeit in ihrer Praxis „traditionelle Männlichkeit" als Überlegenheit? Fördern sie die Bereitschaft zum Leben in „hierarchischen Beziehungen, also in Über- und Unterordnung" (Annedore Prengel), und Bindungen an überkommene Lebensformen; werden Macht, Dominanzstreben, Aggressivität durch Gratifikationen und Privilegien gestärkt? Oder gibt es Erfahrungen einer „anderen Männlichkeit"?

Themen- und anlaßunabhängig richtet sich damit der Blick auf den heutigen Alltag, die Beziehungen und die demokratische Kultur in den Institutionen, auf die Organisation von Lernen, Bildung und Erziehung; auf den möglichen und perspektivischen Beitrag für die Entwicklung einer demokratischen Kultur und von Emanzipation; auf die Auseinandersetzung mit Macht, Herrschaft und Abhängigkeiten auch in den Institutionen.

Jugendarbeit und Schule – Gesellschaft, Politik und Kultur

Schule und Jugendarbeit sind für Kinder und Jugendliche relevante Orte von Aneignung, Deutung und Wertung gesellschaftlicher Realität. Hier werden Wissen, Erfahrungen und praxisbezogene Prozesse organisiert, die in Strukturen von Öffentlichkeit nach außen (Stadtteil, Kommune) gegeben werden können. Die Profilierung als Orte der Begegnung, der politischen Streitkultur und der Auseinandersetzung um die Perspektiven von Kindern und Jugendlichen bedeutet: die Erfahrungen und Probleme nicht nur in den Institutionen klären zu wollen oder gar zu kultivieren, zu verdrängen und zu befrieden, sondern sie in die politische Öffentlichkeit zu bringen, an Politik und Gesellschaft zurückzugeben und innovative Erkenntnisse freizusetzen, d.h. Diskurse und Vernetzung zu stimulieren, was immer auch Auseinandersetzung mit Politik und Administration bedeutet: Interessenvertretung und Anwaltsfunktion.

Gesellschaft und Politik haben sich mit den autoritären bis rechtsextremistischen Orientierungen und Verhaltensweisen von Jugendlichen auseinanderzusetzen, angemessene Problemlösungen (z.B. in der infrastrukturellen Versorgung in Stadtteilen, in der Wohnungsbau-, Arbeitsmarkt-, Ausländer-, Sozial-, Bildungs- und Kulturpolitik) zu entwickeln – das wäre die politische Botschaft und Streitkultur von Pädagogik und Jugendarbeit. Als Teil der Gesellschaft, der politischen Kultur und Institutionen, die zu Problemdefinitionen und -lösungen beitragen (können), wäre der eigene pädagogisch-politische (bescheidene und doch bedeutsame) Beitrag in der Auseinandersetzung mit antidemokratischen Tendenzen dann – jeweils konkret und in normativer Verständigung – selbst zu klären.

Grenzen markieren und die Herausforderung annehmen

Das Dilemma von Pädagogik und Jugendarbeit ist, daß sie kaum Zugänge zu Jugendlichen im organisierten Umfeld hat; es gibt allenfalls erste Versuche im Rahmen von Fußball-Fan-Projekten und offener Jugendarbeit. Gerade in Auseinandersetzung damit hätten Pädagogik und Jugendarbeit sich auf ihre „Stärken" zu besinnen: auf ihren zeitlich begrenzten Beitrag zur Unterstützung und solidarischen Begleitung von Jugendlichen; auf Erfahrungen, die dauerhaft und prägend für Identität, politisches Bewußtsein von Jugendlichen sein können; auf Erkenntnisse und Einsichten, die in der politischen Lösung von Problemen auf Demokratie, Vernunft und Humanität setzen.

Die pädagogisch-praktische Konfrontation mit Bewußtseins- und Verhaltensweisen (Witzen, Sprüchen, Aggessivität u.a.), mit diffus-provozierender Attitüde und Mentalität, mit möglicher Organisationsbereitschaft und partiellem Eingebundensein durch informelle Strukturen ist die eigentliche pädagogische Herausforderung und wirft Fragen auf, die hier nur gestellt, nicht abschließend beantwortet werden sollen: Kann pädagogischer Umgang, können die Lern- und Erfahrungsfelder von Schule und Jugendarbeit dagegen immunisieren? Kann man diesen Jugendlichen bedeutsame und wesentliche Hilfen und Orientierungen anbieten, ihre Entwicklung beeinflussen? Die jugend- und schulpolitische Auseinandersetzung der Gegenwart hat sich jedenfalls nicht nur auf die Auseinandersetzung mit dem organisierten Rechtsextremismus, sondern auch und vor allem auf die fließenden Übergänge zwischen „seriösem" Konservatismus und neuem Nationalismus/Rechtsextremismus zu beziehen.

Klaus Farin/Eberhard Seidel-Pielen

Über die Mitverantwortung von Pädagogik und Jugendarbeit an der Rechtsorientierung Jugendlicher

Unermüdlich bemühen sich seit zwei Jahrzehnten Stadtteilgruppen, Ausländerprojekte, Bildungseinrichtungen und Sozialarbeiter/innen in geduldiger Kleinarbeit um Aufklärung und organisieren „Schnittstellen für interkulturelle Begegnungen". Erklärtes Ziel: Abbau von Vorurteilen, Werben um Toleranz und Akzeptanz bei der Mehrheitsgesellschaft. Und doch: Mit ihren rassistischen Wahlkämpfen waren die *„Republikaner"* im Januar 1989 in Berlin (West) und die *DVU* am 29. September 1991 in Bremen just in der Generation am erfolgreichsten, die als Hoffnungsträger eines neuen multiethnischen Deutschlands gesehen werden konnte. Jeder fünfte männliche Erstwähler votierte für die Rechtsaußenparteien. Wissenschaftliche Untersuchungen bestätigen diesen Trend. 25 Prozent der Westjugendlichen und 40 Prozent der Ostjugendlichen „empfinden Ausländer als lästig" (Hajo Funke, „Jetzt sind wir dran" – Nationalismus im geeinten Deutschland). Die Generation der 18- bis 24jährigen, die im Westen wie selbstverständlich mit jugoslawischen, griechischen, türkischen Jugendlichen heranwuchsen und die Bildunsgeinrichtungen durchliefen, erteilen dem multikulturellen Deutschland eine klare Absage. Die Regel, wonach Fremdenfeindlichkeit mit der Häufigkeit des Kontaktes schrumpft, scheint außer Kraft gesetzt.

In zahlreichen Analysen wurden die politischen Ursachen benannt: „soziale Verunsicherung" (Arbeitslosigkeit, Wohnungsnot und -enge, Zwei-Drittel-Gesellschaft, immer bedrohlichere Öko-Katastrophen), „psycho-soziale Verelendung" (zunehmende Anonymisierung, depressive Betonstädte), das Zusammenbrechen sämtlicher Grundwerte und Lebensregeln im Osten. Und natürlich die offen ausländerfeindliche Regierungspolitik seit der Bonner „Wende" Ende 1982. Mit Sicherheit wären ohne die jahrelange Stigmatisierung der Einwanderer und Flüchtlinge als „Ausländerproblem" und „Scheinasylanten" die Pogrome des Jahres 1991 nicht möglich gewesen. Seit Beginn der 80er Jahre wurde in Deutschland kein Wahlkampf mehr geführt, in dem die CDU das Asylrecht und die „Ausländerflut" bzw. -„kriminalität" nicht zum Wahlkampfthema hochstilisierte. Wenn heute Jugendliche „Kanacken klatschen" und Flüchtlingswohnheime überfallen, stehen führende Politiker wie Bayerns Innenminister Edmund Stoiber, der öffentlich vor einer „durchmischten und durchrassten Gesellschaft" warnte, oder Mecklenburg-Vorpommerns Ministerpräsident Alfred Gomolka, der noch im Oktober 1991 mit „Mut zu einem nationalen Bekenntnis" der „mulitkulturellen Gesellschaft" den Kampf ansagte, ideologisch in der ersten Reihe.

Allerdings kann dies allein die Attraktivität ausländerfeindlicher Parolen unter den westdeutschen Jugendlichen nicht erklären. Die rechten Jungwähler der alten Bundesländer entspringen der Generation, die von einer „linken" oder zumindest „demokratisch aufgeklärten" Pädagogik und Sozialarbeit sozialisiert wurden. Es sind die Kinder der APO-Generation, die 1968 den Bruch mit den faschistischen Traditionslinien ihrer Eltern einleiten wollte. Angesichts der jüngsten Entwicklungen wie Jugendgruppengewalt, Rechtsextremismus und der Verschärfung ethnischer Konflikte müssen sich die „Erben“ der 68er Bewegung einer kritischen Selbstbefragung und -reflexion unterziehen. Arbeitet die Pädagogik zu Beginn der 90er Jahre inmitten einer in zahllose soziale und kulturelle Milieus ausdifferenzierten bundesrepublikanischen Gesellschaft mit überholten Konzepten? Ist sie überhaupt in der Lage und willens, die Konfliktpunkte zu benennen und in einer breiteren Diskussion zu thematisieren?

Allzu häufig verflacht die Diskussion um die multikulturelle Gesellschaft zum Glaubensbekenntnis. Gebetsmühlenhaft werden deren Vorzüge gepriesen, die facettenreichen Farbnuancen ausgemalt, die den „tristen deutschen Alltag bereichern.“ Diese eindimensionalen Beschreibungen entspringen allerdings eher dem Wunschdenken der 30- bis 50jährigen, deren multikulturelle Lebenserfahrungen sich in erster Linie aus bunten „Soli-Festen“, abendlichen Restaurantbesuchen und Urlaubserlebnissen in Kuba, Marokko oder der Türkei speisen, als der real existierenden multikulturellen Gesellschaft.

Die Jugendlichen, die in Berlin-Kreuzberg, in den Einwandererbezirken Hamburgs oder Frankfurts leben, sind die erste bundesrepublikanische Generation, bei der sich deutsche und ausländische Schüler/innen demographisch die Waage halten. Sie sind Pioniere, die sich auf unerschlossenem Terrain bewegen. Aufgrund der Kürze des Einwanderungsprozesses fehlt es an tragfähigen Vorbildern und Modellen für ein multiethnisches Zusammenleben. Anders als ihre Eltern, die „den anderen“ und „Fremden“ noch mit Gleichgültigkeit und distanzierter Toleranz begegnen konnten, stellen sich den Kindern und Jugendlichen heute tagtäglich die sehr konkreten Fragen: Welche Umgangsformen sollen eigentlich zwischen uns gelten? Gibt es Verkehrsformen, bei denen abend- wie morgenländische Traditionen gleichberechtigt nebeneinander stehen? Wenn nicht, wer hat dann diese Klasse in der Hand, wer kontrolliert jenes Jugendzentrum? In der Folge prallen einerseits die unterschiedlichsten Wertvorstellungen und Weltanschauungen aufeinander, andererseits durchdringen sie sich bereits.

„Nicht die Ausländer sind das Problem, sondern die Deutschen“ lautet das verbindende Credo der Multikulti-Gemeinde, standardmäßig auf jeder Solidaritätsveranstaltung zu hören. Wirklich verinnerlicht haben diese Aussage allerdings die wenigsten. Engagierte Jugendarbeiter, die sich ernsthaft um die Problemgruppe kümmern wollen, sind zumeist Einzelkämpfer/innen, von „linken“ Kolleg/innen argwöhnisch beobachtet und der „Sympathie“ oder gar „Unterstützung von Faschos“ verdächtigt. Eine der großen Herausforderungen für die Pädagogik der 90er Jahre wird geflissentlich ignoriert.

Portrait eines „Faschos“

„Irgendetwas kaputtmachen, Scheiben zusammentreten, eine S-Bahn auseinandernehmen... Da kann ich mich so richtig auslassen.“ Saufen, Randale und Prü-

geleien, das ist es, was den 21jährigen Alexander so an der Olsenbande *fasziniert. Vor drei Jahren erregte die Nordberliner Gang durch spektakuläre Überfälle auf Linke und Ausländer die Gemüter. Hin und wieder zog die Horde, „Sieg Heil" johlend, durch Reinickendorf und den Wedding – beides Stadtteile mit hohem Anteil an Rechtswählern. Verbindungen zwischen den schlagkräftigen Jungs und der paramilitärisch-rechtsradikalen* Wiking-Jugend *wurden aufgedeckt. Die Olsenbande schien die alte These „Der Schoß ist fruchtbar noch" zu bewahrheiten.*

Aber Alexanders rebellische Attitüden – Lieblingsaccessoire: Palästinensertuch. Lieblingsmusik: Sex Pistols („Anarchy in the UK") und Ton Steine Scherben („Macht kaputt, was Euch kaputt macht!") – passen nicht in das Raster des strammdeutschen, rechtsradikalen Jugendlichen. Sein Elternhaus liegt mitten in einem multikulturellen Kiez. Jeder vierte Einwohner dort ist ein Einwanderer. Die meisten stammen aus der Türkei. In der Altersgruppe der 15- bis 20jährigen halten sich deutsche und ausländische Jugendliche demographisch die Waage. Zu Hause, in seinem zehn Quadratmeter großen Zimmer, umgibt sich Alexander mit einer „Heile-Welt-Atmosphäre": Schlümpfe bevölkern die Bettwäsche, ein Nena-Poster garniert die Wand, und drei Kruzifixe dominieren sein Reich. Auf dem Bücherregal über dem Bett finden sich Geschichtsbände zum Werden des deutschen Volkes und diverse Bibelausgaben. Die Zimmertür schmückt eine handsignierte Fotografie von Papst Johannes Paul II.

Bis Mitte der 80er Jahre ist für den ehemaligen Ministranten die Kirche Lebensmittelpunkt und Zufluchtsort gewesen. Während die Einwanderer dem Leben auf der Straße ihren unverwechselbaren Stempel aufdrücken, scheint in den sonntäglichen Gottesdiensten und katholischen Jugendgruppen die abendländische Welt noch in Ordnung. Hier verbringt Alexander die Jahre irritierender Pubertät. Die nächstgelegenen Jugendzentren sind fest in der Hand türkischer und arabischer Kids, die den Kontakt zu den „andersartigen" Deutschen nur selten suchen. „Schonräume für eine ausgegrenzte und diskriminierte Minderheit, um ihre kulturelle Identität zu wahren", betiteln sozialpädagogische Sprachregelungen diese monokulturelle Inbesitznahme von Jugendzentren. Übersehen wird dabei, daß die „Minderheit" in einigen Straßenzügen schon lange die Mehrheit ist.

Inmitten der Weddinger Vielvölkerrepublik lebt Alexander auf kleinen deutschen Inseln. Von Kindheit an ist er „eigentlich immer mit deutschen Jugendlichen unterwegs." Die Eltern des „ausländerfreien" Mietshauses, in dem er aufwächst, achten ebenso wie die türkischen Nachbarn auf den Umgang ihrer Kinder. „Wir spielten auf unserem abgeschlossenen Hinterhof, da kamen keine Türken rein." Im Alter zwischen 15 und 17 Jahren wird die deutsche Hinterhofidylle zu klein. Alexander durchbricht die Apartheidsschranken und sucht den Kontakt zu türkischen Kids draußen auf der Straße. „Eine Zeitlang spielten wir zusammen Fußball. Aber es ging nicht. Wir haben uns mit den Türken rumgeprügelt, mit den Jungs, die heute bei den Black Panthern *und den* Fighters *sind."*

Alexander weicht der Power der türkischen Jugendcliquen. Er verlagert sein Freizeitrevier aus dem Norden in den Süden Berlins. Dort beginnt die politische „Karriere" in einer Antifa-Gruppe. 1988 beteiligt er sich an einer Besetzung und läßt sich vom Abenteuer der Illegalität begeistern. Bei den Politdiskussionen seiner linken Freunde bleibt der Elektromechanikerlehrling allerdings ein meist stummer Zuhörer. Während der gewaltsamen Räumung durch die Polizei kommt es zum Bruch. „Ich hatte am Räumungstag eine Schreckschußpistole bei mir. Die Leute fanden das nicht so gut und haben mich tierisch angemacht. Ich konnte mich nicht wehren. Die anderen hatten alle studiert und waren älter." Alexander fühlt sich nach der cliqueninternen Standpauke „beschissen".

Über einen Freund lernt er die Olsenbande *kennen. Anfänglich will er die Namen der „Naziskins" zur „Wiedergutmachung" an seine alten Freunde verraten. „Aber als ich die Leute näher kennenlernte, merkte ich, daß ich mich mit denen ganz gut verstand. Da hatte ich es nicht mehr drauf, ihre Namen weiterzugeben." Alexander findet schnell Gefallen am „Hobby" seiner neuen Clique. Regelmäßig ziehen die Hauptschüler los, um Gymnasiasten zu „klatschen" oder deren Feten aufzumischen.*

An seiner „irgendwie linken" Einstellung hält Alexander dennoch fest. So demonstriert er beim Einzug der REPUBLIKANER *ins Berliner Abgeordnetenhaus vor dem Rathaus Schöneberg, während andere aus der* Olsenbande *den „Sieg" feiern. Die Lust auf politisches Engagement ist ihm allerdings vergangen. Er hat resigniert, sieht keine Chance mehr, etwas zu verändern. „Ich weiß, daß ich eine Partei wählen darf, aber was das bringt, weiß ich nicht." Warum er bei den Rechten bleibt? „Einfach so aus Fun, weil die rumziehen, saufen und alles recht unpolitisch ist. Man muß sich da nicht ständig beweisen oder rechtfertigen, wenn man eine Scheibe einschmeißt oder etwas kaputtmacht."*

Kids wie Alexander fallen als Klientel einer fortschrittlichen und politischen Stadtteilarbeit aus. Die frühen 70er Jahre, in denen man mit der „proletarischen Jugend" noch diffuse Revolutionserwartungen verknüpfte, sind längst passé. Die Politikfreaks der frühen Stadtteilinitiativen arbeiten mittlerweile als verbeamtete Dozenten an Hochschulen, in hübsch möblierten Bildungs- und Integrationseinrichtungen oder staatlich subventionierten Alternativprojekten. Mit Veranstaltungen und mahnenden Appellen werben sie bei der Mehrheitsgesellschaft um Toleranz für die ethnischen Minderheiten. Jugendliche wie Alexander, die sich aufgrund ihres lebensgeschichtlichen Hintergrunds dem multikulturellen Optimimus der neuen Mittelschichten verweigern, bleiben von den Angeboten der buntschillernden, alternativen Initiativenwelt ausgeschlossen. Kein Jugendzentrum, das ihnen offenstünde. Deren Mitarbeiter/innen scheuen die „Faschos" wie der Teufel das Weihwasser. „Mit Neonazis arbeiten? Ich glaube, da käme ich ganz schön in Schwierigkeiten mit meinen Überzeugungen."

Artikuliert einer der teutonischen Jungs *seine* Schwierigkeiten mit den orientalischen Nachbarn einmal laut, wird er gleich verbal niedergemacht. Fortschrittliche Lehrer/innen kanzeln „unqualifizierte rassistische" Wortmeldungen souverän mit Verweisen auf den deutschen Faschismus ab. Manche von ihnen schrecken nicht einmal davor zurück, den Identitätsschwierigkeiten ihrer Schüler mit dem bewährten Pauker-Druckmittel Zensuren zu begegnen. Alexander und seine Freunde finden an einer solchen repressiv-antifaschistischen „Aufklärung" aus gutem Grund keinen Gefallen.

Langsam setzt sich die Erkenntnis durch, daß nicht jede Hakenkreuzschmiererei der Ausdruck in sich gefestigter faschistischer Überzeugungen sein muß, sondern auch als ein verklausulierter Hilferuf gesehen werden kann. „Wir haben in der Vergangenheit zu einseitig das Bild des edlen und hilflosen Ausländers beschworen, der per se Opfer ist und nicht nur vor diskriminierenden Gesetzen geschützt werden muß, sondern vor *jedem* denkbaren Angriff." Ein seit den frühen Siebzigern in Berlin-Wedding arbeitender Sozialarbeiter kommt angesichts der jüngeren Entwicklung ins Grübeln. „Wir haben die deutschen Jugendlichen häufig mit einer Art 'positivem' Rassismus überfordert. Einseitig haben wir von ihnen Verständnis für die kulturellen Eigenarten und Besonderheiten ihrer türkischen Nachbarn eingefordert, ohne die selben Forderungen auch an die andere Adresse zu richten."

Engagierte Wissenschaftler haben ganze Bibliotheken mit gutgemeinten Forschungsarbeiten gefüllt. Ihre gesammelten Anstrengungen sind unter Titeln wie „Das türkische Wertesystem im Wandel", „Das zerissene Leben zwischen zwei Kulturen" oder „Die soziale Integration der Immigranten" erschienen. Gleichzeitig wurden Hunderte von Integrationsprojekten, Beratungsläden und Betreuungszirkeln mit viel Energie aus dem Boden gestampft – Einrichtungen, die ihre Berechtigung in einer Mehrheitsgesellschaft, in der Rassismus zur staatstragenden Säule avancieren konnte, keineswegs unter Beweis stellen müssen. Daß sie unverzichtbar sind, zeigt auch die tagtäglich geleistete Arbeit. Die erschreckende Funkstille, die herrscht, sobald es um andere Aspekte des Einwanderungsprozesses geht, muß daher überraschen. Kaum ein Wissenschaftler hat sich ernsthaft mit den psycho-sozialen Folgen befaßt, wie sie durch die Einwanderung auf seiten der Mehrheitsgesellschaft entstanden sind. Man tut so, als wäre die Einwanderung ein Phänomen, das lediglich die Biographien und Psychen der Immigranten berühre. Reagiert ein Deutscher auf die Erfahrungen im multikulturellen Mietshaus, Kiez und am Arbeitsplatz mit demonstrativem Rückzug in seine an den Idealen der westlichen Aufklärung orientierte, germanophile *community*, wird er schnell als unverbesserlicher, nationalistischer Fremdenfeind abgestempelt. Selten werden seine Leistungen im Verlaufe des Einwanderungsprozesses gewürdigt. Diejenigen, die in weniger als 20 Jahren die Veränderung ihres Wohnumfeldes von einem zentraleuropäisch geprägten, zumeist proletarischen Bezirk hin zu einem multiethnischen Konglomerat mitvollziehen mußten, bleiben mit ihren Verunsicherungen allein. Schwierigkeiten werden allenfalls im Familienkreis oder im Stammtischdunst laut geäußert. Für eine diskutierende Öffentlichkeit ist das kein Thema, es würde unter der Rubrik Ausländerfeindlichkeit abgeheftet.

Auch breite Teile der Linken können sich solchen Fragen offenbar nicht wirklich stellen. Wahrscheinlich sind sie ihrem eigenen, verdeckt rassistischen Menschenbild verhaftet, das stillschweigend von der kulturellen Überlegenheit der Deutschen ausgeht. Der ihren Diskussionen heimlich zugrunde liegende Denkansatz, von einer deutschen Bankangestellten sei eben ein höheres Maß an Toleranz, Einsicht und situativer Anpassungsfähigkeit zu erwarten als von der Bäuerin aus dem unterentwickelten Anatolien, bleibt verdeckt und damit unbefragt. „Man muß ihre kulturellen Eigenarten respektieren und die ländliche Welt berücksichtigen, aus der sie kommt", lautet ein beliebtes Argument, das in verschiedenen Versionen immer wieder auftritt und damit nicht nur den Schwierigkeiten des multikulturellen Alltags ausweicht, sondern auch den Einwanderern einen gleichberechtigten Status verweigert, sie in die Position zu schützender Kinder abschiebt, die erst noch reifen müssen, bevor sie kritik-fähig werden. Haben von ihren Vätern unterdrückte Töchter weniger Recht auf ein selbstbestimmtes Leben, wenn diese Väter Einwanderer sind? Dürfen wir von Eltern keine Toleranz fordern? Dürfen türkische Einwanderer, die den Völkermord an Armeniern und die Unterdrückung der Kurden verteidigen, nicht kritisiert werden, solange sie selbst Opfer der intoleranten deutschen Mehrheitsgesellschaft sind? Und warum sollte die deutsche Bankangestellte unseres Beispiels nicht dasselbe Recht für sich beanspruchen wie die anatolische Bäuerin? Mit Blick auf das bei vielen Muslimen vorherrschende Frauenbild könnte sie sich schockiert abwenden, um in den Worten Bettina von Arnims zu sagen: „Ich weiß, was ich bedarf! Ich bedarf, daß ich meine Freiheit behalte."

Konflikte zwischen rivalisierenden multikulturellen und rechten Jugendgangs sind *auch* Entscheidungsschlachten um die Frage, wie das Verhältnis zwischen Orient und Okzident auszubalancieren ist. Sie sind ein Streit, der die Grundlage zukünftiger Ausgestaltungen der multikulturellen Gesellschaft betrifft. Und genau hier liegt das Versagen der Sozialarbeit und Pädagogik. Nur mangelhaft kommt sie ihrer Rolle als „Moderatorin" und „Kommentatorin" dieses Prozesses nach. Anstatt dieses Spannungsverhältnis, das sich im Verlaufe der 80er Jahre entfaltete, zu begreifen, wird weiterhin eine Diskussion geführt, die vor zehn, 15 Jahren vielleicht richtig war, den Problemlagen der Jugendlichen heute in ihrer Komplexität jedoch nicht mehr gerecht wird. Viel Verständnis bringen progressive Pädagogen und Jugendarbeiter für die Identitätssuche türkischer Jugendlicher auf, für ihre Schwierigkeiten, eine Balance zwischen den Wertesystemen ihrer Eltern und der Mehrheitsgesellschaft herzustellen. Gleichzeitig wird von den deutschen Jugendlichen die Bereitschaft abgefordert, dieses „Pendeln zwischen den Kulturen" in seiner ganzen Tragweite zu begreifen. Dabei wird übersehen, daß vor allem in den Einwandererbezirken viele deutsche Jugendliche ebenfalls „zwischen den Welten leben", Identitätsbrüche zu verarbeiten haben, die mit dem Migrationsprozeß und dem Auflösen alter, zentraleuropäisch orientierter Milieus zusammenhängen (von dem gewaltigen Umbruch in den neuen Bundesländern einmal ganz abgesehen.). Auch wenn die deutschstämmigen Jugendlichen dem gleichaltrigen Nachwuchs der Einwanderer gegenüber privilegiert sind, da sie keinen staatlichen Sonder- und Ausgrenzungsgesetzen unterliegen, sind ihre Probleme dennoch ernst zu nehmen, will man Konfliktpotentiale und Rechtsausbrüche abbauen.

In Argumenationsnöte kamen Berliner Pädagogen, die mit einer Gruppe Auszubildender ein kurdisches Dorf in der Osttürkei besuchten – das Heimatdorf einer der Jugendlichen. Die 18jährigen entfachten eine Kulturrevolution unter der Dorfbevölkerung, als sie sich weigerten, sich der Kleiderordnung zu unterwerfen, und auf ihren „Muscle-T-Shirts" und Shorts bestanden. Den Ermahnungen der Erzie-

her, „sich den Werten und Sitten der Gastgeber anzupassen", setzten sie entgegen: „In Berlin fordert Ihr uns auf, die kulturellen Eigenarten auch der konservativ-religiösen Türken zu akzeptieren, tolerant zu sein, und hier sagt Ihr, wir sollen uns anpassen. Was gilt nun?

Die einseitigen Aufrufe zur Toleranz haben fatale Folgen. So bleibt es keineswegs ohne Auswirkungen auf das multiethnische Zusammenleben der Jugendlichen, wenn in den meisten Jugendzentren und in vielen Discotheken der Einwandererstädte das Geflecht der Liebesbeziehungen aus dem Gleichgewicht gerät. Für Jugendliche ist es ein brennendheißes Problem, wenn zwar die Jungs aus Einwandererfamilien des islamischen Kulturkreises die gleichen Freiheiten genießen wie die Deutschen, nicht aber ihre Schwestern. Für die diskutierende Öffentlichkeit ist das allerdings kein Thema. Feministische oder mädchenbezogene Ansätze in Schule und Sozialarbeit werden oft als „individuelle Marotte" und „nicht sachgerecht" abgetan.

Jugendliche haben durchaus ein sicheres Gespür dafür, daß der Nationalismus und Chauvinismus bei ihren „ausländischen" Freunden von Erziehern und Jugendarbeitern anders beurteilt wird als bei ihnen. Ernstgenommen wird ihr Unbehagen häufig erst, wenn es sich deutlich „rechts" artikuliert. Dann sind sie Thema, ein Problem, ein Feind. Es wird übersehen, daß „Faschosprüche" zunächst noch nichts mit Neonazismus zu tun haben müssen, sondern oftmals ein Hilferuf nach Aufmerksamkeit und Anerkennung sind. Überzeugtes neonazistisches Handeln wird es in vielen Fällen erst nach einer längeren Phase der Stigmatisierung als „Neonazis" – auch durch Pädagogen und Sozialarbeiter.

Wer „rechte" Jugendliche heute ausgrenzt, trägt die Mitverantwortung für die Gewalt von morgen. Wer Zwölf-, 14- oder 16jährigen, die sich an Randaleaktionen gegen Minderheiten beteiligen, nicht mehr zu bieten hat als „Nazis raus!", arbeitet den organisierten Neonazis in die Hände. Denn die haben erkannt, was vielen dumpf auf alles Fremde einprügelnden Jugendlichen fehlt: Möglichkeiten, sich auszuleben, Freiräume, selbstverwaltet und unkontrolliert, Gesprächspartner, die sie ernst nehmen, die auch zuhören können und Lösungen für ihre Probleme anbieten. Daß die „Lösungen" der Rechtsradikalen Scheinlösungen sind und sie in der Regel nur mißbraucht werden, merken die meisten Jugendlichen erst später. Zunächst sind die in Dutzenden deutscher Großstädte zur freien Verfügung stehenden Zentren (zumeist Privatwohnungen) des seit 1990 intensiv geflochtenen neonazistischen Netzwerkes attraktiv. Beginnt dann die Phase der Disziplinierung und Kaderrekrutierung, der ideologischen Pflichtschulung, springen die meisten Jugendlichen wieder ab. Immer wieder trafen wir bei unseren Recherchen auf solche „Überläufer", die bei der ersten Begegnung noch rechts prügelten, wenige Wochen später sich aber schon wieder von ihren einstigen Kameraden distanzierten – oft ohne Alternative. Der Eintritt in „linke" Jugendclubs, Konzerte und Freundeskreise bleibt ihnen nicht selten verwehrt.

Das gilt besonders für Jugendliche mit „Kurzhaarsyndrom". Zum identitätsstiftenden Grundkonsens „progressiver" Jugendarbeit gehört das „No Skin"- genauso wie das „Ausländer bleiben draußen"-Schild in bundesdeutschen Discotheken. Haarausfall, Bomberjacke und Doc Martens, klobige Bergarbeiterstiefel, genügen, um als „Nazi“ identifiziert zu werden. Daß es auch etwa 1 500 – Tendenz steigend – antirassistische Skinheads in Deutschland gibt (von politisch bewußten Redskins über S.H.A.R.P.-Szene bis zu vielen antipolitischen Oi- und Trojan-Skins), hat sich offenbar noch nicht bis zur Koalition der Denkfaulen herumgesprochen. Gerade die „SkinHeads Against Recial Prejudice (S.H.A.R.P.)“-Bewegung innerhalb der Skin-Szene böte hervorragende Ansätze für eine engagierte Jugendarbeit. Im Grunde genommen ist S.H.A.R.P. nichts weiter als ein Signet, das sich viele Skinheads an die Jacken heften, um offen zu demonstrieren, daß sie Skins *und* Antirassisten sind. Ein Versuch, ihre rechtsgescheitelten Zwillingsbrüder auf die Wurzeln der Skin-Kultur (schwarze Musik!) aufmerksam zu machen, das Diktat der Mode umzukehren, Motto: (Nazi-)Bonehead ist out, wer heute als Skin etwas auf sich hält, der muß sharp sein. „Stay rude against fascist regimes./Stay rebel against politicians dreams./Stay rude und fight back against injustice./Think with your brain and not with your boots./Stay rude – stay rebel – stay S.H.A.R.P.“, heißt es in einem Kultsong der Stuttgarter Skaband „No Sports“.

Die Chance, diese Facetten der Skinkultur zu nutzen, um gefährdeten und von Rechtsradikalen umworbenen Jugendlichen im außerschulischen Bereich attraktive Alternativen zu bieten, im Schulbereich mit ihnen in Diskussion zu bleiben, letztlich den neonazistischen Kadern ihren Nachwuchs abzuwerben, wird bisher kaum genutzt. Im Gegenteil: Mit haarsträubenden Argumenten – z. B.: „Man kann euch so schlecht auseinanderhalten“ – werden selbst antirassistische Skinheads ausgegrenzt und die zur Zeit an vielen Orten scharfe Konkurrenzsituation zwischen den Skin-Kulturen durch Passivität zugunsten der Rechtsradikalen entschieden.

Wer als Pädagoge oder Sozialarbeiter/in nicht bereit ist, sich dem breiten Spektrum jugendlicher Weltanschauungen, die einer komplexen Welt entspringen, zu stellen, hat seinen Beruf verfehlt. Und das sind nicht wenige. Ansonsten wären repressiv-antifaschistische Erziehungsinhalte, moralinsaure Appelle, Versuche, Multikulturalität in die Köpfe einzuhämmern, ohne die Konfliktpunkte und Bruchstellen aufzuarbeiten, nicht so verbreitet. Die übliche Reaktion, ideologische Differenzen, Kulturkonflikte und -spannungen aus dem Unterricht auszugrenzen, totzuschweigen oder zu reinen Verwaltungsakten zu funktionalisieren, gäbe es nicht. Auffällige Schüler, die beispielsweise Mitschüler/innen erpressen und terrorisieren, werden polizeilich zur Verantwortung gezogen oder in eine andere Klasse/Schule abgeschoben, statt daß die einmalige Chance genutzt würde, hautnahe Konflikte zum packenden Unterrichtsthema zu machen.

Natürlich bewegen sich Pädagogen auf schwierigem Terrain, wollen sie den Herausforderungen des multiethnischen Deutschlands der 90er Jahre Paroli bieten. Dies erfordert Differenzierungsvermögen und Klarheit darüber, welchen Stellenwert institutioneller Rassismus, organisierter Neonazismus, diverse, für Außenstehende kaum zu unterscheidende jugendliche (Sub-)Kulturen, Fremdenfeindlichkeit und -angst, Verhaltensunsicherheiten und individuelle/sozialpsychologische Schwierigkeiten bei der Persönlichkeitsentwicklung einnehmen. Es erfordert auch Sicherheit in der eigenen Rolle – Herausforderungen, denen sowohl die Ausbildung als auch die materiellen Voraussetzungen und Arbeitsbedingungen vor allem im Bereich der außerschulischen Jugendarbeit nicht ansatzweise gerecht werden. Daß ABM-verunsicherte Sozialarbeiter/innen in personell unterbesetzten Jugendzentren nicht gerade optimale Voraussetzungen bieten für einen Job, in dem tagtäglich auch die eigene Persönlichkeit in Frage gestellt wird, dürfte klar sein. Daß die Lehrpläne und Schulbücher auch nach 30 Jahren der Einwanderung den größten gesellschaftlichen Umbruch Nachkriegsdeutschlands nur am Rande behandeln, daß es an interkulturellen Klassen fehlt, an zweisprachigem Unterricht, an ausreichender finanzieller Ausstattung der Schulen und Bildungseinrichtungen, ist ein Skandal. Doch: die materielle Situation der Jugendarbeit erklärt vieles und entschuldigt nichts.

Angesichts der großen gesellschaftlichen Herausforderungen und Diskussionen (Ausländer- und Einwanderungsgesetz, Asylrechtsänderungen etc.) erscheinen die angesprochenen Versäumnisse der Pädagogik und Sozialarbeit marginal. Allerdings wissen wir auch aus anderen Diskussionen, daß die Nebenwidersprüche nicht auf den Tag verschoben werden dürfen, bis der Hauptwiderspruch gelöst ist, soll die Diskussion nicht ins Leere führen.

„Die Eierschalen der Subkultur sind weitgehend abgeworfen"

Interview von Eberhard Seidel-Pielen mit Bernd Wagner

Bernd Wagner, Leiter der Abteilung Staatsschutz im gemeinsamen Landeskriminalamt der fünf neuen Bundesländer, gilt als Rechtsextremismusexperte für das Gebiet der ehemaligen DDR. Laut Einigungsvertrag wird das Landeskriminalamt bis zum 31.12.1991 aufgelöst. Seit mehr als zehn Jahren beschäftigt er sich mit „Jugendgewalt" und verfertigte bereits 1980 seine Diplomarbeit zum Thema an der Ostberliner Humboldt-Universität. 1987, nach dem Überfall organisierter Rechtsextremisten und Naziskinheads auf die Besucher der Ostberliner Zionskirche, ließ sich der Rechtsextremismus auch von den damaligen Machthabern nicht mehr leugnen. 1988 wurde Bernd Wagner in eine gemeinsame Forschungsgruppe der Humboldt-Universität berufen, die sich mit den Entstehungsbedingungen des Rechtsextremismus in der DDR beschäftigte. Wagner ist auch Gründungsmitglied des Brandenburger Bildungswerkes.

Neonazis, Rechtsextremisten und rassistisch motivierte Jugendbanden sorgen in den fünf neuen Bundesländern für Schlagzeilen. Wie groß ist diese Szene?

Wagner: Es gibt eine große Zahl rechtsextremer Gruppierungen, die sich bereits zu DDR-Zeiten gebildet haben. Ich gehe von 2 000 Extremisten im Sinne der Wortdefinition aus, die in den fünf neuen Bundesländern agieren. Sie sind in Organisationen wie „Deutsche Alternative" (DA), „Nationalistische Front" (NA), „Freiheitliche Deutsche Arbeiterpartei" (FAP) organisiert. In Eberswalde hat sich im Dezember 1990 ein „Nationalistischer Völkischer Bund" gebildet. Dieser tritt mit massiven Attacken gegen Andersdenkende und Andersseiende auf. Es besteht der begründete Verdacht, daß Angehörige des „Nationalistischen Völkischen Bundes" den Angolaner Antonio Amadeu zu Tode gebracht haben.

Lassen sich aufgrund Ihrer Erkenntnisse örtliche Schwerpunkte ausmachen?

Örtliche Zentren des organisierten Rechtsextremismus sind Städte wie Cottbus und Dresden. Auch in Halle gibt es eine Sektion der „FAP". „FAP"- und „NF"-Strukturen gibt es auch in Leipzig – hier sind die polizeilichen Erkenntnisse allerdings sehr dünn.

In Dresden gibt es den „Nationalen Widerstand" als Nachfolgeorganisation der „Deutschen Alternative"; sie wurde von Rainer Sonntag gegründet. Die „DA" ist sehr verkettet mit dem Kühnenflügel der FAP. Michael Kühnen, der Österreicher Gottfried Küssel und andere westdeutsche Rechtsextremisten haben in den Jahren 1990 und 1991 organisatorische Aufbauhilfe geleistet. In Dresden und anderen Städten des Sächsischen sind mehrere „Kameradschaften" entstanden.

In Görlitz gibt es eine Szenerie, die in mehrere Flügel aufgeteilt ist. Das geht von softigen Rechtsextremisten, die in Richtung „Republikaner" tendieren, bis hin zu einigen radikal-extremistischen Strukturen.

Dann haben wir eine „FAP"-Organisation in Erfurt. Es gibt darüber hinaus eine „Deutsche Alternative" in Saalfeld. Daneben gibt es Strukturen der „Nationalistischen Front" in verschiedenen Städten. In Strelitz ist eine Newcomergruppe der „NF" festgestellt worden, die massiv mit Straftaten in Erscheinung getreten ist. Auch aus Königs-Wusterhausen ist eine „NF"-Sektion bekannt. Auch sind vielfältige Aktivitäten in der Nazirockerszene bekannt geworden, wie die der „Vandalen", die sehr eng verzahnt sind mit der Westberliner Gruppe um Arnulf Priem. Das alles zusammen ergibt rund 2 000 Personen im rechtsextremistischen Umfeld.

Nun gibt es offensichtlich eine große Zahl von Jugendlichen, die noch nicht in die genannten Organisationen eingebunden sind, sich aber an deren Aktionen beteiligen.

Neben dem harten, rechtsextremistischen Kern gibt es 10 000 bis 15 000 zum Teil noch sehr junge Menschen, die nicht organisiert sind, aber ein rechtsextrem orientiertes Gewaltpotential darstellen. Das sind diverse Gruppen, die bei Überfällen auf Ausländerwohnheime oder Ausländer aufgetreten sind. Die genaue Zahl dieser amorphen Masse ist schwer zu ermitteln, denn dazu gehören Teile der Hooligan- und Skinheadszene und sog. Stinos, die man vom Outfit überhaupt nicht zuordnen kann.

Das ergibt annähernd 20 000 potentielle Gewalttäter mit nationalsozialistischer Einstellung. Droht in den fünf neuen Bundesländern eine faschistische Gefahr?

Es ist völlig falsch, von 20 000 Neonazis zu sprechen, denn dieses amorphe Spektrum übt nicht ständig Gewalt aus. Diese Gruppen sind dennoch sehr ernst zu nehmen, da sie jederzeit in Gewaltaktionen einbezogen werden können, aus Motiven und Anschauungen heraus, die teilweise oder gänzlich im Rechtsextremismus zu suchen sind – Ausländerfeindlichkeit, Fremdenfeindlichkeit, unbegründeter Haß auf Andersdenkende. In jeder Stadt und größeren Siedlung existieren Grüppchen, die mit rechtsextremem Aktionismus. Das bewegt logischerweise die Gemüter der Opfer.

Wie eng sind denn die Kontakte zwischen organisierten Neonazis und dem von Ihnen als amorphe Masse bezeichneten Gewaltpotential? Haben Sie Erkenntnisse in welchem Umfang diese sog. Unpolitischen bereits in Organisationszusammenhänge einbezogen werden?

Das ist noch sehr unterschiedlich. Ich habe Gruppen kennengelernt, u.a. den „Völkischen Bund" aus Eberswalde, wo ideologische Einspritzprozesse stattgefunden haben. Der Chef dieser Truppe (Tristan Dewitz, Anmerk. E.S.) war längere Zeit im Ruhrgebiet. Dort hatte er offensichtlich Kontakte zu organisierten Rechtsextremisten und wurde in Organisations- und Führungstil geschult. Diese neuen Kenntnisse versucht er nun in seine früher an sich amorphe Gruppe hineinzutragen.

Seinen Stellvertreter, der eigentlich ein brutaler Schläger ist und kein Ideologe des Rechtsextremismus, hat er zum Stabschef ernannt. Dieser Typ fühlt sich durch die Beförderung aufgewertet. Zumindest aus der Gruppenstruktur heraus lassen sich solche Leute disziplinieren, ein hochgefährlicher Vorgang, weil dadurch militante Strukturen entstehen, in denen das Führerprinzip herrscht und Leute, die sich sonst nicht binden, festmachen lassen.

Es gibt aber auch Situationen, in denen sich Gruppen nicht einbinden lassen. Dazu gehören Hooligans und bestimmte Richtungen der Skinheads. Wenn da ein Rechtsextremist auftaucht, sie marschieren und dreimal den Berg rauf- und runterrobben läßt, dann ist der Bart ab, und sie sagen, der spinnt doch, und gehen nicht mehr hin. Dennoch haben sie durchaus Affinitäten in den Gedankenwelten.

Sorgen bereitet mir vor allem die große Masse von jungen Leuten, die auf Braun abfahren. Das ist auf lange Sicht sehr gefährlich, da muß etwas entgegengesetzt werden, damit dieses Hineingleiten in den Rechtsextremismus möglichst abgebaut wird.

Sie haben den Einfluß der führenden Köpfe des westdeutschen Rechtsextremismus auf Organisationsstrukturen in den fünf neuen Bundesländern geschildert. Ist der Rechtsextremismus ein Import aus den alten Bundesländern?

Keineswegs. Was ich beschrieben habe, sind alles Produkte der alten DDR. Sowohl die führenden Personen als auch die Strukturen haben einen langjährigen Transformationsvorgang in Auseinandersetzung mit dem gesellschaftlichen System erlebt. Es gab bereits vor der Maueröffnung Kontakte zu Rechtsextremisten im europäischen Ausland – z. B. nach Österreich, Großbritannien und der Bundesrepublik Deutschland. Aber aufgrund der bekannten Verhältnisse waren sie rinnsalartig, aber sie bestanden. Mit dem Fall der Mauer schoß sofort die Elite des westdeutschen Rechtsextremismus in die DDR hinein und versuchte „Entwicklungshilfe“ zu leisten. Das ist insofern gelungen, als jetzt geordnetere Ideologie herübergebracht wird. Aber vieles war schon da.

Bei den amorphen Gruppen gibt es nur im geringen Maße Anschubeffekte aus dem Westen. Was hier existiert, kommt aus der DDR selbst und hat mit der Spezifik der DDR-Entwicklung zu tun.

Was bedeutet die „Spezifik der DDR-Entwicklung“ bezüglich nationalsozialistischer und rassistischer Einstellungen in diesen amorphen Gruppen?

Zum einen ist die Art und Weise, sich demokratisch zu artikulieren, bei Bürgern der ehemaligen DDR nicht so entwickelt wie bei den Bürgern in den alten Bundesländern. Auch die Fähigkeit, mit sozialen und geistigen Konflikten umzugehen, ist nicht sehr ausgebildet. In der BRD ist über 40 Jahre hinweg ein die zwischenmenschlichen Beziehungen tragendes Wertesystem entstanden, ob man das nun schön findet oder nicht, und es ist ein funktionables Wertgebilde entstanden, das die menschlichen Beziehungen trägt.

In der DDR ist das Wertesystem bereits vor der Wende völlig zusammengebrochen. Was heute passiert, ist ein Nachschlag, es werden die letzten Reste des alten Wertesystems abgeräumt, das muß so sein, sonst kann nichts Neues entstehen. Das hat auch Positives an sich, aber nun setzt die tiefe Sinnkrise ein. Z.B. der Wert „Leistung lohnt sich. Arbeite fleißig und du bekommst gutes Geld und kannst viel kaufen“. Das war in der DDR ein Problem, selbst wenn man gutes Geld verdiente, konnte man nicht viel kaufen. Dadurch zerlöcherten diese Wertesysteme, das haben die jungen Leute reflektiert. Deshalb haben viele Skinheads, die später als Rechtsextremisten antraten, gesagt: „Wir wollen wieder deutsche Zucht und Ordnung schaffen, damit sich Arbeit wieder lohnt“. Diese amorphen Jugendbanden sind eigentlich nur soziale Indikatoren eines länger andauernden Zerfallsprozesses.

Wann gab es die ersten Anzeichen für die Entstehung rechtsextremer Gruppen auf dem Gebiet der ehemaligen DDR?

Bereits Ende der 70er Jahre. Zunächst waren dies Artikulationen jugendlicher Subkulturen. Die Tendenz zur politischen Organisation setzte dann Anfang der 80er Jahre ein. Diese politisierten Zusammenhänge schraubten sich in Korrelation zu den Verfallserscheinungen in der DDR-Gesellschaft hoch: Damals setzte zur ohnehin bestehenden Isolierung der DDR eine „Albanisierung" der Lebensverhältnisse ein. Die politische Rigidität nahm zu und damit der politische Druck auf die Bevölkerung; gleichzeitig konnte die Konsumtion gesamtgesellschaftlich nicht mehr realisiert werden, weil die Warendecke immer mehr einschmolz. Je größer der Druck in der Gesellschaft wurde, desto mehr entwickelten sich rechtsextremistische Gruppen. Diese Gruppen waren Subkulturen junger Menschen mit der Valenz, politische Alternative zum herrschenden politischen System zu werden. In diesem Umschnittprozeß befindet sich die Szene immer noch. So gibt es nach wie vor Elemente von Subkultur, z. B. bei den Skinheads, aber auch schon politische Sozialisationseffekte im Sinne von festen Strukturen des Rechtsextremismus. Die Eierschalen der Subkulturen sind weitgehend abgeworfen.

Die Polizei des Beitrittsgebietes ist ins Kreuzfeuer der Kritik geraten. Ihr wird vorgeworfen, die Gewaltattacken von Rechtsextremisten auf polnische Touristen, Ausländer und Flüchtlingswohnheime nicht entschlossen genug zu bekämpfen, ja zu tolerieren.

Es gibt erste Ansätze der Besserung. In Sachsen bemüht sich die Polizei, eine Sonderkommission Rechtsextremismus aufzubauen. Auch sollten sich gute, polizeiliche Einsätze wie im Regierungsbezirk Cottbus herumsprechen, wo Rechtsextremisten – anders als in Dresden – keine Chance erhielten. In vielen Polizeidienststellen gibt es ernsten Handlungsbedarf, da muß jetzt etwas passieren.

Es gibt Vermutungen, daß in Dresden eine Zusammenarbeit zwischen Neonazis und Polizei besteht, diese die Aktivitäten der Rechten duldet, etwa die Ankettung von Hütchenspielern an Laternenpfählen, die dann von der Polizei „eingesammelt" werden. Sind diese Kooperationen Indikator für rechtsextreme Tendenzen in der Polizei oder Ausdruck eines rechtsstaatlichen Vakuums in den fünf neuen Bundesländern?

Die Polizei hat gegenwärtig noch erhebliche Unsicherheiten – zum Teil Rechtsunsicherheiten. Einige fühlen sich nicht richtig vom Dienstherren behandelt, andere wissen nicht, ob sie weiterbeschäftigt werden, die Folgen sind Demotivationen. Im Einzelfall führt dies dazu, daß die Polizei nicht oder zu spät eingreift oder nicht konsequent genug gegen solche Straftäter vorgeht. Da muß schnell Abhilfe geschaffen werden. Ich muß aber auch sagen, daß es Polizisten gibt, die Sympathien hin zum Rechtsextremismus entwickelt haben.

Eine beunruhigende Entwicklung. Wie stark sind diese Strömungen?

Das kann man statistisch nicht erheben. Ganz banal geantwortet, bei der Polizei gibt es ebensoviele Gedankenaffinitäten zum Rechtsextremismus wie in den anderen Teilen der Bevölkerung. Wenn nun geschrieben wird, in Sachsen sei die Polizei fast nationalsozialistisch, ist das hochalbern, wobei ich nicht akzeptiere und toleriere, was da an Fehlverhalten sichtbar wird.

Was kann Polizei überhaupt in der Bekämpfung des Rechtsextremismus leisten?

Die Polizei kann bei Großaufmärschen und in Großgruppen begangenen Straftaten zur Deeskalation von Gewalt beitragen, indem sie ihre repressive Funktion ordentlich wahrnimmt. Die Kriminalpolizei kann Straftäter ermitteln und der strafrechtlichen Verantwortung überführen. Dann sehe ich noch die Möglichkeit der Prävention, daß mit potentiellen Opfern gearbeitet wird, ihnen Hilfe und Unterstützung gewährt wird...

Da hapert es doch offensichtlich gewaltig. In Eberswalde wurde im Dezember 1990 der Angolaner Antonio Amadeu unter den Augen der Polizisten zu Tode geprügelt. Menschen schwarzer Hautfarbe fühlen sich von der Polizei im Stich gelassen. Die Liste ließe sich beliebig verlängern. Dem Beobachter drängt sich der Verdacht auf, daß eine Reihe von Polizisten angesichts rassistisch motivierter Gewalt keinen Handlungsbedarf sehen. Wie wollen Sie künftig diesem Problem begegnen?

Da gibt es sicherlich Probleme. Wir hatten vor der Vereinigung schon einmal mehr gekonnt. Damals hatten wir in die Bezirke der DDR die Empfehlung gegeben, ein „Telefon des Vertrauens" einzurichten, wo sich Opfer unter Wahrung der Anonymität bei der Polizei melden und darstellen konnten, wer sie bedroht. Wir hatten gleichzeitig intensive Kontakte zu den Ausländerbeauftragten, und es gab Schutzprogramme für Ausländerwohnheime. Es gibt gute Erfahrungen, die in der Vergangenheit gesammelt wurden. Die Polizeidienststellen sollten darauf zurückgreifen.

Aber der Schutz von Ausländern, vor allem von Schwarzen, ist mangelhaft...

Ich sehe das auch so, sonst wären einige Überfälle auf Ausländerwohnheime nicht erklärbar.

Interview von Eberhard Seidel-Pielen mit Dr. Wolfgang Brück
(ehemals Mitarbeiter des abgewickelten Zentralinstituts für Jugendforschung Leipzig)

Sie behaupten, Mitte der 80er Jahre hätte der schlagartige Zerfall der DDR-Gesellschaft begonnen. Ein Prozeß, der sich zuerst in rechten, jugendlichen Subkulturen bemerkbar machte. Weshalb orientierten sich diese Rebellen ausgerechnet an rechtsextremen Weltbildern?

Die Hinwendung zum Rechtsextremismus ist als dialektischer Prozeß zu verstehen und ohne Berücksichtigung der Geschichte nicht zu verstehen. Zum einen wurden die Menschen in der DDR-Gesellschaft auch nach dem Ende des Faschismus autoritär strukturiert, im Sinne des Obrigkeitsstaates sozialistischer Prägung, der zusätzlich Züge Altpreußens beinhaltete. Zum anderen waren neonazistische Parolen die provokative Absetzung der jungen Generation vom alten System. Dieses konnte am stärksten mit der Argumentation des Erzfeindes getroffen werden, und das war der historische Faschismus.

Nach Jahrzehnten taucht der Rechtsextremismus, den man historisch überwunden glaubte, aus der Latenz auf. Die augenblickliche Entwicklung ist ein Beleg dafür, daß in der DDR, trotz anderlautender Tagesparolen, keine profunde Auseinandersetzung mit dem historischen Faschismus stattgefunden hatte.

Werden in den neuen Bundesländern historische Kontinuitäten sichtbar? Knüpft ein Teil der Bevölkerung ideologisch an 1945 an?

Wie in der Altbundesrepublik waren die Menschen nach 1945 auch in der DDR von der Nazizeit geprägt. Allerdings wurde in der DDR nach 1945 der Antifaschismus verliehen, so wie der Bundesrepublik die Demokratie.

Allerdings gab es in der Altbundesrepublik die Studentenbewegung der 60er Jahre, in deren Folge nationalsozialistische Kontinuitäten thematisiert und der Demokratisierungsprozeß der Gesellschaft weiterentwickelt wurde...

Richtig. Bei uns setzte eine kleine Gruppe von Antifaschisten, die nicht einmal ein Prozent der DDR-Bevölkerung ausgemacht hatte, demonstrativ und plakativ das Neue. Daraus ergibt sich ein bis heute wirksamer Problemkreis. Die eigene, faschistische Vergangenheit wurde über viele Jahre mit der Revanchismusdoktrin verdrängt. Sie besagte, in der Bundesrepublik sei das nationalsozialistische System ideologisch und personell weiterhin wirksam, in der DDR dagegen überwunden. Das ist natürlich Unsinn.

Auch hier gibt es historische Kontinuitäten, die sich an Personen festmachen lassen. Erinnert sei nur an Willy Stoph, ehemaliger Verteidigungsminister und Ministerpräsident, der früher überzeugter Nationalsozialist war. Im SED-Apparat machten eine ganze Reihe Leute Karriere, die von der NS-Zeit belastet waren. Das wurde verschwiegen. Das Verdrängte kam im Verlauf der schwerwiegenden Identitätskrise des Systems hoch. Interessanterweise am stärksten bei der jüngeren Generation, die die größte historische Entfernung zum Faschismus hat.

Was ist an dem Gerücht, daß die Skinjugend gerade von der Stasi mißbraucht wurde?

Ich möchte nicht ausschließen, daß es unterschwellig verschiedene Formen des Zusammenspiels gegeben hat. Ein Beispiel ist die GST (Gesellschaft für Sport und Technik), eine von der FDJ betriebene paramilitärische Organisation. Diese Wehrsportaktivitäten wurden von der Skinjugend mit größter Begeisterung wahrgenommen. Da sind mit großer Wahrscheinlichkeit Verknüpfungsmomente zwischen der rechten Szene und der FDJ gewesen.

Wieviele rechte Skinheads gab es zu DDR-Zeiten nach Ihren Schätzungen, und wie viele sind es heute?

Mit Zahlenbildern muß man vorsichtig sein. Wir hatten 1988 eine Meinungsbefragung gemacht: „Skins im Meinungsbild Jugendlicher". Ergebnis: Zwei Prozent der DDR-Jugend bekannten sich zu den Skins. In Berlin waren es sechs Prozent, in Leipzig knapp darunter.

Das hat sich heute vervielfacht. In der politischen Bewertung muß man vorsichtig sein, da die Szene sehr inhomogen ist. Allerdings ist es heute bereits so, daß die rechte Jugendszene das Erscheinungsbild der Jugend dominiert. Daraus ergibt sich ein Überhöhungseffekt. Es geben sich heute auch Menschen als rechtsextrem aus, die mit der Ideologie gar nichts anfangen können.

Aber offensichtlich sind die rechtsextremen Muster für einen großen Teil der Jugend so verlockend, daß man sich der Szene gerne anschließt, auch wenn es eine Modeerscheinung ist.

Die DDR war eine Anpassungsgesellschaft. Sie hat von der Jugend Anpassungsleistungen verlangt und honoriert. Es besteht bei großen Teilen der Jugend, auch bei den Erwachsenen, der Wunsch nach Ein- und Unterordnung, sie sehnen sich nach einem Führer, der ihnen sagt, wo es lang geht. Selbst Teile der studentischen Jugend, die vor der Wende zum Beispiel in Leipzig traditionell links war, da hier die Kader für das alte System ausgebildet wurden, sympathisieren heute viel stärker mit diesen Rechten, versuchen sich in der Szene zu profilieren. Das ist jetzt alles umgekippt.

Einige Menschen sprechen bereits von der Barbarisierung der Ex-DDR-Gesellschaft. Gibt es eine neue Qualität der Gewalt und Aggressivität in den fünf neuen Bundesländern?

Die beunruhigenden Gewaltbereitschaften haben sich über Jahrzehnte in der alten DDR formiert. Sie war eine Hospitalisierungsgesellschaft, die den Menschen bescheidene Bedingungen lieferte, aber im Prinzip keine Persönlichkeitsentwicklung von Menschen bewirkte. Permanente Neuorientierungen oder Möglichkeiten, sich selbst ausprobieren, gab es nicht. Der DDR-Bürger war und ist der frustrierte Mensch. Aber selbst dieses Gefühl wurde unterdrückt. Die sich im Moment vollziehende Auflösung des Aggressionsstaus ist an sich nicht zu verurteilen und eine Form der Selbsthilfe, ein Therapiemuster. Allerdings nimmt dieser Prozeß Formen an, die die Grenzen des Tolerierbaren überschreiten

Beliebtes Erklärungsmuster für den erstarkenden Rechtsradikalismus sind Arbeitslosigkeit und soziale Verunsicherung.

Natürlich kommt heute die materielle Verunsicherung hinzu, mit der Menschen, die bislang eine normierte Biographie lebten, nicht umgehen können. Ich persönlich kann nicht beurteilen, wie vielen Menschen es wirklich materiell schlechter geht als vor der Wende. Man sollte allerdings nicht allen Meinungsbekundungen glauben.

Wie schätzen sie die künftigen Entwicklungen in der Jugendszene ein? Wird sich der Trend zum Rechtsradikalismus stabilisieren, oder bekommt dieser weiteren Zulauf?

Weder Wirtschaftswachstum noch eine Stabilisierung des Arbeitsmarktes ist abzusehen. Das Wohlstandsgefälle innerhalb Deutschlands wird sich vergrößern. Gleichzeitig befinden wir uns inmitten eines West-Ost-Kulturkonflikts. Bei dieser Kumulation gesellschaftlicher und sozialer Probleme wird sich der Rechtsextremismus in seinen unterschiedlichen Erscheinungsformen weiterhin profilieren.

Was wäre zu tun, um diese Entwicklung zu stoppen?

Die alte Bundesrepublik hatte in der Vergangenheit bewiesen, daß man mit dem Rechtsextremismus durchaus umgehen kann. Ein Zeichen, daß die Demokratie funktioniert.

In den neuen Bundesländern haben wir keine demokratische Erfahrungen, keine pluralistische Demokratie und auch nicht die Muster dazu. Wir müssen schnell eine demokratische Umgangskultur entwickeln. Das bedeutet auch, daß man sich mit den rechten Jugendlichen sachlich fair auseinandersetzt, anstatt sofort Feindbilder aufzubauen. Man muß mit diesen Problemgruppen arbeiten, man muß sie kontaktieren, muß Strategien finden, aber nicht im repressiven Sinne, wie in der alten DDR. Noch ist der Rechtsextremismus ein Randphänomen, das allerdings im Zentrum dieser Gesellschaft produziert wird.

Also blicken sie trotz alarmierender Anzeichen optimistisch in die Zukunft?

Augenblicklich sieht es so aus, daß die Probleme anwachsen, sich aber keine Lösungsmuster, nicht einmal im bescheidenen Rahmen, zeigen. Der soziale Krieg im Inneren wird weitergehen, wird sich intensivieren und auf Untersektionen konzentrieren. In Mecklenburg-Vorpommern bilden sich bereits Bürgerwehren, die gegen alles vorgehen, was wie rechts aussieht. Das trifft dann auch Unbeteiligte.

Anmerkungen

Christoph Butterwegge, Rechtsextremismus vor und nach der Wiedervereinigung. Grundlagen – Gefahren – Gegenstrategien

1 Ausführlicher hierzu: Christoph Butterwegge, Gesellschaftliche Ursachen, Erscheinungsformen und Entwicklungstendenzen des Rechtsradikalismus, in: ders./Horst Isola (Hrsg.), Rechtsextremismus im vereinten Deutschland. Randerscheinung oder Gefahr für die Demokratie?, 2. Aufl. Bremen/Berlin 1991, S. 14 ff.

2 So der unbegründete, zumindest überzogene Vorwurf von Birgit Rommelspacher, Rechtsextreme als Opfer der Risikogesellschaft. Zur Täterentlastung in den Sozialwissenschaften, in: 1999. Zeitschrift für Sozialgeschichte des 20. und 21. Jahrhunderts 2/1991, S. 75 ff.

3 Vgl. Michael Rutschky, Antiautoritäre Revolte von rechts? – Nachrichten aus dem Beitrittsgebiet, in: taz v. 8.7.1991; zur Kritik: Stefan Pannen, Die Revolte kommt nicht von rechts. Eine Antwort auf Michael Rutschky, in: taz v. 16.7.1991; Skinheads: Vorboten der DDR-Systemkrise. Ein Gespräch mit Wolfgang Brück, in: FREITAG v. 26.7.1991

4 Vgl. Reinhard Kühnl, Gefahr von rechts? – Vergangenheit und Gegenwart der extremen Rechten, 2. Aufl. Heilbronn 1991, S. 21 f.

5 Siehe Hans Apel, Die deformierte Demokratie. Parteienherrschaft in Deutschland, Stuttgart 1991; Rudolf Wassermann, Die Zuschauerdemokratie, Düsseldorf/Wien 1986

6 Vgl. hierzu und zum folgenden: Peter Dudek/Hans-Gerd Jaschke, Entstehung und Entwicklung des Rechtsextremismus in der Bundesrepublik. Zur Tradition einer besonderen politischen Kultur, Bd. 1, Opladen 1984, S. 34 ff.; Reinhard Kühnl, Gefahr von rechts?, a.a.O., S. 48 ff.; Richard Stöss, Die extreme Rechte in der Bundesrepublik. Entwicklung – Ursachen – Gegenmaßnahmen, Opladen 1989, S. 52 ff.

7 Vgl. hierzu: Christoph Butterwegge, Die Neue Rechte und der Kampf um die Hegemonie, in: spw 58 (1991), S. 51 ff.; aus der Sicht eines Hauptakteurs dieser Entwicklung: Alain de Benoist, Kulturrevolution von rechts. Gramsci und die Nouvelle Droite, Vorwort von Armin Mohler, Krefeld 1985; Franz Greß u.a., Neue Rechte und Rechtsextremismus in Europa. Bundesrepublik, Frankreich, Großbritannien, Opladen 1990

8 Vgl. z.B. Siegfried Jäger (Hrsg.), Rechtsdruck. Die Presse der Neuen Rechten, Berlin (West)/Bonn 1988

9 Vgl. Margret Feit, Die „Neue Rechte" in der Bundesrepublik. Organisation – Ideologie – Strategie, Frankfurt am Main/New York 1987, S. 83

10 Vgl. dazu: Claus Leggewie, Die Republikaner. Ein Phantom nimmt Gestalt an, Berlin (West) 1990; Hajo Funke, „Republikaner". Rassismus, Judenfeindschaft, nationaler Größenwahn. Zu den Potentialen der Rechtsextremen am Beispiel der „Republikaner", Berlin (West) 1989; Eike Hennig, Die Republikaner im Schatten Deutschlands. Zur Organisation der mentalen Provinz, Frankfurt am Main 1991; Hans-Gerd Jaschke, Die „Republikaner". Profile einer Rechtsaußen-Partei, Bonn 1990

11 Vgl. zum folgenden: Reinhard Opitz, Faschismus und Neofaschismus, Frankfurt am Main 1984, S. 325 ff.; Martina Koelschtzky, Die Stimme ihrer Herren. Ideologie und Strategie der „Neuen Rechten" in der Bundesrepublik, Köln 1986, S. 22 ff.; Margret Feit, Die „Neue Rechte" in der Bundesrepublik, a.a.O., S. 121 ff.

12 Vgl. Ralph Giordano, Wenn Hitler den Krieg gewonnen hätte. Die Pläne der Nazis nach dem Endsieg, Hamburg 1989

13 Benno Hafeneger, Die „extreme Rechte" und Europa. Herausforderung für eine multikulturelle Gesellschaft, Frankfurt am Main 1990, S. 58

14 Vgl. zuletzt: Clemens Vollnhals (Hrsg.), Entnazifizierung. Politische Säuberung und Rehabilitierung in den vier Besatzungszonen 1945–1949, München 1991, S. 166 ff.

15 Christoph Kleßmann, Die doppelte Staatsgründung. Deutsche Geschichte 1945–1955, Bonn 1982, S. 84

16 Siehe Axel Vitzthum, Rechtsextremistische Tendenzen in der DDR – Versuch einer Ursachenbeschreibung, in: Ideen für antirassistische und antifaschistische Arbeit 1/1990, S. 18

17 Vgl. Ralph Giordano, Die zweite Schuld oder Von der Last, Deutscher zu sein, Hamburg 1987, S. 219

18 Vgl. Michael Schneider, Die abgetriebene Revolution. Von der Staatsfirma in die DM-Kolonie, 2. Aufl. Berlin 1991, S. 49

19 Vgl. hierzu und zum folgenden: Wilfried Schubarth u.a., Verordneter Antifaschismus und die Folgen. Das Dilemma antifaschistischer Erziehung am Ende der DDR, in: Aus Politik und Zeitgeschichte. Beilage zur Wochenzeitung Das Parlament 9/1991, S. 6 ff.

20 Vgl. Rudi Pahnke, Unbehagen, Protest, Provokationen, Gewaltaktivitäten von Jugendlichen in neofaschistischer Gestalt. Überlegungen und Thesen zu Erscheinungsbildern, Hintergründen und zu einem angemessenen Umgang mit dem Problem, in: Magistratsverwaltung für Jugend, Familie und Sport (Hrsg.), Jugend und Rechtsextremismus in Berlin-Ost. Fakten und Gegenstrategien, Berlin (DDR) 1990, S. 27 f.

21 Siehe Georgi Dimitroff, Die Offensive des Faschismus und die Aufgaben der Kommunistischen Internationale im Kampf für die Einheit der Arbeiterklasse gegen den Faschismus, 2. August 1935, in: Institut für Marxismus-Leninismus beim ZK der SED (Hrsg.), VII. Kongreß der Kommunistischen Internationale. Referate und Resolutionen, Frankfurt am Main 1975, S. 93

22 Vgl. Werner Bramke, Der antifaschistische Widerstand in der Geschichtsschreibung der DDR in den achtziger Jahren. Forschungsstand und Probleme, in: Aus Politik und Zeitgeschichte. Beilage zur Wochenzeitung Das Parlament 28/1988, S. 24 f.

23 Bernd Siegler, Auferstanden aus Ruinen. Rechtsextremismus in der DDR, Berlin 1991, S. 111

24 Frank Schumann, Glatzen am Alex. Rechtsextremismus in der DDR, Berlin 1990, S. 29

25 Wilhelm Heitmeyer, Wenn der Alltag fremd wird. Modernisierungsschock und Fremdenfeindlichkeit, in: Blätter für deutsche und internationale Politik 7/1991, S. 853

26 Vgl. Kurt Hirsch/Peter B. Heim, Von links nach rechts. Rechtsradikale Aktivitäten in den neuen Bundesländern, München 1991, S. 58

27 Vgl. Heinz Engelstädter/Otto Seiffert, Die schleichende Gefahr. Europa, die Deutschen, Nationalismus und Neofaschismus, Berlin (DDR) 1990, S. 9

28 Vgl. Hermann Langer, Rechtsextremismus von Jugendlichen in der DDR, in: 1999. Zeitschrift für Sozialgeschichte des 20. und 21. Jahrhunderts 1/1991, S. 90 und passim; ausführlicher: PeterKödderitzsch/Leo A. Müller, Rechtsextremismus in der DDR, Göttingen 1990, S. 11 ff.

29 Siehe Eike Hennig, Die Republikaner im Schatten Deutschlands, a.a.O., S. 223

30 Vgl. Michael Schneider, Die abgetriebene Revolution, a.a.O., S. 43

31 Vgl. Monika Prenzel, Im Rechtsschritt, marsch! – Neofaschistische Tendenzen auf deutschem Boden, Berlin (DDR) 1990, S. 77

32 Vgl. Bernd Siegler, Auferstanden aus Ruinen, a.a.O., S. 33 f.

33 Vgl. dazu die Chronik solcher Ereignisse in: Kurt Hirsch/Peter B. Heim, Von links nach rechts, a.a.O., S. 104 ff.

34 Vgl. ebd., S. 66

35 Vgl. Hans-Joachim Maaz, Der Gefühlsstau. Ein Psychogramm der DDR, Berlin 1990, S. 96 ff.

36 Siehe Siegfried und Margret Jäger, Entstehungsbedingungen und Kernideologeme rechtsextremer Bewegungen heute, in: Doris Kollmann u.a. (Hrsg.), Neofaschismus – (k)ein langfristiges Problem?, Theoretische Grundlagen und Anregungen für die pädagogische Praxis, Bielefeld 1990, S. 54

37 Richard C. Lewontin u.a., Die Gene sind es nicht…, Biologie, Ideologie und menschliche Natur, München/Weinheim 1988, S. 102

38 Siehe Robert Miles, Rassismus. Einführung in die Geschichte und Theorie eines Begriffs, Hamburg 1991, S. 57 ff.

39 Vgl. Lutz Marz, Selbstaufgabe der Zivilgesellschaft. Linksintellektueller Fremdenhaß in der neuen Bundesrepublik?, in: Blätter für deutsche und internationale Politik 12/1990, S. 1489 f.

40 Robert Miles, Rassismus, a.a.O., S. 131 f.

41 Siehe Stuart Hall, Antonio Gramscis Erneuerung des Marxismus und ihre Bedeutung für die Erforschung von „Rasse" und Ethnizität, in: ders., Ausgewählte Schriften, Hamburg/Berlin (West) 1989, S. 84

42 Stephen Castles, Wie begegnen wir dem neuen Rassismus?, Weder verharmlosen noch resignieren, in: Rolf Italiaander (Hrsg.), „Fremde raus?", Fremdenangst und Ausländerfeindlichkeit – Gefahren für jede Gemeinschaft, Frankfurt am Main 1983, S. 136

43 George L. Mosse, Die Geschichte des Rassismus in Europa, Frankfurt am Main 1990, S. 271

44 Vgl. Hannsjoachim W. Koch, Der Sozialdarwinismus. Seine Genese und sein Einfluß auf das imperialistische Denken, München 1973, S. 91 und 113 ff.

45 Etienne Balibar, Rassismus und Nationalismus, in: ders./Immanuel Wallerstein, Rasse – Klasse – Nation. Ambivalente Identitäten, Hamburg/Berlin (West) 1990, S. 79

46 Wieland Elfferding, Funktion und Struktur des Rassismus. Eine Theorieskizze, in: Otger Autrata u.a. (Hrsg.), Theorien über Rassismus. Eine Tübinger Veranstalgunsreihe, Berln (West) 1989, S. 102

47 Robert Miles, Rassismus, a.a.O., S. 75

48 Vgl. dazu: Gerd Koenen/Karin Hielscher, Die schwarze Front. Der neue Antisemitismus in der Sowjetunion, Reinbek bei Hamburg 1991

49 Vgl. Günther Gugel, Ausländer – Aussiedler – Übersiedler. Fremdenfeindlichkeit in der Bundesrepublik Deutschland, 3. Aufl. Tübingen 1991, S. 11

50 Vgl. Etienne Balibar, Gibt es einen „Neo-Rassismus"?, in: ders./Immanuel Wallerstein, Rasse – Klasse – Nation, a.a.O., S. 28

51 Klaus F. Geiger, Gesellschaft ohne Ausländerfeinde oder multikulturelle Gesellschaft, in: Otger Autrata u.a. (Hrsg.), Theorien über Rassismus, a.a.O., S. 139

52 Vgl. Frank-Olaf Radtke, Reaktiver Nationalismus oder Verfassungschauvinismus?, Zur Entstehung aversiven Verhaltens gegen Zuwanderer im Sozialstaat, in: Karl A. Otto (Hrsg.), Westwärts – heimwärts?, Aussiedlerpolitik zwischen „Deutschtümelei" und „Verfassungsauftrag", Bielefeld 1990, S. 77

53 Sebastian Reinfeldt, Rassismus: die unsichtbare Gewalt, 2. Aufl. Mainz 1991, S. 45

54 Vgl. dazu: Hans Joachim Engster, Die neuen Ausländergesetze in der Bundesrepublik Deutschland und ihre historischen Vorläufer, in: Jens Geier u.a. (Hrsg.), Vielfalt in der Einheit. Auf dem Weg in die multikulturelle Gesellschaft, Marburg 1991, S. 25 f.

55 Vgl. ebd., S. 34

56 Vgl. dazu: Roland Tichy, Ausländer rein!, Warum es kein „Ausländerproblem" gibt, 2. Aufl. München/Zürich 1990

57 Vgl. Peter J. Opitz, Das Weltflüchtlingsproblem im 20. Jahrhundert, in: ders. (Hrsg.), Das Weltflüchtlingsproblem. Ursachen und Folgen, München 1988, S. 56 ff.

58 Vgl. hierzu: Erhard Stölting, Festung Europa. Grenzziehungen in der Ost-West-Migration, in: PROKLA 83 (1991), S. 249 ff.; Manfred Budzinski/Karin Clemens, Rausland oder: Menschenrechte für alle, Göttingen 1991, S. 145 ff.

59 Thomas Assheuer/Hans Sarkowicz, Rechtsradikale in Deutschland. Die alte und die neue Rechte, München 1990, S. 182

60 Vgl. Franz Urban Pappi, Die Republikaner im Parteiensystem der Bundesrepublik. Protesterscheinung oder politische Alternative?, in: Aus Politik und Zeitgeschichte 21/1990, S. 44

61 Walter Grab, Gefahren des Nationalismus in Deutschland, in: Jörg Wollenberg (Hrsg.), „Von der Hoffnung aller Deutschen". Wie die BRD entstand. 1945 bis 1949, Köln 1991, S. 347

62 Siehe Arno Klönne, Aufstand der Modernisierungsopfer, in: Blätter für deutsche und internationale Politik 5/1989, S. 545 ff.

63 Vgl. Konrad Schacht, Der Rechtsextremismus hat eine Zukunft, in: Die Neue Gesellschaft/Frankfurter Hefte 2/1991, S. 152

64 Vgl. Georg Hansen, Die exekutierte Einheit. Vom Deutschen Reich zur Nation Europa, Frankfurt am Main/New York 1991

65 Vgl. dazu: Geoff Eley, Wilhelminismus, Nationalismus, Faschismus. Zur historischen Kontinuität in Deutschland, Münster 1991

66 Siehe Peter Glotz, Der Irrweg des Nationalstaats. Europäische Reden an ein deutsches Publikum, Stuttgart 1990

67 Eric Hobsbawm, Nationen und Nationalismus. Mythos und Realität seit 1780, Frankfurt am Main/New York 1991, S. 219

68 Vgl. Isabel Basterra, „Fremdenhaß" als Ursache von Gewalt?, Staatliche (Des-)Information nährt Feindbilder, in: Peter-Alexis Albrecht/Otto Backes (Hrsg.), Verdeckte Gewalt. Plädoyer für eine „Innere Abrüstung", Frankfurt am Main 1990, S. 107

69 Vgl. hierzu: Klaus Sieveking u.a. (Hrsg.), Das Kommunalwahlrecht für Ausländer, Baden-Baden 1989

70 Lutz Hoffmann, Die unvollendete Republik. Zwischen Einwanderungsland und deutschem Nationalstaat, Köln 1990, S. 35

71 Siehe dazu: Diether Döring u.a. (Hrsg.), Armut im Wohlstand, Frankfurt am Main 1990
72 Siehe Eike Hennig, Die Republikaner im Schatten Deutschlands, a.a.O., S. 242
73 Vgl. Herbert Ehrenberg, Damit keiner unter die Räder kommt. Strategien für einen gesamtdeutschen Sozialstaat, Köln 1990
74 Ulrich Rödel u.a., Die demokratische Frage, Frankfurt am Main 1989, S. 188
75 Vgl. Wilhelm Heitmeyer, Rechtsextremismus, Fremdenfeindlichkeit und die Entpolitisierung von Gewalt, in: Peter-Alexis Albrecht/Otto Backes (Hrsg.), Verdeckte Gewalt, a.a.O., S. 166
76 Siehe Ulrich K. Preuß, Verfassungstheoretische Überlegungen zur normativen Begründung des Wohlfahrtsstaates, in: Christoph Sachße/H. Tristram Engelhardt (Hrsg.), Sicherheit und Freiheit. Zur Ethik des Wohlfahrtsstaates, Frankfurt am Main 1990, S. 124 ff.
77 Vgl. z.B. Rudolf Bahro u.a., Die Zukunft der Demokratie. Entwicklungsperspektiven der Regierungssysteme in Ost und West, Wien 1988; Norberto Bobbio, Die Zukunft der Demokratie, Berlin (West) 1988
78 Vgl. Arne Heise (Hrsg.), Arbeiterselbstverwaltung, München 1989; Gisela Notz u.a. (Hrsg.), Selbstverwaltung in der Wirtschaft. Alte Illusion oder neue Hoffnung?, Köln 1991
79 Vgl. hierzu auch: Christoph Butterwegge, Sozialdemokratie und Staat. Zum Demokratieverständnis des Irseer Entwurfs, in: Die Neue Gesellschaft/Frankfurter Hefte 7/1988, S. 646 f.
80 Vgl. Horst Bethge, Die Herrschaft des Volkes: Plebiszit und gelebte Demokratie von unten, in: ders. u.a. (Hrsg.), Gutachten zur Lage der Demokratie in der Bundesrepublik Deutschland 1989. 40 Jahre Bundesrepublik Deutschland, Frankfurt am Main 1989, S. 55 f.
81 Vgl. z.B. Heinrich Oberreuter, Stimmungsdemokratie. Strömungen im politischen Bewußtsein, Zürich/Osnabrück 1987, S. 59
82 Vgl. Siegfried Jäger, Rechtsextremismus und Sprache, in: Kurt Bodewig u.a. (Hrsg.), Die schleichende Gefahr. Rechtsextremismus heute, 2. Aufl. Essen 1990, S. 275
83 Vgl. hierzu: Ulrich K. Preuß, Revolution, Fortschritt und Verfassung. Zu einem neuen Verfassungsverständnis, Berlin 1990, S. 73 ff. (78)
84 Georgios Tsiakalos, Kulturrassismus in der Erziehung. Sind alle Nicht-Deutschen rückständig?, in: Rolf Italiaander (Hrsg.), „Fremde raus?", a.a.O., S. 211
85 Vgl. dazu: Norbert Bernhard, Tarzan und die Herrenrasse. Rassismus in der Literatur, Basel 1986
86 Vgl. z.B. Volker Nitzschke (Hrsg.), Multikulturelle Gesellschaft – multikulturelle Erziehung?, Stuttgart 1982; Ursula Schneider-Wohlfahrt u.a. (Hrsg.), Fremdheit überwinden. Theorie und Praxis des interkulturellen Lernens in der Erwachsenenbildung, Opladen 1990
87 Vgl. Frank-Olaf Radtke, Institutionalisierte Diskriminierung – zur Verstaatlichung der Fremdenfeindlichkeit, in: Rainer Bauböck u.a. (Hrsg.), ...und raus bist du!, Ethnische Minderheiten in der Politik, Wien 1988, S. 123
88 Imanuel Geiss, Geschichte des Rassismus, Frankfurt am Main 1988, S. 323
89 Vgl. Axel Schulte, Multikulturelle Gesellschaft: Chance, Ideologie oder Bedrohung?, in: Aus Politik und Zeitgeschichte 23/24 1990, S. 5 ff.
90 Heiner Geißler, Zugluft. Politik in stürmischer Zeit, 3. Aufl. München 1990, S. 200
91 Vgl. dazu: Klaus Sieveking u.a. (Hrsg.), Das Kommunalwahlrecht für Ausländer, Baden-Baden 1989
92 Siehe Lutz Hoffmann, Die unvollendete Republik, a.a.O., S. 167 ff.
93 Vgl. Rosi Wolf-Almanasreh, Asyl und Migration. Die Lage der nichtregistrierten Einwanderer, in: Heiner Boehnke/Harald Wittich (Hrsg.), Buntesdeutschland. Ansichten zu einer multikulturellen Gesellschaft, Reinbek bei Hamburg 1991, S. 56 ff.
94 Vgl. Darmstädter Initiative gegen Rassismus (Hrsg.), Weg mit den Ausländergesetzen!, Für eine anti-rassistische Bewegung in der Bundesrepublik, 3. Aufl. Darmstadt 1989, S. 33
95 Vgl. dazu: Jürgen Link, Asylanten – ein Schimpfwort, in: Heiko Kauffmann (Hrsg.), Kein Asyl bei den Deutschen. Anschlag auf ein Grundrecht, Reinbek bei Hamburg 1986, S. 55 ff.
96 Vgl. Heiko Kauffmann, Fremdenfeindlichkeit als Regierungspolitik. Von der Demontage eines Grundrechts zum Verlust der politischen Kultur; ebd., S. 31
97 Vgl. Klaus F. Geiger, Gesellschaft ohne Ausländerfeinde oder multikulturelle Gesellschaft, a.a.O., S. 146
98 Vgl. Manfred Linz, Was tun gegen den Rechtsextremismus?, Strategien und wen sie erreichen, in: Kurt Bodewig u.a. (Hrsg.), Die schleichende Gefahr, a.a.O., S. 204 f.
99 Vgl. dazu: Wilhelm Heitmeyer, Rechtsextremistische Orientierungen bei Jugendlichen. Empiri-

sche Ergebnisse und Erklärungsmuster einer Untersuchung zur politischen Sozialisation, 3. Aufl. Weinheim/München 1989

100 Vgl. etwa Jürgen Micksch, Kulturelle Vielfalt statt nationaler Einfalt. Eine Strategie gegen Nationalismus und Rassismus, Frankfurt am Main 1989, S. 36 ff.; Kurt Möller, Zwei Dutzend Gründe für die aktuelle Hilflosigkeit des politischen und pädagogischen Antifaschismus. Provokationen, Polemiken, Perspektiven, in: Neue Praxis 6/1989, S. 480 ff.; Benno Hafeneger/Walter Lochmann, Einen „politisch-pädagogischen Königsweg" gibt es nicht. Eine Bilanz der letzten Jahre, in: Widersprüche 35 (1990), S. 47 ff.

101 Vgl. zur Kritik: Helga Grebing, Linksradikalismus gleich Rechtsradikalismus. Eine falsche Gleichung, Stuttgart 1971; Martin Greiffenhagen u.a., Totalitarismus. Zur Problematik eines politischen Begriffs, München 1972; Richard Stöss, Die extreme Rechte in der Bundesrepublik. Entwicklung – Ursachen – Gegenmaßnahmen, Opladen 1989, S. 18

102 Vgl. Ganz einfache Sachen. Ein Gespräch mit Daniel Cohn-Bendit, in: Claus Leggewie, MultiKulti. Spielregeln für die Vielvölkerrepublik, Berlin 1990, S. 67 f.

103 Vgl. Verband der Initiativgruppen in der Ausländerarbeit – Regionalverband Nord (Hrsg.): S.O.S. Rassismus. Biographie einer Aktion, Berlin (West) 1985

104 Lutz Hoffmann, Die unvollendete Republik, a.a.O., S. 164

105 Vgl. Annita Kalpaka/Nora Räthzel, Die Schwierigkeit, nicht rassistisch zu sein, in: Otger Autrata (Hrsg.), Theorien über Rassismus, a.a.O., S. 100

Reinhard Kühnl, Besonderheiten des deutschen Nationalismus

1 Warum der Nationalsozialismus dennoch als eine Form des übergreifenden Phänomens Faschismus gelten kann, habe ich dargelegt in: Der Faschismus. Ursachen, Herrschaftsstruktur, Aktualität. Eine Einführung, 2. Aufl. Heilbronn 1988, S. 111 ff.

2 Zit. nach: P. Alter, Nationalismus, Frankfurt am Main 1985, sowie: F. Naumann, Demokratie und Kaisertum, 3. Aufl. Berlin 1904, S. 207

3 Zit. nach: H. Glaser, Spießerideologie. Von der Zerstörung des deutschen Geistes im 19. und 20. Jahrhundert, Freiburg 1964, S. 164

4 Vgl. Die Abrüstungsfrage nach realpolitischen Gesichtspunkten betrachtet. Akten zur deutschen auswärtigen Politik 1918-1945, Serie I, Bd. 1, Göttingen 1966, S. 341 ff.

5 Zit. nach: H. Glaser, Spießerideologie, a.a.O., S. 167

6 Vgl. hierzu auch: H. Grebing, Der „deutsche Sonderweg" in Europa 1806-1945. Eine Kritik, Stuttgart 1986; Deutscher Sonderweg – Mythos oder Realität?, Kolloquium des Instituts für Zeitgeschichte, München 1982; K. Eder, Geschichte als Lernprozeß?, Zur Pathogenese politischer Modernität in Deutschland, Frankfurt am Main 1985

7 Vgl. dazu: „Historikerstreit". Die Dokumentation der Kontroverse um die Einzigartigkeit der nationalsozialistischen Judenvernichtung, München 1987; Reinhard Kühnl (Hrsg.), Streit ums Geschichtsbild. Die „Historiker-Debatte". Darstellung, Dokumentation, Kritik, Köln 1987

Siegfried Jäger, Rassismus. Thesen zur Klärung eines umstrittenen Begriffs

1 Zum Verhältnis von Rassismus und Rechtsextremismus vgl. auch Siegfried und Margret Jäger, Rechtsextremismus und Sprache, in: Kurt Bodewig u.a. (Hrsg.): Die schleichende Gefahr. Rechtsextremismus heute, Essen 1990

2 Vgl. „Wir sollten wieder einen Führer haben...", Die Sinus-Studie über rechtsextreme Einstellungen bei den Deutschen, Reinbek bei Hamburg 1981

3 Vgl. Michael Billig, Die rassistische Internationale, Frankfurt am Main 1981; Richard C. Lewontin u.a., Die Gene sind es nicht. Biologie, Ideologie und menschliche Natur, München 1988

4 Vgl. z.B. die sehr überzeugende Darstellung bei Richard C. Lewontin u.a., Die Gene sind es nicht, a.a.O.

5 Vgl. Stuart Hall, Rassismus als ideologischer Diskurs, in: Das Argument 178 (1989), S. 913 ff.

6 Vgl. Michel Foucault, Die Ordnung der Dinge, Frankfurt am Main 1974; Jürgen Link, Kollektivsymbolik und Mediendiskurse, in: kultuRRevolution 1 (1982) S. 6 ff.; Utz Maas, „Als der Geist der Gemeinschaft eine Sprache fand...", Sprache im Nationalsozialismus. Versuch einer historischen Argumentationsanalyse, Opladen 1984

7 Vgl. dazu im einzelnen: Richard C. Lewontin u.a., Die Gene sind es nicht, a.a.O., S. 103 ff.
8 Vgl. Klaus Theweleit, Männerphantasien 1: Frauen, Fluten, Körper, Geschichte, Reinbek bei Hamburg 1980
9 Richard C. Lewontin u.a., Die Gene sind es nicht, a.a.O., S. 102
10 Vgl. Wolfgang Kuhn, Biologie und Menschenbild, in: MUT 9/1989, S. 38 ff.
11 Vgl. Hein-Dietrich Ortlieb, Reform der Weltwirtschaftsordnung. Das Dilemma des Westens, in: MUT 3/1987, S. 24 ff.

Wolfgang Gessenharter, Das Freund-Feind-Denken der Neuen Rechten

1 Siegfried Jäger, Rechtsdruck – Druck von rechts!, in: ders. (Hrsg.), Rechtsdruck, Berlin(West)/ Bonn 1988, S. 8, spricht von mehr als 130. Vgl. auch: Margret Feit, Die „Neue Rechte" in der Bundesrepublik. Organisation – Ideologie – Strategie, Frankfurt am Main 1987
2 Siehe Martin Dietzsch, Zwischen Konkurrenz und Kooperation, in: Siegfried Jäger (Hrsg.), Rechtsdruck, a.a.O., S. 34
3 Vgl. Wolfgang Gessenharter, Die „Neue Rechte" als Scharnier zwischen Neokonservatismus und Rechtsextremismus in der Bundesrepublik, in: Rainer Eisfeld/Ingo Müller (Hrsg.), Gegen Barbarei. Essays M.W. Kempner zu Ehren, Frankfurt am Main 1989, S. 424 ff.
4 So Dieter Roth, Die Republikaner, in: Aus Politik und Zeitgeschichte 37-38/1990, S. 39
5 Siehe MUT 260 (1989), S. 50
6 Vgl. Bundesminister des Innern (Hrsg.), Verfassungsschutzbericht 1988, Bonn 1989, S. 137
7 Caspar von Schrenck-Notzing, Editorial, in: Criticón 115 (1989), S. 207
8 Zit. nach: Ingo Müller, Furchtbare Juristen. Die unbewältigte Vergangenheit unserer Justiz, München 1987, S. 78
9 Zit. ebd., S. 79
10 Günther Krauss, in: Criticón 95, Mai/Juni 1986, S. 127 ff. und 96, Juli/August 1986, S. 180 ff., hier S. 183
11 Vgl. Christoph Müller, Das Freund/Feind-Theorem Carl Schmitts: Fortwirkungen im Verfassungsdenken der Bundesrepublik Deutschland, in: Rainer Eisfeld/Ingo Müller (Hrsg.), Gegen Barbarei, a.a.O., S. 154
12 Zit. nach: Ernst Vollrath, Wie ist Carl Schmitt an seinen Begriff des Politischen gekommen?, in: Zeitschrift für Politik 2/1989, S. 167
13 Carl Schmitt, Der Begriff des Politischen. Text von 1932 mit einem Vorwort und drei Corollarien, Berlin 1963, S. 26
14 Ders., Die geistesgeschichtliche Lage des heutigen Parlamentarismus, 4. Aufl. Berlin (West) 1969, S. 13 f.
15 Vgl. Christoph Müller, Das Freund/Feind-Theorem Carl Schmitts: Fortwirkungen im Verfassungsdenken der Bundesrepublik Deutschland, a.a.O., S. 17 ff.
16 Siehe ebd., S. 169
17 Zit. ebd.
18 Vgl. dazu das Zitat von Ulrich Scheuner aus dem Jahre 1939; ebd., S. 178
19 Zit. nach: Ernst Vollrath, Wie ist Carl Schmitt an seinen Begriff des Politischen gekommen?, a.a.O., S. 166
20 Vgl. Carl Schmitt, Politische Theologie, 4. Aufl. Berlin (West) 1985, S. 71
21 Siehe ders., Der Begriff des Politischen, a.a.O., S. 54
22 Vgl. seine Liberalismus-Kritik; ebd., S. 68 ff.
23 Konrad Hesse, Grundzüge des Verfassungsrechts der Bundesrepublik Deutschland, 16. Aufl. Karlsruhe 1988, S. 47
24 So Martin Dietzsch, Zwischen Konkurrenz und Kooperation, a.a.O., S. 35; zur weiteren Information über Willms vgl. Wolfgang Gessenharter, Die „Neue Rechte" als Scharnier zwischen Neokonservatismus und Rechtsextremismus in der Bundesrepublik, a.a.O., S. 439 f.
25 Siehe Bernard Willms, Volk, Staat, Nation und Gesellschaft, in: ders. (Hrsg.), Handbuch zur Deutschen Nation, Bd. 2, Tübingen 1987, S. 19
26 Ebd., S. 22
27 Siehe Dolf Sternberger, Verfassungspatriotismus, Hannover 1982, S. 9

28 Robert Hepp, Staatsgeheimnisse der Unterwelt. Auszug aus einem Interview mit Machiavelli, in: Criticón 100/101 (1987), S. 96. Hepp, Hochschullehrer für Soziologie an der Universität Osnabrück, ist mit seinen bevölkerungspolitischen Thesen Vordenker der Neuen Rechten.
29 Nation Europa, Juli 1990, S. 65

Wolfgang Frindte, Sozialpsychologische Anmerkungen zur Entwicklung rechtsradikaler Tendenzen in der DDR

1 Vgl. Lucien Sève, Marxismus und Theorie der Persönlichkeit, Berlin (DDR) 1973
2 Siehe Ralph Giordano, Die zweite Schuld oder Von der Last, Deutscher zu sein, Hamburg 1987, S. 219
3 Vgl. ausführlicher: Wolfgang Frindte, Neonazis – hausgemacht. Sozialpsychologische Anmerkungen zum gesellschaftlichen Wandel in der DDR – am Beispiel des Umgangs mit jugendlichen Subkulturen und Neofaschismus, in: Sozial extra 6/1990, S. 8 f.
4 Vgl. dazu: Martina Kirfel/Walter Oswalt (Hrsg.), Die Rückkehr der Führer. Modernisierter Rechtsradikalismus in Westeuropa, Wien 1989; Franz Greß u.a., Neue Rechte und Rechtsextremismus in Europa. Bundesrepublik, Frankreich, Großbritannien, Opladen 1990; Hans-Jürgen Schulz (Hrsg.), Sie sind wieder da!, Faschismus und Reaktion in Europa, Frankfurt am Main 1990

Peter Krahulec, Dilemmata des „verordneten Antifaschismus"

1 Vgl. Helmut Lölhöffel/Charima Reinhardt, Ungelöste Rätsel um die Operation „Friedrich". Die Stasi und ihr merkwürdiges Interesse an den bundesdeutschen Rechtsextremisten, in: Frankfurter Rundschau v. 6.9.1990
2 Reinhard Kühnl, Die Auseinandersetzung mit dem Faschismus in BRD und DDR, in: Heinz Jung u.a. (Hrsg.), BRD – DDR. Vergleich der Gesellschaftssysteme, Köln 1971, S. 269
3 Bruno Schoch, Die DDR – ein Staat stirbt ab, in: Friedensgutachten 1990, Münster/Hamburg 1990, S. 123
4 Vgl. Christa Moog, Die Fans von Union. Geschichten, Düsseldorf 1985
5 Wolfgang Frindte, Ich plädiere für Toleranz, in: Beilage „Das Volk", Personen und Projekte, 12.1.1990
6 Siehe Ralph Giordano, Die zweite Schuld oder Von der Last, Deutscher zu sein, Hamburg 1987, S. 219 f.
7 Vgl. Bruno Schoch, Die DDR – ein Staat stirbt ab, a.a.O.
8 Waltraud Arenz, Skinheads in der DDR. Analysen und Berichte 8/1989, hektographiertes Manuskript, Bonn 1989
9 Hans Modrow, Eine große Bewährungsprobe für das Volk der DDR. Rede vor der Volkskammer, in: Frankfurter Rundschau v. 12.1.1990
10 Vgl. Links- und Rechtsextremismus. Runder Tisch in der Stadt Erfurt tagte vergangene Woche, in: Thüringer Tageblatt v. 30.1.1990
11 Christa Wolf, Das haben wir nicht gelernt, in: taz v. 31.10.1989
12 Unduldsamkeit gegen Ausländer. Die Kirchenleitungen sind besorgt, in: Glaube und Heimat v. 24.6.1990
13 Vgl. Birgit Loff, Eine Welt des Schweigens. Rückschau in der DDR, in: Frankfurter Rundschau v. 16.7.1990
14 Siehe Karla Hielscher, Aufhorchen lassen die patriotischen Töne und die „Enthüllungen". Über die Anzeichen von Rechtsextremismus und Antisemitismus in der russischen Republik, in: Frankfurter Rundschau v. 22.12.1989
15 Siehe Jelena Bonner, Wir brauchen die volle Wahrheit. Interview mit der sowjetischen Bürgerrechtlerin, in: taz v. 14.7.1990
16 Zit. nach: C.V., Sowjetische Juden leben in Apolda im Exil, in: Glaube und Heimat v. 26.8.1990
17 Zit. nach: Christine Martin, Autoritäre Erziehung hat die Seelen verheert, in: Frankfurter Rundschau v. 12.3.1990
18 Vgl. Paul Hockemos, Romajagd in Nordböhmen. Gemeinsame Prügelkommandos von Skins und Punks, in: taz v. 17.5.1990

19 Vgl. Hans-Jörg Schmidt, Streit um Tiso – Faschist oder nationaler Held?, In der Slowakei betreiben nationalistische Gruppen die Rehabilitierung von Hitlers Marionette, in: taz v. 15.8.1990

20 Siehe Ingrid Müller-Münch, Historiker warnen vor dem „Spiel mit der nationalen Flamme", in: Frankfurter Rundschau v. 30.3.1990

Siegfried Wolf, Antifaschismus in der DDR – Versuch einer Bilanz

1 G. van Roon, Widerstand im Dritten Reich. Ein Überblick, 4. Aufl. München 1987, S. 218

2 A. Pauker, Jüdischer Widerstand in Deutschland, in: Beiträge zum Widerstand 1933-45, Berlin (DDR) 1989, S. 15

3 E. Fraenkel, Der Sinn illegaler Arbeit, in: Beiträge zum Widerstand, Berlin (DDR) 1982, S. 10

4 G. van Roon, Widerstand im Dritten Reich, a.a.O.

5 Zit. nach: B. Fisch, Zur politischen Vorbereitung des sowjetischen Soldaten auf die Begegnung mit der Zivilbevölkerung Ostpreußens (Oktober 1944 – Mai 1945), unveröff. Manuskript, Stadtroda 1990, S. 19

6 Vgl. P. Knoch (Hrsg.), Kriegsalltag. Die Rekonstruktion des Kriegsalltags als Aufgabe der historischen Forschung und der Friedenserziehung, Stuttgart 1989, S. 7

7 O. Grotewohl, Im Kampf um Deutschland. Reden und Aufsätze, Bd. 1, Berlin 1948, S. 11

8 Vgl. M. Stark, Wenn du willst deine Ruhe haben, schweige, in: Geschichte und Gesellschaftskunde 9/1990, S. 512

9 L. Niethammer, Juden und Russen im Gedächtnis der Deutschen, in: W.H. Pehle (Hrsg.), Der historische Ort des Nationalsozialismus. Annäherungen, Frankfurt am Main 1990, S. 127 f.

10 Vgl. P. Krahulec, Es gibt sie: Friedensforschung an Fachhochschulen, in: Sozial extra 9/1990, S. 16

11 Vgl. W. Frindte, Sozialpsychologische Anmerkungen zum gesellschaftlichen Wandel in der DDR, in: Psychologie und Frieden 3/1990, S. 1 ff.

Wilhelm Heitmeyer, Einig Vaterland – einig Rechtsextremismus?

1 Dieser wird hier verstanden als Zusammenfließen von Elementen der Ideologien der Ungleichheit (die sich in Orientierungsmustern ausformen) und Gewaltakzeptanz bzw. -anwendung (als Handlungsform), die ihre individuell-alltägliche wie politisch-organisierte Funktion in der Durchsetzung von Überlegenheits- und Verfügbarkeitsbestrebungen gegenüber Anders-Denkenden wie Anders-Zugehörigen haben.

2 Vgl. auch W. Heitmeyer, Rechtsextremistische Orientierungen bei Jugendlichen. Empirische Ergebnisse und Erklärungsmuster einer Untersuchung zur politischen Sozialisation, 3. Aufl. Weinheim/München 1989, S. 94

3 Vgl. K. Weiß, Die braune Stafette. In: ZEITmagazin 27 (1989)

4 Siehe W. Schuchardt, Wenn der Lebensrhythmus nicht so flexibel ist wie die Arbeitszeit, in: Frankfurter Rundschau v. 29.9.1989

5 Vgl. hierzu und zum folgenden: E. Brähler/H.-E. Richter, Wie haben sich die Deutschen seit 1975 psychologisch verändert? Mehr Individualismus, mehr Ellenbogen, stärkere Frauen, in: H.-E. Richter (Hrsg.), Russen und Deutsche, Alte Feindbilder weichen neuen Hoffnungen, Hamburg 1990, S. 115 ff.

6 Vgl. ausführlicher: W. Heitmeyer, Rechtsextremistische Orientierungen bei Jugendlichen, a.a.O., S. 63 ff.

7 Vgl. I. Runge, Ausland DDR – Fremdenhaß, Berlin (DDR) 1990

8 Vgl. E. Noelle-Neumann/R. Köcher, Die verletzte Nation. Über den Versuch der Deutschen, ihren Charakter zu ändern, Stuttgart 1987

Hans-Gerd Jaschke, Politischer Konservatismus im vereinten Deutschland

1 Zur neueren Konservatismus-Debatte vgl. Kurt Lenk, Deutscher Konservatismus, Frankfurt/New York 1989; Ludwig Elm, Zu Ergebnissen und Trends des Konservatismus in der BRD, in: Konservatismus-Forschung 11/1990, S. 16 ff. (= Wissenschaftliche Beiträge der Friedrich-Schiller-Universität Jena); Eike Hennig, „Disziplin in die Freiheit": Die patriotische Rückwende des bundesrepu-

blikanischen Neokonservatismus, in: Herfried Münkler/Richard Saage (Hrsg.), Kultur und Politik. Brechungen der Fortschrittsperspektive heute. Für Iring Fetscher, Opladen 1990, S. 155 ff.; Hans-Jürgen Puhle, Konservatismus und Neo-Konservatismus: deutsche Entwicklungslinien seit 1945, in: Rainer Eisfeld/Ingo Müller (Hrsg.), Gegen Barbarei. Robert W. Kempner zu Ehren, Frankfurt 1989, S. 399 ff.

2 Eike Hennig, „Disziplin in die Freiheit": Die patriotische Rückwende des bundesrepublikanischen Neokonservatismus, a.a.O., S. 169

3 Vgl. Martin Greiffenhagen, Das Dilemma des Konservatismus in Deutschland, München 1977, S. 307

4 Siehe Armin Mohler, Deutscher Konservatismus seit 1945, in: Gerd-Klaus Kaltenbrunner (Hrsg.), Die Herausforderung der Konservativen, Freiburg/Basel/Wien 1974, S. 41 ff.

5 Siehe ebd., S. 51

6 Siehe Martin Greiffenhagen, Das Dilemma des Konservatismus in Deutschland, a.a.O., S. 316 ff.

7 vgl. Franz Greß u.a., Neue Rechte und Rechtsextremismus in Europa. Bundesrepublik, Frankreich, Großbritannien, Opladen 1990, bes. S. 218 ff.

8 Werner Marx, Deutsche Ostpolitik nach 1969, in: Gerhard Mayer-Vorfelder/Hubertus Zuber (Hrsg.), Union alternativ , Stuttgart 1976, S. 85 ff.

9 Vgl. die vom Bundeskanzleramt herausgegebene Schriftenreihe „Perspektiven und Orientierungen", München 1987 ff.

10 Vgl. hierzu: Claus Leggewie, Der Geist steht rechts. Ausflüge in die Denkfabriken der Wende, Berlin (West) 1987. Einen begriffsgeschichtlichen Überblick gibt Helmut Dubiel, Was ist Neokonservatismus?, Frankfurt am Main 1985

11 Siehe Lothar Späth, Wende in die Zukunft. Die Bundesrepublik auf dem Weg in die Informationsgesellschaft, Reinbek bei Hamburg 1989 (1985), S. 85

12 Siehe ebd., S. 36

13 Siehe ebd., S. 11 f.

14 Vgl. dazu: Jürgen Habermas, Die Kulturkritik der Neokonservativen in den USA und in der Bundesrepublik, in: ders., Die Neue Unübersichtlichkeit, Frankfurt am Main 1985, S. 30 ff.; Wolfgang H. Lorig, Neokonservatives Denken in der Bundesrepublik Deutschland und in den Vereinigten Staaten von Amerika, Opladen 1988

15 Siehe zum folgenden: Hellmut Diwald, Deutschland – was ist es?, Thesen zur nationalen Identität, in: Wolfgang Venohr (Hrsg.), Die deutsche Einheit kommt bestimmt, Bergisch-Gladbach 1982, S. 17 ff.

16 Vgl. hierzu: Hans-Gerd Jaschke, Die „Republikaner". Profile einer Rechtsaußen-Partei, Bonn 1990, S. 90 ff.

17 Vgl. ebd., S. 35 ff., bzw. die dort angegebene Literatur

18 Vgl. Günther Rohrmoser, Das Debakel. Wo bleibt die Wende?, Krefeld 1985, sowie Klaus Hornung (Hrsg.), Mut zur Wende, Krefeld 1985

19 Siehe Hermann Lübbe, Der kulturelle Geltungsschwund der Wissenschaften, in: Helmut de Rudder/Heinz Sahner (Hrsg.), Wissenschaft und gesellschaftliche Verantwortung, Berlin (West) 1987, S. 89 ff.

20 Vgl. Arno Klönne, Zurück zur Nation?, Kontroversen zu deutschen Fragen, Köln 1984, S. 10 ff.

21 Siehe Kurt H. Biedenkopf, Zeitsignale – Parteienlandschaft im Umbruch, München 1989, S. 253

22 Vgl. „Wahltreff 90", Zentrum für politikwissenschaftliche Information und Dokumentation (Hrsg.), Vereinigungen in der DDR – Dokumentation, Berlin (DDR) 1990

23 Vgl. zusammenfassend Ralf Rytlewski, Soziale Kultur als politische Kultur: die DDR, in: PVS-Sonderheft 18 (1987), S. 238 ff.

24 Vgl. die Hinweise bei Irene Runge, Ausland DDR – Fremdenhaß, Berlin (DDR) 1990; Benno Fischer, DDR – Rechtsextremismus als Vorbote der Systemkrise, in: Die Neue Gesellschaft/Frankfurter Hefte 4/1990, S. 332 ff., und Loni Niederländer, Zu den Ursachen rechtsradikaler Tendenzen in der DDR, in: Neue Justiz 1/1990, S. 16 ff.

Literaturverzeichnis

Holocaust, Vergangenheitsbewältigung und „Historikerstreit"

Augstein, Rudolf (u.a.): „Historikerstreit". Die Dokumentation der Kontroverse um die Einzigartigkeit der nationalsozialistischen Judenvernichtung, München/Zürich 1987

Backes, Uwe (u.a., Hrsg.): Die Schatten der Vergangenheit. Impulse zur Historisierung des Nationalsozialismus, Frankfurt am Main/Berlin 1990

Broszat, Martin: Nach Hitler. Der schwierige Umgang mit unserer Geschichte, München 1988

Diner, Dan (Hrsg.): Ist der Nationalsozialismus Geschichte? – Zu Historisierung und Historikerstreit, Frankfurt am Main 1987

Diner, Dan (Hrsg.): Zivilisationsbruch. Denken nach Auschwitz, Frankfurt am Main 1988

Donat, Helmut/Wieland, Lothar (Hrsg.): „Auschwitz erst möglich gemacht?" – Überlegungen zur jüngsten konservativen Geschichtsbewältigung, Bremen 1991

Elm, Ludwig: Nach Hitler, nach Honecker. Zum Streit der deutschen um die eigene Vergangenheit, Berlin 1991

Erler, Gernot (u.a.): Geschichtswende? – Entsorgungsversuche zur deutschen Vergangenheit, Freiburg 1987

Eschenhagen, Wieland (Hrsg.): Die neue deutsche Ideologie. Einsprüche gegen die Entsorgung der Vergangenheit, Darmstadt 1988

Evans, Richard J.: Im Schatten Hitlers? – Historikerstreit und Vergangenheitsbewältigung in der Bundesrepublik, Frankfurt am Main 1991

Funke, Manfred: Starker oder schwacher Diktator? – Hitlers Herrschaft und die Deutschen. Ein Essay, Düsseldorf 1989

Geiss, Imanuel: Die Habermas-Kontroverse. Ein deutscher Streit, Berlin (West) 1988

Gerstenberger, Heide/Schmidt, Dorothea (Hrsg.): Normalität oder Normalisierung? – Geschichtswerkstätten und Faschismusanalyse, Münster 1987

Giordano, Ralph: Die zweite Schuld oder Von der Last, Deutscher zu sein, Hamburg 1987

Habermas, Jürgen: Eine Art Schadensabwicklung. Kleine Politische Schriften VI, Frankfurt am Main 1987

Harms, Gerhard (Hrsg.): Erbschaften des Nationalsozialismus, Oldenburg 1984

Haug, Wolfgang Fritz: Vom hilflosen Antifaschismus zur Gnade der späten Geburt, Hamburg/Berlin (West) 1987

Hennig, Eike: Zum Historikerstreit. Was heißt und zu welchem Ende studiert man Faschismus?, Frankfurt am Main 1988

Hoffmann, Hilmar (Hrsg.): Gegen den Versuch, Vergangenheit zu verbiegen. Eine Diskussion um politische Kultur in der Bundesrepublik aus Anlaß der Frankfurter Römerberggespräche, Frankfurt am Main 1987

Kirchhoff, Jochen: Nietzsche, Hitler und die Deutschen. Die Perversion des Neuen Zeitalters. Vom unerlösten Schatten des Dritten Reiches, Vorwort von Rudolf Bahro, Berlin (West) 1990

Kühnl, Reinhard (Hrsg.): Streit ums Geschichtsbild. Die „Historiker-Debatte". Darstellung, Dokumentation, Kritik, Köln 1987

Mitscherlich, Alexander/Mitscherlich, Margarete: Die Unfähigkeit zu trauern. Grundlagen kollektiven Verhaltens, München 1967

Mitscherlich, Margarete: Erinnerungsarbeit. Zur Psychoanalyse der Unfähigkeit zu trauern, Frankfurt am Main 1987

Nolte, Ernst: Das Vergehen der Vergangenheit. Antwort an meine Kritiker im sogenannten Historikerstreit, 2. Aufl. Berlin (West)/Frankfurt am Main 1987

Pehle, Walter H. (Hrsg.): Der historische Ort des Nationalsozialismus. Annäherungen, Frankfurt am Main 1990

Plack, Arno: Wie oft wird Hitler noch besiegt? – Neonazismus und Vergangenheitsbewältigung, Düsseldorf 1982

Schoeps, Julius H.: Leiden an Deutschland. Vom antisemitischen Wahn und der Last der Erinnerung, München/Zürich 1990

Senfft, Heinrich: Kein Abschied von Hitler. Ein Blick hinter die Fassaden des „Historikerstreits", Hamburg/Köln 1990
Wehler, Hans-Ulrich: Entsorgung der deutschen Vergangenheit? – Ein polemischer Essay zum „Historikerstreit", München 1988
Wiebe, Hans-Hermann (Hrsg.): Die Gegenwart der Vergangenheit. Historikerstreit und Erinnerungsarbeit, Bad Segeberg 1989

Die Totalitarismustheorie – Extremismus rechts, Extremismus links und die „streitbare" Demokratie in der Mitte?

Backes, Uwe: Politischer Extremismus in demokratischen Verfassungsstaaten. Elemente einer normativen Rahmentheorie, Opladen 1989
Backes, Uwe/Jesse, Eckhard: Politischer Extremismus in der Bundesrepublik Deutschland, 3 Bde., Köln 1989
Backes, Uwe/Jesse, Eckhard: Totalitarismus – Extremismus – Terrorismus. Ein Literaturführer und Wegweiser zur Extremismusforschung in der Bundesrepublik Deutschland, 2. Aufl. Opladen 1985
Endlich, Hans (u.a.): Extremismus, Radikalismus, Demagogie von rechts. Entwicklungen und Bestandsaufnahme, Frankfurt am Main 1990
Funke, Manfred (Hrsg.): Extremismus im demokratischen Rechtsstaat. Ausgewählte Texte und Materialien zur aktuellen Diskussion, Düsseldorf 1978
Grebing, Helga: Linksradikalismus gleich Rechtsradikalismus. Eine falsche Gleichung, Stuttgart 1971
Greiffenhagen, Martin (u.a.): Totalitarismus. Zur Problematik eines politischen Begriffs, München 1972
Michalka, Wolfgang (Hrsg.): Extremismus und streitbare Demokratie, Stuttgart 1987
Schlangen, Walter: Die Totalitarismus-Theorie. Entwicklung und Probleme, Stuttgart 1976
Sontheimer, Kurt (u.a.): Der Überdruß an der Demokratie. Neue Linke und alte Rechte – Unterschiede und Gemeinsamkeiten, Vorwort: Helmut Schmidt, Köln 1970
Totalitarismus und Faschismus. Eine wissenschaftliche und politische Begriffskontroverse. Kolloquien des Instituts für Zeitgeschichte, München 1980

Ethnozentrismus, Rassismus bzw. „Ausländerfeindlichkeit" als Kernideologem des Rechtsextremismus

Autrata, Otger (u.a. Hrsg.): Theorien über Rassismus. Eine Tübinger Veranstaltungsreihe, Berlin (West) 1989
Bade, Klaus J.: Deutsche in der Fremde – Fremde in Deutschland, München 1991
Barwig, Klaus/Mieth, Dietmar (Hrsg.): Migration und Menschenwürde. Fakten, Analysen und ethische Kriterien, Mainz 1988
Bernhard, Norbert: Tarzan und die Herrenrasse. Rassismus in der Literatur, Basel 1986
Bielefeld, Uli (Hrsg.): Das Eigene und das Fremde. Neuer Rassismus in der Alten Welt?, Hamburg 1991
Billig, Michael: Die rassistische Internationale. Zur Renaissance der Rassenlehre in der modernen Psychologie, Mit einem Vorwort von Lothar Baier, Frankfurt am Main 1981
Budzinski, Manfred/Clemens, Karin: Rausland oder: Menschenrechte für alle, Göttingen 1991
Castles, Stephen: Migration und Rassismus in Westeuropa, Berlin (West) 1987
Dericum, Christa/Wamboldt, Philipp (Hrsg.): Heimat und Heimatlosigkeit, Berlin (West) 1987
Engelmann, Bernt: Du deutsch? – Geschichte der Ausländer in unserem Land, Göttingen 1991
Fijalkowski, Jürgen (Hrsg.): Transnationale Migranten in der Arbeitswelt. Studien zur Ausländerbeschäftigung in der Bundesrepublik und zum internationalen Vergleich, Berlin 1990
Geiger, Klaus F. (Hrsg.): Rassismus und Ausländerfeindlichkeit in Deutschland. Beiträge zu ihrer Erforschung, Kassel 1985
Geiss, Imanuel: Geschichte des Rassismus, Frankfurt am Main 1988
Gugel, Günther: Ausländer – Aussiedler – Übersiedler. Fremdenfeindlichkeit in der Bundesrepublik, 3. Aufl. Tübingen 1991
Herbert, Ulrich: Geschichte der Ausländerbeschäftigung in Deutschland 1880 bis 1980. Saisonarbeiter – Zwangsarbeiter – Gastarbeiter, Berlin (West)/Bonn 1986

Hoerder, Dirk/Knauf, Diethelm (Hrsg.): Einwanderungsland USA – Gastarbeiterland BRD, Berlin (West)/Hamburg 1988
Hoffmann, Lutz/Even, Herbert: Soziologie der Ausländerfeindlichkeit. Zwischen nationaler Identität und multikultureller Gesellschaft, Weinheim/Basel 1984
Hohmann, Joachim S.: Geschichte der Zigeunerverfolgung in Deutschland, Frankfurt am Main/New York 1988
Huisken, Frerk: Ausländerfeinde – Ausländerfreunde. Eine Streitschrift über den geächteten wie den geachteten Rassismus, Hamburg 1987
Italiaander, Rolf (Hrsg.): „Fremde raus?", Fremdenangst und Ausländerfeindlichkeit – Gefahren für jede Gemeinschaft, Frankfurt am Main 1983
Jäger, Siegfried/Paul, Jobst: Von Menschen und Schweinen. Der Singer-Diskurs und seine Funktion für den Neo-Rassismus, Duisburg 1990 (DISS-Texte Nr. 13)
Kalpaka, Annita/Räthzel, Nora (Hrsg.): Die Schwierigkeit, nicht rassistisch zu sein, 2. Aufl. Leer 1990
Lewontin, Richard C. (u.a.): Die Gene sind es nicht..., Biologie, Ideologie und menschliche Natur, München/Weinheim 1988
Memmi, Albert: Rassismus, Frankfurt am Main 1987
Miles, Robert: Rassismus. Einführung in die Geschichte und Theorie eines Begriffs, Hamburg 1991
Mosse, George L.: Die Geschichte des Rassismus in Europa, Frankfurt am Main 1990
Nuscheler, Franz: Nirgendwo zu Hause – Menschen auf der Flucht, München 1988
Nuscheler, Franz/Begander, Elke: Migration – Flucht – Asyl, Tübingen 1989
Poliakov, Léon (u.a.): Über den Rassismus. Sechzehn Kapitel zur Anatomie, Geschichte und Deutung des Rassenwahns, Stuttgart 1979
Reimann, Helga/Reimann, Horst (Hrsg.): Gastarbeiter. Analysen und Perspektiven eines sozialen Problems, Opladen 1987
Reinfeldt, Sebastian: Rassismus: Die unsichtbare Gewalt, 2. Aufl. Mainz 1991
Rinser, Luise: Wer wirft den Stein? – Zigeuner sein in Deutschland. Eine Anklage, Frankfurt am Main/Berlin (West) 1987
Rose, Romani: Bürgerrechte für Sinti und Roma. Das Buch zum Rassismus in Deutschland, Heidelberg 1987
Spaich, Herbert: Fremd in Deutschland. Auf der Suche nach Heimat, Mit einem Geleitwort von Harry Pross, Weinheim/Basel 1991
Thieme, Frank: Rassentheorien zwischen Mythos und Tabu. Der Beitrag der Sozialwissenschaft zur Entstehung und Wirkung der Rassenideologie in Deutschland, Frankfurt am Main 1988
Tsiakalos, Georgios: Ausländerfeindlichkeit. Tatsachen und Erklärungsversuche, München 1983
Woydt, Johann: Ausländische Arbeitskräfte in Deutschland. Vom Kaiserreich bis zur Bundesrepublik, Heilbronn 1987
Zur Mühlen, Patrik von: Rassenideologien. Geschichte und Hintergründe, Berlin (West)/Bonn-Bad Godesberg 1977

Antisemitismus als Spezialfall und Extremform des Rassismus

Andics, Hellmut: Der ewige Jude. Ursachen und Geschichte des Antisemitismus, Wien 1965
Berding, Helmut: Moderner Antisemitismus in Deutschland, Frankfurt am Main 1988
Bergmann, Werner/Erb, Rainer (Hrsg.): Antisemitismus in der politischen Kultur nach 1945, Opladen 1990
Bosch, Michael (Hrsg.): Antisemitismus, Nationalsozialismus und Neonazismus, Düsseldorf 1979
Brakelmann, Günter/Rosowski, Martin (Hrsg.): Antisemitismus. Von religiöser Judenfeindschaft zur Rassenideologie, Göttingen 1989
Claussen, Detlev: Grenzen der Aufklärung. Zur gesellschaftlichen Geschichte des modernen Antisemitismus, Frankfurt am Main 1987
Claussen, Detlev (Hrsg.): Vom Judenhaß zum Antisemitismus. Materialien einer verleugneten Geschichte, 2. Aufl. Darmstadt 1988
Fetscher, Iring (Hrsg.): Marxisten gegen Antisemitismus, Hamburg 1974
Frei, Bruno: Sozialismus und Antisemitismus, Wien/München/Zürich 1978

Fuchs, Hans-Jürgen: Das glückliche Bewußtsein und die Krise. Ausländerfeindlichkeit in der Bundesrepublik, Frankfurt am Main 1986
Greive, Hermann: Geschichte des modernen Antisemitismus in Deutschland, Darmstadt 1988
Heinsohn, Gunnar: Was ist Antisemitismus? – Der Ursprung von Monotheismus und Judenhaß. Warum Antizionismus?, Frankfurt am Main 1988
Isaac, Jules: Genesis des Antisemitismus, Wien/Frankfurt am Main/Zürich 1969
Katz, Jacob: Vom Vorurteil bis zur Vernichtung. Der Antisemitismus 1700–1933, München 1989
Lehr, Stefan: Antisemitismus – religiöse Motive im sozialen Vorurteil. Aus der Frühgeschichte des Antisemitismus in Deutschland 1870–1914, München 1974
Massiczek, Albert (Hrsg.): Antisemitismus. Die permanente Herausforderung, Wien/Frankfurt am Main/Zürich 1968
Oberman, Heiko A.: Wurzeln des Antisemitismus. Christenangst und Judenplage im Zeitalter von Humanismus und Reformation, 2. Aufl. Berlin (West) 1983
Pätzold, Kurt (Hrsg.): Verfolgung – Vertreibung – Vernichtung. Dokumente des faschistischen Antisemitismus 1933 bis 1942, Frankfurt am Main 1984
Poliakov, Léon: Der arische Mythos. Zu den Quellen von Rassismus und Nationalismus, München 1977
Poliakov, Léon: Geschichte des Antisemitismus, 8 Bde., Worms 1977 ff./Frankfurt am Main 1988
Rosenstiel, Francis/Shoham, Shlomo Giora: Der Sieg des Opfers. Jüdische Anfragen, Stuttgart 1980
Rürup, Reinhard: Emanzipation und Antisemitismus, Göttingen 1975
Sallen, Herbert A.: Zum Antisemitismus in der Bundesrepublik Deutschland. Konzepte, Methoden und Ergebnisse der empirischen Antisemitismusforschung, Frankfurt am Main 1977
Schoenberger, Gerhard: Der gelbe Stern. Die Judenverfolgung in Europa 1933–1945, Frankfurt am Main 1991
Silbermann, Alphons: Der ungeliebte Jude. Zur Soziologie des Antisemitismus, Zürich 1981
Silbermann, Alphons: Sind wir Antisemiten? – Ausmaß und Wirkung eines sozialen Vorurteils in der Bundesrepublik Deutschland, Köln 1982
Silbermann, Alphons/Schoeps, Julius H. (Hrsg.): Antisemitismus nach dem Holocaust. Bestandsaufnahme und Erscheinungsformen in deutschsprachigen Ländern, Köln 1986
Sterling, Eleonore: Judenhaß. Die Anfänge des politischen Antisemitismus in Deutschland (1815–1850), Frankfurt am Main 1969
Strauss, Herbert A. (u.a., Hrsg.): Der Antisemitismus der Gegenwart, Frankfurt am Main 1990
Strauss, Herbert A./Kampe, Norbert (Hrsg.): Antisemitismus. Von der Judenfeindschaft zum Holocaust, Frankfurt am Main/New York 1985
Volkov, Shulamit: Jüdisches Leben und Antisemitismus im 19. und 20. Jahrhundert. Zehn Essays, München 1990
Wistrich, Robert: Der antisemitische Wahn. Von Hitler bis zum Heiligen Krieg gegen Israel, Ismaning bei München 1987

(Deutsch-)Nationalismus als Kernideologem des Rechtsextremismus

Alter, Peter: Nationalismus, Frankfurt am Main 1985
Anderson, Benedict: Die Erfindung der Nation. Zur Karriere eines folgenreichen Konzepts, Frankfurt am Main/New York 1988
Balibar, Etienne/Wallerstein, Immanuel: Rasse – Klasse – Nation. Ambivalente Identitäten, Hamburg 1990
Berlin, Isaiah: Der Nationalismus, Frankfurt am Main 1990
Eley, Geoff: Wilhelminismus, Nationalismus, Faschismus. Zur historischen Kontinuität in Deutschland, Münster 1991
Elm, Ludwig: Aufbruch ins Vierte Reich?, Zu Herkunft und Wesen einer konservativen Utopie, Berlin (DDR) 1981
Funke, Hajo (Hrsg.): Von der Gnade der geschenkten Nation. Zur politischen Moral der Bonner Republik, Berlin (West) 1988

Glotz, Peter: Der Irrweg des Nationalstaats. Europäische Reden an ein deutsches Publikum, Stuttgart 1990
Hermand, Jost: Der alte Traum vom neuen Reich. Völkische Utopien und Nationalsozialismus, Frankfurt am Main 1988
Hobsbawm, Eric J.: Nationen und Nationalismus. Mythos und Realität seit 1780, Frankfurt am Main/New York 1991
James, Harold: Deutsche Identität 1770–1990, Frankfurt am Main/New York 1991
Kedourie, Elie: Nationalismus, München 1971
Klönne, Arno: Rechts-Nachfolge. Risiken des deutschen Wesens nach 1945, Köln 1990
Klönne, Arno: Zurück zur Nation? – Kontroversen zu deutschen Fragen, Köln 1984
Krockow, Christian Graf von: Nationalismus als deutsches Problem, 2. Aufl. München 1974
Kühnl, Reinhard: Nation – Nationalismus – Nationale Frage. Was ist das und was soll das?, Köln 1986
Lemberg, Eugen: Nationalismus. 2 Bde., Reinbek bei Hamburg 1964
Link, Jürgen/Wülfing, Wulf (Hrsg.): Nationale Mythen und Symbole in der zweiten Hälfte des 19. Jahrhunderts. Strukturen und Funktionen von Konzepten nationaler Identität, Stuttgart 1991
Lohalm, Uwe: Völkischer Radikalismus. Die Geschichte des Deutschvölkischen Schutz- und Trutz-Bundes 1919–1923, Hamburg 1970
Mendlewitsch, Doris: Volk und Heil. Vordenker des Nationalsozialismus im 19. Jahrhundert, Rheda-Wiedenbrück 1988
Nenning, Günther: Die Nation kommt wieder. Würde, Schrecken und Geltung eines europäischen Begriffs, Zürich 1990
Otto, Karl A. (Hrsg.): Westwärts – heimwärts?, Aussiedlerpolitik zwischen „Deutschtümelei" und „Verfassungsauftrag", Bielefeld 1990
Stern, Fritz: Kulturpessimismus als politische Gefahr. Eine Analyse nationaler Ideologie in Deutschland, München 1986
Taler, Conrad: Rechts, wo die Mitte ist. Der neue Nationalismus in der Bundesrepublik, Frankfurt am Main 1972
Winkler, Heinrich August (Hrsg.): Nationalismus in der Welt von heute, Göttingen 1982

Sozialdarwinismus (Antiegalitarismus), Autoritarismus (Antiparlamentarismus), Militarismus (Antipazifismus) und Sexismus (Antifeminismus) als Kernideologeme des Rechtsextremismus

Abendroth, Wolfgang (u.a.): Faschismus und Militarismus. Analysen und Thesen für die antifaschistische Praxis, Frankfurt am Main 1973
Adorno, Theodor W. (u.a.): Der autoritäre Charakter. Studien über Autorität und Vorurteil, 2 Bde., Amsterdam 1968/69
Adorno, Theodor W.: Studien zum autoritären Charakter, Vorrede von Ludwig von Friedeburg, Frankfurt am Main 1973
Becker, Heinz/Leist, Otmar (Hrsg.): Militarismus in der Bundesrepublik. Ursachen und Formen, Köln 1981
Berghahn, Volker R.: Militarismus. Die Geschichte einer internationalen Debatte, Hamburg/Leamington Spa/New York 1986
Janssen-Jurreit, Marielouise: Sexismus. Über die Abtreibung der Frauenfrage, München/Wien 1977
Koch, Hannsjoachim W.: Der Sozialdarwinismus. Seine Genese und sein Einfluß auf das imperialistische Denken, München 1973
Mosse, George L.: Nationalismus und Sexualität. Bürgerliche Moral und sexuelle Normen, Reinbek bei Hamburg 1987
Münkler, Herfried/Storch, Wolfgang: Siegfrieden. Politik mit einem deutschen Mythos, Berlin (West) 1988
Rohkrämer, Thomas: Der Militarismus der „kleinen Leute". Die Kriegervereine im Deutschen Kaiserreich 1871–1914, München 1990
Wittrock, Christine: Weiblichkeitsmethen. Das Frauenbild im Faschismus und seine Vorläufer in der Frauenbewegung der 20er Jahre, Frankfurt am Main 1983

Jugend und Rechtsextremismus – jugendlicher Rechtsextremismus?

Biemann, Georg/Krischka, Joachim (Hrsg.): Nazis, Skins und alte Kameraden, Dortmund 1986
Boßmann, Dieter (Hrsg.): „Was ich über Adolf Hitler gehört habe...", Folgen eines Tabus: Auszüge aus Schüler-Aufsätzen von heute, Frankfurt am Main 1977
Dudek, Peter: Jugendliche Rechtsextremisten. Zwischen Hakenkreuz und Odalsrune 1945 bis heute, Köln 1985
Dudek, Peter/Jaschke, Hans-Gerd: Jugend rechtsaußen. Analysen – Essays – Kritik, Bensheim 1982
Dudek, Peter/Jaschke, Hans-Gerd: Revolte von rechts. Anatomie einer neuen Jugendpresse, Frankfurt am Main/New York 1981
Eberwein, Markus/Drexler, Josef: Skinheads in Deutschland. Interviews, Hannover/München 1987
Hartmann, Ulrich (u.a.): Rechtsextremismus bei Jugendlichen. Anregungen, der wachsenden Gefahr entgegenzuwirken, München 1985
Heitmeyer, Wilhelm: Rechtsextremistische Orientierungen bei Jugendlichen. Empirische Ergebnisse und Erklärungsmuster einer Untersuchung zur politischen Sozialisation, 3. Aufl. Weinheim/München 1989
Heitmeyer, Wilhelm/Peter, Jörg-Ingo: Jugendliche Fußballfans. Soziale und politische Orientierungen, Gesellungsformen, Gewalt, Weinheim/München 1988
Meyer, Alwin/Rabe, Karl-Klaus: „Unsere Stunde, die wird kommen". Rechtsextremismus unter Jugendlichen, 3. Aufl. Bornheim-Merten 1982
Paul, Gerhard/Schoßig, Bernhard (Hrsg.): Jugend und Neofaschismus. Provokation oder Identifikation?, 2. Aufl. Frankfurt am Main 1980
Rabe, Karl-Klaus (Hrsg.): Rechtsextreme Jugendliche. Gespräche mit Verführern und Verführten, Bornheim-Merten 1980
Sochatzky, Klaus: Neofaschismus im Schülerurteil: Parole rechts! – Jugend wohin?, Eine empirische Studie, Frankfurt am Main 1980
Stock, Manfred/Mühlberg, Philipp: Die Szene von Innen. Skinheads, Grufties, Heavy Metals, Punks, Berlin (DDR) 1990
Wagener, Gerald: Ein rechtsradikaler Jugendlicher berichtet, Vorwort von Horst Richter, Berlin (West) 1981
Weinknecht, Günter (Hrsg.): Hakenkreuze, Türkenwitze..., Rechtsextremistische Jugendliche – eine pädagogische Herausforderung, Heidelberg 1989

Neonazismus und Neue Rechte in der „alten" Bundesrepublik

Bartsch, Günter: Revolution von rechts? – Ideologie und Organisation der Neuen Rechten, Freiburg/Basel/Wien 1975
Benz, Wolfgang (Hrsg.): Rechtsextremismus in der Bundesrepublik. Voraussetzungen, Zusammenhänge, Wirkungen, Frankfurt am Main 1989
Biemann, Georg: Neofaschismus in der Bundesrepublik, Köln 1983
Chaussy, Ulrich: Oktoberfest. Ein Attentat, Darmstadt/Neuwied 1985
Feit, Margret: Die „Neue Rechte" in der Bundesrepublik. Organisation – Ideologie – Strategie, Frankfurt am Main/New York 1987
Fetscher, Iring (Hrsg): Neokonservative und „Neue Rechte". Der Angriff gegen Sozialstaat und liberale Demokratie in den Vereinigten Staaten, Westeuropa und der Bundesrepublik, München 1983
Fischer, Thomas: Die „Neue Rechte". Eine Herausforderung für die westdeutsche Linke, Darmstadt 1989
Glotz, Peter (u.a.): Mythos und Politik. Über die magischen Gesten der Rechten, Hamburg 1985
Graf, Werner (Hrsg.): „Wenn ich die Regierung wäre...", Die rechtsradikale Bedrohung, Bonn 1984
Greß, Franz (u.a.): Neue Rechte und Rechtsextremismus in Europa. Bundesrepublik, Frankreich, Großbritannien, Opladen 1990
Hafeneger, Benno: Die „extreme Rechte" und Europa. Herausforderung für eine multikulturelle Gesellschaft, Frankfurt am Main 1990
Hellfeld, Matthias von (Hrsg.): Dem Haß keine Chance. Der neue rechte Fundamentalismus, Köln 1989

Hellfeld, Matthias von (Hrsg.): Im Schatten der Krise. Rechtsextremismus, Neofaschismus und Ausländerfeindlichkeit, Köln 1986
Hellfeld, Matthias von (Hrsg.): Modell Vergangenheit. Rechtsextreme und neokonservative Ideologien in der Bundesrepublik, Köln 1987
Hoeffken, Heinz-Werner/Sattler, Martin: Rechtsextremismus in der Bundesrepublik. Die alte, die neue Rechte und der Neonazismus, Opladen 1980
Huhn, Anne/Meyer, Alwin: „Einst kommt der Tag der Rache". Die rechtsextreme Herausforderung 1945 bis heute, Freiburg 1986
Jäger, Siegfried (Hrsg.): Rechtsdruck. Die Presse der Neuen Rechten, Berlin (West)/Bonn 1988
Jäger, Uli/Annette Seeboth: Eine (r)echte Provokation. Der Rechtsextremismus und sein Umfeld, 2. Aufl. Tübingen 1991
Kirfel, Martina/Oswalt, Walter (Hrsg.): Die Rückkehr der Führer. Modernisierter Rechtsradikalismus in Westeuropa, Wien 1989
Klär, Karl-Heinz (u.a., Hrsg.): Die Wähler der extremen Rechten, 3 Bde., Bonn 1989
Koelschtzky, Martina: Die Stimme ihrer Herren. Die Ideologie der Neuen Rechten, Köln 1986
Kreutzberger, Wolfgang: Rechtsradikalismus in der Bundesrepublik. Versuch einer Zwischenbilanz, Frankfurt am Main 1983
Kühnl, Reinhard: Gefahr von rechts? – Vergangenheit und Gegenwart der extremen Rechten, 2. Aufl. Heilbronn 1991
Leggewie, Claus: Der Geist steht rechts. Ausflüge in die Denkfabriken der Wende, 2. Aufl. Berlin (West) 1987
Opitz, Reinhard: Faschismus und Neofaschismus, Frankfurt am Main 1984
Paul, Gerhard (Hrsg.): Hitlers Schatten verblaßt. Die Normalisierung des Rechtsextremismus, Bonn 1989
Peters, Jan (Hrsg.): Neofaschismus. Die Rechten im Aufwind, Berlin (West) 1979
Peters, Jan (Hrsg.): Nationaler „Sozialismus" von rechts, Berlin (West) 1980
Rotermundt, Rainer: Verkehrte Utopien: Nationalsozialismus – Neonazismus – Neue Barbarei. Argumente und Materialien, Frankfurt am Main 1980
Scheub, Ute: Alte Bekannte. Den neuen Nazis und ihren geheimen Freunden auf der Spur, Reinbek bei Hamburg 1985
Schulz, Hans-Jürgen (Hrsg.): Sie sind wieder da! – Faschismus und Reaktion in Europa, Frankfurt am Main 1990
Seeliger, Rolf (Hrsg.): Grauzone zwischen Union und der Neuen Rechten. Personen – Institutionen – Identifikationen, München 1990
Sozialistische Studiengruppen (SOST): Zwischen Neokonservatismus und Rechtsradikalismus. Politische und populistische Rechtstendenzen in der Bundesrepublik, Hamburg 1985
Stöss, Richard: Die extreme Rechte in der Bundesrepublik. Entwicklung – Ursachen – Gegenmaßnahmen, Opladen 1989
Stommeln, Hein: Neonazismus in der Bundesrepublik Deutschland. Eine Bestandsaufnahme, Bonn 1979
Winkler, Arno: Neo-Faschismus in der BRD, Berlin (West) 1980

Organisierter Rechtsextremismus unter besonderer Berücksichtigung der REP als „Brückenpartei" zwischen Nationalkonservatismus und Neofaschismus

Christians, Georg: „Die Reihen fest geschlossen". Die FAP – zu Anatomie und Umfeld einer militant-neofaschistischen Partei in den 80er Jahren, Marburg 1990
Dudek, Peter/Jaschke, Hans-Gerd: Entstehung und Entwicklung des Rechtsextremismus in der Bundesrepublik, 2 Bde., Opladen 1984
Funke, Hajo: „Republikaner". Rassismus, Judenfeindschaft, nationaler Größenwahn. Zu den Potentialen der Rechtsextremen am Beispiel der „Republikaner", Berlin (West) 1989
Hennig, Eike: Die Republikaner im Schatten Deutschlands. Zur Organisation der mentalen Provinz, Frankfurt am Main 1991
Hirsch, Kurt: Rechts, REPs, rechts. Aktuelles Handbuch zur rechtsextremen Szene, Berlin (West) 1990

Hirsch, Kurt: Rechts von der Union. Personen, Organisationen, Parteien seit 1945. Ein Lexikon, München 1989
Hirsch, Kurt/Sarkowicz, Hans: Schönhuber. Der Politiker und seine Kreise, Frankfurt am Main 1989
Jäger, Siegfried: Die neue Qualität der NPD. Umfeld, Geschichte, Ideologie und Organisation einer rechtsradikalen Partei und ihre Bedeutung in der Bundesrepublik der Gegenwart, 2. Aufl. Duisburg 1989 (DISS-Texte 3)
Jahn, Thomas/Wehling, Peter: Ökologie von rechts am Beispiel der „Republikaner", Frankfurt am Main 1990
Jaschke, Hans-Gerd: Die „Republikaner". Profile einer Rechtsaußen-Partei, Bonn 1990
Kellershohn, Helmut: Der völkische Nationalismus der REPUBLIKANER. Ideologie und Programmatik, Duisburg 1989 (DISS-Texte 8)
Kliche, Alexandra: Nichts wie weg! – Warum ich die „Republikaner" verlassen habe, München 1989
Kühnl, Reinhard (u.a.): Die NPD. Struktur, Ideologie und Funktion einer neofaschistischen Partei, Frankfurt am Main 1969
Leggewie, Claus: Die Republikaner. Ein Phantom nimmt Gestalt an, Berlin (West) 1990
Lersch, Paul (Hrsg.): Die verkannte Gefahr. Rechtsradikalismus in der Bundesrepublik, Reinbek bei Hamburg 1981
Link, Jürgen: Schönhuber in der Nationalelf: Halbrechts, rechtsaußen oder im Abseits?, Die politische Kollektivsymbolik der Bundesrepublik und der Durchbruch der neorassistischen Schönhuberpartei, Duisburg 1990 (DISS-Texte 10)
Müller, Leo A.: Republikaner, NPD, DVU, Liste D..., Göttingen 1989
Noll, Adolf (u.a.): Die NPD. Programmatik und politisches Verhalten, Bonn-Bad Godesberg 1970
Pröhuber, Karl-Heinz: Die nationalrevolutionäre Bewegung in Westdeutschland, Hamburg 1980
Stöss, Richard: Die „Republikaner". Woher sie kommen, was sie wollen, wer sie wählt, was zu tun ist, Köln 1990

Rechtsextremismus in der (ehemaligen) DDR

Engelstädter, Heinz/Seiffert, Otto: Die schleichende Gefahr. Europa, die Deutschen, Nationalismus und Neofaschismus, Berlin (DDR) 1990
Hirsch, Kurt/Heim, Peter B.: Von links nach rechts. Rechtsradikale Aktivitäten in den neuen Bundesländern, München 1991
Ködderitzsch, Peter/Müller, Leo A.: Rechtsextremismus in der DDR, Göttingen 1990
Korfes, Gunhild: Rechtsextreme Bewegungen in der DDR, Berlin 1991
Magistratsverwaltung für Jugend, Familie und Sport (Hrsg.): Jugend und Rechtsextremismus in Berlin-Ost. Fakten und Gegenstrategien, Berlin (DDR) o.J.
Runge, Irene: Ausland DDR – Fremdenhaß, Berlin (DDR) 1990
Schumann, Frank: Glatzen am Alex. Rechtsextremismus in der DDR, Berlin 1990
Siegler, Bernd: Auferstanden aus Ruinen. Rechtsextremismus in der DDR, Berlin 1991

Rechtsextremismus im vereinten Deutschland – Randerscheinung oder Gefahr für die Demokratie?

Assheuer, Thomas/Sarkowicz, Hans: Rechtsradikale in Deutschland. Die alte und die neue Rechte, München 1990
Bodewig Kurt (u.a., Hrsg.), Die schleichende Gefahr. Rechtsextremismus heute, 2. Aufl. Essen 1990
Farin, Klaus/Seidel-Pielen, Eberhard: Krieg in den Städten, Berlin 1991
Funke, Hajo: „Jetzt sind wir dran". Nationalismus im geeinten Deutschland, Berlin 1991
Glotz, Peter: Die deutsche Rechte. Eine Streitschrift, Stuttgart 1989
Heitmeyer, Wilhelm: Rechtsextremismus. „Warum handeln Menschen gegen ihre eigenen Interessen?" – Materialien zur Auseinandersetzung mit Ursachen, Köln 1991
Hethey, Raimund/Kratz, Peter (Hrsg.): In bester Gesellschaft. Antifa-Recherche zwischen Konservativismus und Neo-Faschismus, Göttingen 1991

Jäger, Siegfried/Jäger, Margret: Die Demokratiemaschine ächzt und kracht. Zu den Ursachen des Rechtsextremismus in der BRD, Duisburg 1990 (DISS-Texte 12)
Pohrt, Wolfgang: Der Weg zur inneren Einheit. Elemente des Massenbewußtseins BRD 1990, Hamburg 1991
Prenzel, Monika: Im Rechtsschritt, marsch! – Neofaschistische Tendenzen auf deutschem Boden, Berlin (DDR) 1990

Gegenstrategien: Antifaschismus – neuer Internationalismus – Multikulturalismus

Boehncke, Heiner/Wittich, Harald (Hrsg.): Buntesdeutschland. Ansichten zu einer multikulturellen Gesellschaft, Reinbek bei Hamburg 1991
Bonelli, Michele (Hrsg.): Interkulturelle Pädagogik. Positionen – Kontroversen – Perspektiven, Baltmannsweiler 1986
Broek, Lida van den: Am Ende der Weißheit. Vorurteile überwinden, Berlin (West) 1988
Budzinski, Manfred (Hrsg.): Alle Menschen sind AusländerInnen – fast überall. Ein Aktionshandbuch, Göttingen 1988
Doerry, Thomas: Antifaschismus in der Bundesrepublik. Vom antifaschischen Konsens 1945 bis zur Gegenwart, Frankfurt am Main 1980
Dudek, Peter (Hrsg.): Hakenkreuz und Judenwitz. Antifaschistische Jugendarbeit in der Schule, Bensheim 1980
Galinski, Dieter (u.a., Hrsg.): Nazis und Nachbarn. Schüler erforschen den Alltag im Nationalsozialismus, Reinbek bei Hamburg 1982
Geier, Jens (u.a., Hrsg.): Vielfalt in der Einheit. Auf dem Weg in die multikulturelle Gesellschaft, Marburg 1991
GEW Berlin (Hrsg.): Wider das Vergessen. Antifaschistische Erziehung in der Schule. Erfahrungen, Projekte, Anregungen, Frankfurt am Main 1981
Heitmeyer, Wilhelm (u.a., Hrsg.): Jugend – Staat – Gewalt. Politische Sozialisation von Jugendlichen, Jugendpolitik und politische Bildung, Weinheim/München 1989
Hoffmann, Lutz: Die unvollendete Republik. Einwanderungsland oder deutscher Nationalstaat, Köln 1990
Kollmann, Doris (u.a., Hrsg.): Neofaschismus – (k)ein langfristiges Problem?, Theoretische Grundlagen und Anregungen für die pädagogische Praxis, Bielefeld 1990
Leggewie, Claus: MultiKulti. Spielregeln für die Vielvölkerrepublik, Berlin 1990
Micksch, Jürgen: Kulturelle Vielfalt statt nationaler Einfalt. Eine Strategie gegen Nationalismus und Rassismus, Frankfurt am Main 1989
Nitzschke, Volker (Hrsg.): Multikulturelle Gesellschaft – multikulturelle Erziehung?, Stuttgart 1982
Oppenheimer, Max (Hrsg.): Antifaschismus. Tradition – Politik – Perspektive. Geschichte und Ziele der VVN – Bund der Antifaschisten, Frankfurt am Main 1978
Pomorin, Jürgen/Junge, Reinhard: Die Neonazis und wie man sie bekämpfen kann, Dortmund 1978
Posselt, Ralf-Erik/Schumacher, Klaus: Dem Haß keine Chance! – Projekthandbuch „Rechtsextremismus". Handlungsorientierte Gegenstrategien und offensive, ausländerfreundliche Auseinandersetzungsformen mit rechtsextremistischen und rassistischen Tendenzen in der Jugendszene. Eine Sammlung von Ideen, Aktionen, Projekten, Argumenten und Beispielen aus der (offenen) Jugendarbeit, 3. Aufl. Schwerte 1991
Rajewsky, Christiane/Schmitz, Adelheid (Hrsg.): Nationalsozialismus und Neonazismus. Ein Reader für Jugendarbeit und Schule, Düsseldorf 1988
Schneider-Wohlfahrt, Ursula (u.a., Hrsg.): Fremdheit überwinden. Theorie und Praxis des interkulturellen Lernens in der Erwachsenenbildung, Opladen 1990
Tichy, Roland: Ausländer rein! – Warum es kein „Ausländerproblem" gibt, 2. Aufl. München/Zürich 1990
Verband der Initiativgruppen in der Ausländerarbeit – Regionalverband Nord (Hrsg.): S.O.S. Rassismus. Biographie einer Aktion, Berlin (West) 1985

Die Autoren

Dr. Christoph Butterwegge, Privatdozent für Politikwissenschaft an der Universität Bremen

Klaus Farin, freier Journalist, Berlin

Prof. Dr. Wolfgang Frindte, Hochschullehrer für Sozialpsychologie an der Universität Jena

Prof. Dr. Wolfgang Gessenharter, Hochschullehrer für Politikwissenschaft an der Universität der Bundeswehr Hamburg

Prof. Dr. Benno Hafeneger, Hochschullehrer an der FH Fulda

Prof. Dr. Wilhelm Heitmeyer, Hochschullehrer für Pädagogik an der Universität Bielefeld

Horst Isola, Mitglied der Bremischen Bürgerschaft; (kommissarischer) Vorsitzender der SPD-Landesorganisation Bremen

Prof. Dr. Siegfried Jäger, Hochschullehrer an der Universität/GH Duisburg und Leiter des „Duisburger Instituts für Sprach- und Sozialforschung" (DISS)

Dr. Hans-Gerd Jaschke, Hochschulassistent für Politikwissenschaft an der Universität Frankfurt am Main

Prof. Dr. Peter Krahulec, Hochschullehrer an der FH Fulda

Prof. Dr. Arno Klönne, Hochschullehrer für Soziologie an der Universität/GH Paderborn

Dr. Peter Ködderitzsch, Dozent und wiss. Mitarbeiter am Institut für Friedens- und Konfliktforschung der Humboldt-Universität Berlin

Prof. Dr. Reinhard Kühnl, Hochschullehrer für wissenschaftliche Politik an der Universität Marburg

Michael Schomers, freier Journalist, Köln

Eberhard Seidel-Pielen, freier Journalist, Berlin

Eckart Spoo, Redakteur der Frankfurter Rundschau, Hannover; Verfasser einschlägiger Publikationen, z.B.: „Das Rechtskartell" (gemeinsam mit Harald Jung) und „Unser Faschismus nebenan" (gemeinsam mit Günter Wallraff)

Prof. Dr. Siegfried Wolf, Hochschullehrer für Geschichte an der PH Erfurt

Prof. Dr. Jörg Wollenberg, Leiter des Bildungszentrums der Stadt Nürnberg